Ein Spiegel für die Seele

Das Enneagramm
spirituell verstehen

Alice Fryling

Ein Spiegel für die Seele

Das Enneagramm spirituell verstehen

Aus dem amerikanischen Englisch übersetzt von
Bernardin Schellenberger

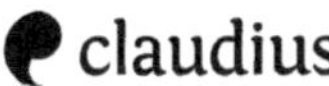

Originalausgabe veröffentlicht von InterVarsity Press unter dem Titel: „Mirror for the Soul" von Alice Fryling.

Deutsche Übersetzung und Veröffentlichung mit freundlicher Genehmigung der InterVarsity Press, P.O. Box 1400, Downers Grove, IL 601, USA. www.ivpress.com

Die Bibelzitate sind der ökumenischen Einheitsübersetzung der Heiligen Schrift von 1999 entnommen.

www.claudius.de

Umschlaggestaltung: Weiss Werkstatt, München
unter Verwendung von © conrado/shutterstock (Hintergrund/Lichtspiegelungen) und © My Life Graphic/shutterstock (Enneagramm)
Layout: Mario Moths
Gesetzt aus der Stempel Garamond und Frutiger LT
Druck: Clausen & Bosse, Leck

ISBN 978-3-532-62845-4

Für Bob
Deine Liebe hat mir Gottes Gnade gezeigt

Inhalt

Einführung

Das Rätsel, das wir selbst sind

Wer in aller Welt bin denn ich?
Ach, das ist das größte Rätsel!
Alice im Wunderland, Lewis Carroll

Für Alice hatte ich schon immer eine Vorliebe. Nicht nur, weil wir denselben Namen haben. Und auch nicht, weil meine Lieblingskleidung (für mich als Achtjährige) das Kleid und die Schürze von Alice im Wunderland waren, die meine Mutter nur für mich genäht hatte. Als Erwachsene bedeutet Alice mir so viel, weil sie genau dieselbe Frage stellte, die auch ich mir immer wieder stelle: „Wer in aller Welt bin ich denn?" Diese Frage treibt mich mein ganzes Leben lang um. Die Suche nach der Antwort darauf geht ewig weiter. Sobald ich meine, mir wäre irgendetwas Neues über mich aufgegangen, muss ich mir wieder diese Frage stellen: Wer bin ich denn jetzt, dass ich glauben könnte, ich wüsste, wer ich bin?

Das Rätsel

Eine der hilfreichsten Möglichkeiten, eine Antwort auf diese Frage zu finden, bietet uns das Enneagramm. Beim Enneagramm handelt es sich um ein altüberliefertes Werkzeug, genauer zu ergründen, wer wir eigentlich sind. Wenn ich als Kind genauer wissen wollte, wer ich sei, schaute ich mich unter meinen Freundinnen um. Ich sagte mir dann wie Alice: „Ich bin mir sicher, dass ich nicht Ada bin, ... auch Mabel kann ich nicht sein ... meine Güte, das ist ja ganz verwirrend!" Später, als junge Erwachsene, blickte ich zu denen auf, deren Glauben ich bewunderte. Im weiter fortgeschrittenen Erwachsenenalter beschloss ich, mich bezüglich des Menschen, der ich sein wollte, an eigene Grundsätze zu halten. Aber auch das brachte mir nicht viel. Schließlich eröffnete mir das Enneagramm neue Entdeckungen darüber, wer ich eigentlich bin. Aber was noch wichtiger ist: Die Kenntnis des Enneagramms führte mich zur Erkenntnis der Gnade Gottes. Dank des Enneagramms entdeckte ich, dass mich nicht nur meine Gaben ausmachen und auch nicht nur meine Fehler und dass ich nicht nur von meinen Zwängen gelenkt werde. Ich bin viel mehr: ein von Gott geschaffener Mensch, von Gott geliebt und von ihm mit der einzigartigen Gabe ausgestattet, andere Menschen mit Gottes barmherziger und gütiger Liebe zu beschenken.

Auf dem Weg über das Enneagramm hat Gott mir beigebracht, dass ich nicht genau der Mensch bin, der ich zu sein meine. Ich bin ja der Ansicht, ich sei das, was ich tue. Ich meine, dass ich ein Ausdruck meiner Gaben bin. Ich meine zu wissen, worum es im Leben geht und dass alle meine wertvollen Eigenschaften ihren richtigen Platz haben. Aber es gibt zugleich einen Teil von mir, der eine Schau abzieht und sich etwas vormacht. Und es gibt auch noch einen großen Teil von mir, der unberührt, unerforscht und unausgesprochen bleibt. Nur Gott weiß um diese Bestandteile meines Wesens, die ich vor anderen und vor mir selbst verberge. Das Enneagramm als solches macht aus mir keinen anderen Menschen. Aber die Kenntnis des Enneagramms hilft mir tatsächlich, deutlicher zu sehen, wer ich in Wirklichkeit bin, und es liefert mir Worte zur Beschreibung dessen, wie ich mich gern von Gottes Gnade verwandeln lassen möchte.

Der Weg bis hierher war nicht leicht. Es ist keine angenehme Erfahrung, ganz klar die Kluft zwischen dem wahrzunehmen, wer ich bin und sein möchte – und was meiner Ansicht nach

Gott möchte, wer ich sei, und was andere meinen, wer ich sei. So geht es mir wie Alice: Zuweilen habe ich das Gefühl, als fiele ich tief in ein Kaninchenloch hinein. „Ach du meine Güte! Wie verrückt ist heute alles! ... Ich habe es *so sehr* satt, ganz allein hier zu sein!" Und zuweilen rufe ich wie der Apostel Paulus aus: „Denn ich begreife mein Handeln nicht: Ich tue nicht das, was ich will, sondern das, was ich hasse." (Römer 7,15)

Diese Worte von Paulus spiegeln die Erfahrung aller Menschen wider, ganz gleich, ob sie sich dessen bewusst sind oder nicht. Wir alle plagen uns ja mit der Ungleichheit herum zwischen dem, wer wir sind, und dem, wer wir sein möchten, und zwischen unserem Innenleben und dem Leben, das wir der Außenwelt zeigen. Viele bezeichnen dies als den Unterschied zwischen dem wahren und dem falschen Selbst. Die Bibel bezeichnet diesen Unterschied als den „alten Menschen" und den „neuen Menschen" (Epheser 4,22–24). Das Enneagramm beschreibt das Verhältnis zwischen unseren Begabungen und unseren Zwängen und liefert uns dabei hilfreiche Formulierungen, mit denen wir beschreiben können, wie wir alle am Ringen sind.

Das Spiegelhaus

In Lewis Carrolls Fortsetzung von *Alice im Wunderland* kommt Alice an das Spiegelhaus. Als sie davorsteht, entdeckt sie, was auch wir kennen: Wenn man in ein umgekehrtes Fernglas oder einen Spiegel blickt, ist alles spiegelverkehrt. Als Alice im Spiegelhaus ein Buch aufhebt, sehen die Wörter darin alle verkehrt herum aus. Das „verwunderte und verwirrte Alice zunächst einmal, aber dann blitzte ihr ein klarer Gedanke auf: ‚Natürlich, das ist ein Spiegel-Buch! Und wenn ich es vor einen Spiegel halte, sehe ich die Wörter alle wieder richtig dastehen!'" Das Enneagramm ist wie Alices Spiegel. Es bietet uns eine umgekehrte Ansicht unserer selbst, unserer Gaben, unserer Motivationen und unseres Verhaltens. In dem Spiegelhaus, in dem wir leben, sehen wir uns selbst also anders herum. Aber wenn wir uns vor das Enneagramm stellen, so „steht alles wieder richtig da." Das Enneagramm hilft uns, uns so zu sehen, wie Gott uns sieht, also nicht seitenverkehrt, wie wir uns selbst sehen.

Das Enneagramm korrigiert das verwirrende Spiegelbild, das wir uns von unserem Leben machen. Wir sind der Meinung, dass wir unsere Wünsche und Motivationen kennen. Und wir denken, dass unser Verhalten unseren besten Absichten entspringt. Wir glauben, dass wir aus Liebe handeln, aber dann sehen wir, dass wir in Wirklichkeit uns selbst und unsere eigenen begrenzten Ansichten in den Vordergrund stellen. Wir sind der Auffassung, dass wir in der Gnade leben, aber wenn wir uns im Spiegel des Enneagramms sehen, kann uns aufgehen, dass wir uns sogar noch Mühe geben müssen, die Gnade richtig zu empfangen. Zwar wissen wir, dass Gott uns bedingungslos liebt, aber unser falsches Selbst sagt uns, dass Gott zu gefallen heißt, wir müssten einfach alles ganz richtig machen.

Wenn wir ehrlich sind, müssen wir zugeben, dass das, was wir zu glauben meinen, sich nicht immer auf unsere Erfahrungen und Beziehungen auswirkt. Das liegt daran, dass wir recht viel im Hinterkopf haben, aber nicht wissen, warum. Wir sagen mit Alice: „Das ist *ziemlich* schwer zu verstehen!" Und wir rufen mit Paulus aus: „Ich bin am Ende der Fahnenstange. Ist da niemand, der irgendetwas für mich tun kann? Ist nicht das die eigentliche Frage?" (vgl. Römer 7,24).

Das Enneagramm hilft uns, dieses Dilemma zu verstehen. Vom Enneagramm lernen wir, dass wir nicht darauf aus sein müssen, unsere Gaben über unsere Kapazität hinaus einzusetzen. Wir müssen nicht wie jemand anderer sein, brauchen nicht mehr Fähigkeiten zu haben und bedürfen nicht weiterer Möglichkeiten, um der Mensch zu sein, als den Gott uns erschaffen hat. In Wirklichkeit geht es im Leben nicht so sehr darum, mehr zu sein, sondern eher darum, loslassen zu können. (Das ist wahrhaftig ein Rätsel!) Das Enneagramm lädt uns dazu ein, unsere Zwangsvorstellungen aufzugeben und unsere Begabungen zum Vorschein kommen zu lassen; unser Bedürfnis abzulegen, andere nach unseren eigenen Maßstäben zu lieben, und damit aufzuhören, immer mehr zu wollen, damit wir mit leeren Händen vor Gott kommen und dann von ihm die einzigartigen Gnaden empfangen, die er uns anbietet.

Sichtweisen des Enneagramms

Es gibt viele Sichtweisen auf das Enneagramm. Wir müssen wissen, wohin wir gehen. Sogar Alice stellte die Frage: „Könnten Sie mir bitte sagen, welchen Weg ich von hier aus einschlagen muss?" Daraufhin erklärte ihr die Cheshire-Katze: „Das hängt weithin davon ab, wohin du gehen willst." Alice gab zur Antwort: „Wohin, das ist mir eigentlich egal." Daraufhin sagte die Katze: „Dann macht es nichts aus, welchen Weg du einschlägst …" Alice erwiderte: „Ich will halt einfach so weit gehen, dass ich irgendwo hinkomme." „Oh", sagte die Katze, „wenn du lange genug gehst, kommst du bestimmt dorthin."

Bevor wir anfangen, diesen langen Weg einzuschlagen, möchte ich sagen, dass „wohin ich gehen will" dort ist, wo Gottes Gnade ist. Ich komme als gläubige Christin zum Enneagramm. Andere beschäftigen sich vor einem ganz anderen Hintergrund mit dem Enneagramm. Das Enneagramm ist nur ein Werkzeug. Es besteht nur aus Worten, so hilfreich diese auch sein mögen. Ich glaube, dass wir mit Gottes Gnade und Hilfe lernen können, die Wahrheit dieser Worte so ins Leben umzusetzen, dass sie Gottes Wahrheit widerspiegeln, die Wahrheit der Heiligen Schrift und die Wahrheit unseres eigenen Lebens. In dieser Absicht möchte ich zwei wichtige Werkzeuge auf den Weg mitnehmen, den ich mit Ihnen antrete.

Reflexion und Fragen für die Diskussion

Ein gutes Mittel für den Einstieg ist eine Liste von Fragen, die es erleichtern, das persönliche Nachdenken zu fördern, oder man kann auch eine Gruppendiskussion über das betreffende Kapitel in Gang bringen. Mit dem Enneagramm kann man am besten vertraut werden, wenn man es mit anderen Menschen erfährt, womöglich in einer kleinen Gruppe. Damit hält man sich an die mündliche Tradition des Enneagramms. Eine Frau, die unlängst an einem Workshop teilnahm, hatte sich auf dem Weg gründlichen Lesens in das Enneagramm vertieft. Sie erzählte uns dann, dass sie noch nicht richtig ins Enneagramm hineingekommen sei. Erst dank dieses Workshops, in dem sie die Möglichkeit gefunden habe, viele Menschen über das Enneagramm berichten zu hören, sei ihr dessen Bedeutung aufgegangen. Dann habe sie sich mit anderen über dessen Wahrheiten und Anwendungen auf das Alltagsleben austauschen können.

Wenn Sie sich zusammen mit anderen auf das Enneagramm einlassen, denken Sie daran, dass das Enneagramm eine sehr persönliche Erfahrung ist. Es kann ermutigend sein, aber auch verwirrend. Wenn Sie die in diesem Buch enthaltenen Ausführungen in eine Diskussion einbringen, achten Sie darauf, mit jeder Person in der Gruppe respektvoll umzugehen. Vielleicht sind darin einige eher Introvertierte, die das Gespräch darüber schätzen, aber selbst nichts sagen wollen oder können. Andere kommen vielleicht mit schmerzlichen Erinnerungen an frühere Beziehungen oder Umstände daher. Sie sind womöglich noch nicht so weit, ihren eigenen Lebensweg anderen schildern zu können. Und für wieder andere sind das Enneagramm und der damit verbundene spirituelle Weg vielleicht so neu, dass sie kaum etwas darüber zu sagen vermögen.

Aber wenn die Gruppe ein geschützter Raum mit einer liebevollen und gastlichen Atmosphäre ist, kann sie die beste Einführung darin bieten, sich auf das Enneagramm einzulassen. Hoffentlich sind in Ihrer Gruppe viele willens, über jeden Teil des Enneagramms miteinander zu sprechen und es aufrichtig und authentisch auf ihr eigenes Leben anzuwenden. Entsprechende Fragen werden in dieser Absicht hier gestellt. Verwenden Sie sie so, wie sie in Ihrer eigenen Gruppe passen. Nehmen Sie sich genug Zeit für die Fragen, über die Sie diskutieren möchten.

Persönliche Meditationen

Am Ende jedes Kapitels bringe ich auch immer eine persönliche Meditation. Der Zweck jeder Meditation ist es nicht, mehr Information über das Enneagramm zu liefern, sondern Sie zu tieferer Selbstwahrnehmung anzuleiten. Dabei geht es darum, Sie in Gottes Gegenwart zu versetzen, denn dort vollzieht sich die Verwandlung. In seiner Bestform hilft uns der Weg des Enneagramms dazu, für die Anregungen Gottes in unserem Leben offen zu sein. Gehen Sie langsam voran. Lassen Sie Ihren Geist an der betreffenden Stelle umherstreifen. Horchen Sie darauf, was dank des Heiligen Geistes Ihr Herz zu Ihnen sagt.

Falls diese nachdenkliche Weise, die Bibel zu lesen, für Sie neu ist, seien Sie mit sich selbst geduldig. Denken Sie daran, dass der Heilige Geist Sie führt. Das Erste, das einem in den Kopf kommt, wirkt zunächst oft befremdlich. Dann denken Sie vielleicht: *Das kann nicht wahr sein!* Aber bleiben Sie dran und achten Sie darauf, was der Heilige Geist Ihnen einflüstert. Vielleicht steckt darin eine Wahrheit, die Sie übersehen haben, oder ein Missverständnis, das der Heilige Geist korrigieren wird. Horchen Sie sorgfältig. Dann wird der Heilige Geist Sie in die Wahrheit und Gnade einführen. (In Kapitel 12 folgt eine ausführlichere Beschreibung, wie man die Heilige Schrift auf diese Weise liest.)

* * *

Fangen wir also an! Der Weg mag vielleicht lang sein und womöglich stolpern wir über ein paar Kaninchenlöcher. Das wird sich nicht wie das Wunderland anfühlen. Aber dieser Weg wird uns zur Gnade und Wahrheit führen. Sie sind eingeladen, das Leben Christi mit neuer Kraft, vertiefter Hingabe und echtem Glauben zu erfahren, und ich werde Sie auf diesem Weg begleiten.

1 Was ist das Enneagramm und woher kommt es?

Das Enneagramm packte mich gleich beim ersten Workshop, an dem ich in Madison, Wisconsin, teilnahm. Ich hatte meine Zweifel, ob der geheimnisvolle Kreis mit seinen Zahlen, Linien und Pfeilen überhaupt etwas über mich selbst aussagen könnte. Aber als jede Zahl beschrieben wurde, begann ich nicht nur mich selbst zu sehen, sondern auch meinen Mann, meine Töchter und sogar meine Nachbarn. Ich erkannte, weshalb Beziehungen so verwirrend werden können. Und ich sah, warum ich oft angesichts meiner selbst verwirrt war. Ich erkannte eine Beschreibung meines geistlichen Wegs, die ganz anders war als alles andere, das ich kannte. Ich hatte angebissen.

Mehrere Jahre später nahm ich an einer Konferenz über das Enneagramm teil, die für mich nicht so gut verlief. Es handelte sich dabei um eine zweitägige Veranstaltung über die Ursprünge des Enneagramms. Dessen Geschichte begriff ich gut. Die Referenten schilderten den Einfluss verschiedener Gelehrter und Lehrmeister auf das Enneagramm im Lauf seiner Geschichte. Ich erfuhr etliches über Evagrius Ponticus im fünften Jahrhundert, Ramon Lull im dreizehnten Jahrhundert und Oscar Ichazo, Claudio Naranjo und Robert Ochs, alle drei aus dem zwanzigsten Jahrhundert. Zwar begriff ich nicht genau, wer und wie alle diese Persönlichkeiten gewesen waren, aber immerhin erfuhr ich etwas über die Geschichte des Enneagramms. Dann kamen die Vortragenden auf das Enneagramm-Symbol zu sprechen. Ich saß im Publikum, versuchte, gut hinzuhören, und nickte weise, begriff aber nicht wirklich, wovon sie redeten. Der Grund dafür war zum Teil, dass ich nicht über das wissenschaftliche oder mathematische Fachwissen der Vortragenden verfügte. Aber inzwischen habe ich erfahren, dass ich nicht die einzige gewesen war, die das alles für ziemlich verwirrend gehalten hat.

Die Ursprünge des Enneagramms

Nachdem ich immer mehr über das Enneagramm gelesen hatte, begriff ich, dass dessen Ursprünge recht geheimnisumwoben sind. In einem Buch über das Enneagramm wird zugegeben, dass das Wissen über „die genauen Ursprünge des Enneagramm-Symbols im Lauf der Geschichte verlorengegangen sind; wir wissen nicht, woher es kam, genauso wenig, wie wir nicht wissen, wer das Rad oder das Schreiben erfunden hat.“[1] Dann war ich also vielleicht gar nicht allein so unwissend. Wahrscheinlich werden wir überhaupt nie erfahren, wo genau das Enneagramm oder das Enneagramm-Symbol erfunden worden ist.

Was wir wissen, ist, dass die christlichen Wurzeln des Enneagramms vermutlich bis auf die Wüstenmütter und Wüstenväter des 4. Jahrhunderts zurückreichen. Diese werden oft als die „geistlichen Leiter“ oder Mentoren der Frühkirche betrachtet. Als die Menschen sie um Hilfe für ihren geistlichen Weg baten, entdeckten diese Lehrmeisterinnen und -meister bestimmte Lebensmuster, die sich im Enneagramm spiegelten. Von da an wurde die Weisheit des Enneagramms mittels mündlicher Überlieferung weitergegeben. Das ist der Grund für einige Verwirrung. Genau wie heutige Journalisten über ein und dasselbe Ereignis unterschiedliche Berichte liefern, beschreiben auch historische und zeitgenössische Lehrer des Enneagramms dessen Geschichte und Inhalt mit einer Vielfalt von Worten und Ansichten.

In jüngerer Zeit wurde diese mündliche Tradition weithin innerhalb der Katholischen Kirche weitergegeben, aber bis zur zweiten Hälfte des zwanzigsten Jahrhunderts wurde das Enneagramm noch als „Geheimwissen" betrachtet. Man war der Ansicht, Laien könnten mit dieser Information nicht mit der angemessenen Sorgfalt und Weisheit umgehen. Als Richard Rohr, ein franziskanischer Lehrmeister des Enneagramms, in den 1970er-Jahren von seinem geistlichen Leiter etwas über das Enneagramm erfuhr, wurde er angewiesen, darüber nichts schriftlich weiterzugeben und ja niemandem zu erzählen, woher er darüber etwas erfahren habe. Aber Rohr sagte dann, die Entdeckung des Enneagramms sei eine der „drei großen umwälzenden spirituellen Erfahrungen meines Lebens. Ich konnte buchstäblich miterleben, wie mir etwas wie Schuppen von den Augen fiel und mir mit einem Schlag klarwurde, was ich bisher getrieben hatte: Ich hatte immer das Richtige gemacht (...) – aber aus falschen Beweggründen."[2] Rohr brach deshalb das Schweigen und wurde zum einflussreichen Lehrmeister für das Enneagramm, zunächst für Laien innerhalb der Katholischen Kirche, dann auch für Protestanten. Es hatte also Jahrhunderte gedauert, bis das Enneagramm Menschen wie mir erschlossen wurde.

Das Enneagramm als spiritueller Weg

Was würden wohl die Wüstenmütter und Wüstenväter des vierten Jahrhunderts zu unserem heutigen Verständnis des Enneagramms sagen? Würden sie es, nachdem es fast zweitausend Jahre lang auf dem Weg der mündlichen Tradition weitergegeben worden ist, überhaupt noch erkennen? Zu unserem derzeitigen Verständnis des Enneagramms gehört eine Vielfalt von Perspektiven, unterschiedlichen Begriffen und verschiedenen Anwendungen.

Heutzutage wird das Enneagramm vor allem unter den Gesichtspunkten des psychologischen Verständnisses, der Geschäftswelt und säkularer, nichtreligiöser Sichtweisen gelehrt.

Für meine Darstellung des Enneagramms habe ich mich auf den christlich-spirituellen Weg konzentriert und will dabei auf Gottes Gaben an uns eingehen, auf unser Versagen, diese Gaben mit Liebe an andere Menschen weiterzuschenken, und auf Gottes gnädige Antwort auf unser Versagen. Das Enneagramm zeigt die Gaben auf, die uns geschenkt worden sind. Wenn wir diese Gaben in Freiheit und Liebe austeilen, lösen sich unsere ichbezogenen, zwanghaften Motivationen. Aber sogar wenn wir uns auf unserem Lebensweg um eine möglichst echte liebevolle Einstellung bemühen, stoßen wir tagtäglich auf Hindernisse. Das Enneagramm legt die Elemente offen, an die wir uns klammern und die dazu führen, dass wir von unserem Weg abbiegen oder auf ihm steckenbleiben. Es zeigt auf, wo unsere Fixierungen uns ausbremsen: nämlich direkt in unserem zwanghaften Festhalten an unserem falschen Verständnis unseres Selbsts. Mit den Worten des Enneagramms gesagt: Unsere Zwänge sind unsere „Leidenschaften". Christen bezeichnen diese meistens als „Sünden". Aber vom Enneagramm lernen wir, dass wir unseren Zwängen oder Sünden nicht ausgeliefert sind. Zudem zeigt es uns die Gnadengaben (oder „Tugenden") auf, die uns geschenkt werden, damit sie uns zur Verwandlung führen.

Das ist kein linearer Weg, der vom Zwanghaften zur Verwandlung führen würde, sondern eher eine Art Kreis oder sogar eine Achterbahn, auf der wir uns tagtäglich immer wieder bewegen. Richard Rohr sagte in einem seiner Vorträge über das Enneagramm: „Das falsche Selbst ist darauf aus, gut auszusehen und andern etwas vorzumachen. Das größte Problem mit dem falschen Selbst ist nicht, dass es dieses gibt, sondern dass wir zu glauben anfangen, das seien wir selbst. Wenn das falsche Selbst das Ruder übernimmt, lässt sich das leicht daran erkennen, dass man immer schnell beleidigt ist. Das falsche Selbst ist verletzt (ungefähr alle drei Minuten), weil es sehr zerbrechlich ist. Im Gegensatz dazu ist das wahre Selbst überhaupt nicht verletzlich." Gott lädt uns ein, mittels der Weisheit des Enneagramms wahrzunehmen, wenn wir aus einer Motivation des falschen Selbsts heraus handeln. Dann regt uns Gott liebevoll dazu an, diese Motivation loszulassen und wieder aus den uns geschenkten Gaben und Gnaden heraus zu leben.

Das Enneagramm beschreibt ein Leben des Wachsens, Sich-Änderns, Scheiterns und der Verwandlung. Auf meiner Reise mit dem Enneagramm habe ich mich verändert. Dank der Gnade Gottes bin ich heute ein anderer Mensch als der, der ich war, als ich zu diesem ersten Workshop ging.

Das Enneagramm-Symbol

Ehe wir weitergehen, wollen wir einen Blick auf das Enneagramm-Symbol werfen. Der Begriff *Enneagramm* stammt von den griechischen Wörtern *ennea*, das „neun" bedeutet, und *gramm*, das „Punkt" bedeutet. Beim Enneagramm geht man nämlich davon aus, dass es neun Gesichtspunkte gibt, von denen aus der Mensch die Wirklichkeit wahrnimmt. Diese Gesichtspunkte sind mit Zahlen versehen und werden als Muster, Typen oder Räume bezeichnet. Die Räume werden von verschiedenen Enneagramm-Lehrern unterschiedlich (aber trotzdem ähnlich) benannt. In Abbildung 1 nenne ich die Namen, die ich im vorliegenden Buch für die einzelnen Zahlen verwende.

Jeder Bezeichnung sind drei Haupteigenschaften des betreffenden Menschen hinzugefügt: sein wahres Selbst, sein zwanghafter Zug (im falschen Selbst) sowie die jedem geschenkte Gnade, die eine Einladung darstellt, zu seinem wahren Selbst zurückzukehren. (Aber fixieren Sie sich nicht gleich auf etwas! Ich werde das alles noch ausführlicher erklären.)

Dazu sind zwei weitere Elemente dieses Symbols zu beachten:

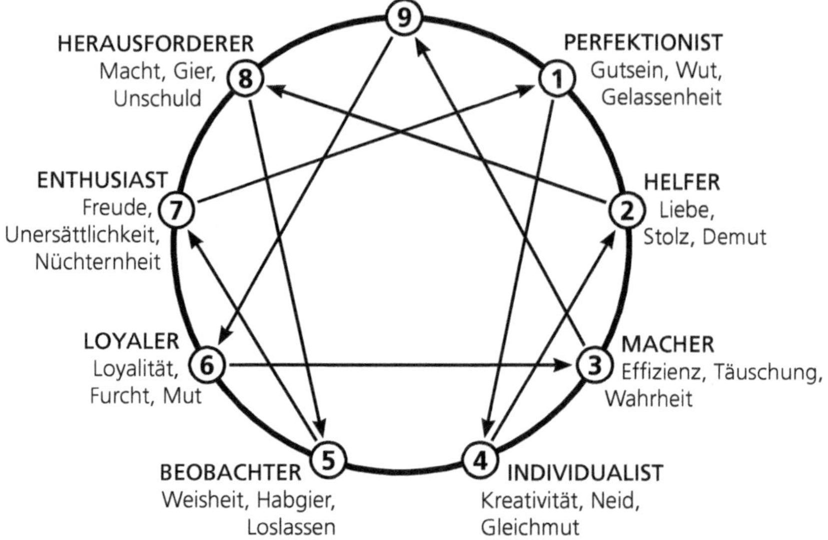

Abbildung 1: **Die neun Räume des Enneagramms**

Die Richtungspfeile, die jeweils von einer Bezeichnung zu einer anderen zeigen, sowie die Nummern vorn und hinten an jedem Pfeil, die im Jargon des Enneagramms als „Flügel" bezeichnet werden. Die Pfeile und die Flügel verdeutlichen das Verständnis jedes Raums, indem sie anzeigen, was im Leben jedes Typus unter Stress oder zu Zeiten der Harmonie passieren kann. Diese Pfeile und Flügel lassen wir am besten zunächst einmal im Hintergrund und verlegen uns zunächst darauf, die Grundlagen des Enneagramms besser zu erfassen. Im 8. Kapitel werden wir auf die Pfeile und Flügel eingehen. Zuerst einmal müssen wir uns kurz und knapp jeden Raum des Enneagramms ansehen. Sodann (in Kapitel 2) kommen wir auf den Begriff des wahren und des falschen Selbsts zu sprechen sowie auf die Triaden des Enneagramms (in Kapitel 3). Damit sind wir dann so weit, uns die spezifischen Eigenschaften jedes Enneagramm-Raums anzusehen (in den Kapiteln 4, 5 und 6) sowie deren Anwendung auf unseren spirituellen Weg.

Die Theorie des Enneagramms

Zunächst einmal wollen wir einen kurzen Blick auf das Enneagramm an sich werfen. Machen Sie sich keine Sorgen, wenn Ihnen das zunächst etwas verwirrend vorkommt. Das Enneagramm wird Ihnen schließlich helfen, damit umgehen zu können.

Beim Enneagramm geht man davon aus, dass wir alle unsere je eigenen Begabungen haben. Von eins bis neun aufgezählt sind das: Güte, Liebe, Effizienz, Kreativität, Weisheit, Treue, Freude, Stärke und Frieden. Gewöhnlich lieben wir diese unsere Gaben, ja, wir lieben sie so sehr, dass wir süchtig nach ihnen werden und schließlich keinen Tag mehr leben können, ohne dass sie dessen Inhalt und Mitte sind. Aber wenn wir das zu verwirklichen versuchen, stellen wir fest, dass wir diese Gaben nicht richtig zum Ausdruck bringen können, andere Menschen sie nicht so sehr schätzen, wie wir meinen, dass sie es tun sollten, und diese Menschen auch noch andere Gaben haben, die wir für besser oder schlechter als die eigenen halten. Wenn uns diese Erfahrungen mit unseren Gaben enttäuschen, wirkt das, als liege tagtäglich ein großer Bremsblock auf unserem geistlichen Weg. Diesen Block versuchen wir dann zu umgehen, indem wir die uns geschenkte Gabe in übertriebener Weise leben. So kann zum Beispiel ein

Mensch in Raum DREI mit dem, was er tut, oft sehr erfolgreich und effizient sein. Das wird ihm dann so wichtig, dass ihm ein gelegentliches Versagen völlig unerträglich wird und er das um jeden Preis verhindern will. Lässt sich sein Versagen nicht vermeiden, beschließt diese DREI unbewusst, dies mit etwas Schummeln zu verdecken. Oder jemand in Raum ACHT hat sich vielleicht derart in den Umstand verliebt, dass er eine Führungspersönlichkeit ist und über Macht verfügt, dass er versucht, alles und jeden unter Kontrolle zu halten. Wenn ihm das nicht gelingt, weiß er nicht recht den Grund dafür, gibt sich doppelte Mühe und versucht noch stärker, die Kontrolle zu bewahren und entfremdet damit z.B. seine Mitarbeiter noch mehr von sich.

Wir alle leben mit irgendeiner Spielart dieser Beispiele, und wir alle übertreiben das, was uns besonders wichtig ist. Wir übertreiben die uns geschenkte Gabe, um gut dazustehen, unser Leben im Griff zu haben und auf uns selbst und andere einen guten Eindruck zu machen. Aber wenn wir das tun, sind wir nicht mehr frei. Wir werden zwanghaft darin, wie wir unserer Meinung nach unsere Gaben im Leben verwirklichen – und wie unsere Mitmenschen sie auf sich wirken lassen sollten. Das Enneagramm zeigt die entsprechenden Zwänge auf, die mit jeder dieser Gaben einhergehen.

Das Enneagramm lässt uns nicht im Sumpf unserer Zwangsvorstellungen stecken. Es erschließt uns eine Gnade, die uns hilft, zu Gottes Liebe, zur Liebe unserer selbst und zur Liebe zu unseren Nächsten zurückzukehren. Bei der klassischen Vorstellung des Enneagramms wird für diese Eigenschaft, die uns hilft, zu unserem wahren Selbst zurückzufinden, der Begriff *Tugend* verwendet. Ich ziehe dem den Begriff *Gnade* vor, wie er von vielen verwendet wird, die das Enneagramm unterrichten. Dieser Begriff verweist auf etwas, das uns aus freien Stücken geschenkt wird und nicht erworben werden muss. Für jeden der neun Räume wird eine Gnade oder eine bestimmte Perspektive unseres Lebens vorgestellt, die uns helfen soll, den Griff unseres zwanghaften Denkens zu lockern. Alle neun vorgestellten Gnaden verweisen auf die Barmherzigkeit und Liebe, die Gott uns allen allezeit anbietet. Wenn wir die besondere Gnade unseres Raums entdecken, gehen uns auch die Gnaden der anderen Räume auf und wir beginnen, an Gottes überwältigender Barmherzigkeit, ja Gnade mitzuwirken. Das wird deutlicher werden, wenn wir uns jeden Raum genauer ansehen.

Neun Sichtweisen des Lebens

Die folgenden Zusammenfassungen sind ganz, ganz kurze Beschreibungen der einzelnen Räume. Stellen Sie sich das so vor, dass Sie einen „ersten Geschmack“ vom Enneagramm bekommen. Die gesamte Mahlzeit haben wir ja noch vor uns!

Raum EINS

Die Menschen in Raum EINS sind mit *Gutsein* beschenkt. Sie verrichten alles sehr, sehr gut. Sie sind sehr gewissenhaft und ethisch und auf Hervorragendes aus. Aber sie stoßen auf ihrem Lebensweg auf die Tatsache, dass vieles nicht immer gut ist – und auch sie selbst nicht immer. Das falsche Selbst redet ihnen ein, dass sie dafür verantwortlich seien, ihr Leben nicht nur gut, sondern perfekt zu gestalten. Wenn etwas nicht so perfekt ist, wie es ihrer Ansicht nach sein sollte, kommt bei EINSern *Wut* auf, und zwar gegen sich selbst, die Umstände und andere Menschen. Gott lädt deswegen die EINSer dazu ein, *Gelassenheit* zu entwickeln, also die Fähigkeit, die Dinge so anzunehmen, wie sie sind, und weniger heftig zu reagieren, wenn etwas nicht vollkommen ist.

Raum ZWEI

Die Menschen in Raum ZWEI haben eine besondere Gabe für die *Liebe*. Aber wenn ZWEIer diese Gabe in ihrem Leben einsetzen, entdecken sie ihren Wunsch, von den anderen in größerem Ausmaß gebraucht zu werden, statt diese selbstlos zu lieben. Wenn sie dann zwanghaft versuchen, die Bedürfnisse anderer zu erfüllen, verleugnen sie ihre eigenen Bedürfnisse und entwickeln einen *Stolz*, der sie dazu verführt, ständig um die anderen zu kreisen und sie im Namen der Liebe zu überwachen. Ihr falsches Selbst redet ihnen ein, sie wüssten genau, was alle anderen brauchen und niemand sonst wisse, was sie brauchen. Die Gnade, die ZWEIer wieder zu ihrem wahren Selbst zurückführt, ist die *Demut.* Wenn sie sich daran machen, sich ihre eigenen Bedürfnisse und Schwächen einzugestehen, hilft Gott ihnen, andere auf authentische und taktvolle Weise zu lieben.

Raum DREI

Die Menschen im Raum DREI haben die Gabe, *effizient* zu sein und etliches mit Geschick hinzubringen. Aber wenn DREIer im Leben erfolgreich sind, können sie womöglich auf ihre Erfolge stolz werden. Überkommt sie das Gefühl, dass sie vielleicht scheitern könnten, so neigen DREIer zur *Täuschung*, also zum Zwang, die Wahrheit zu verdrehen, um weiterhin dem Bild ihrer selbst zu entsprechen, das sie sich gemacht haben. Da wird dann die Gnade, die DREIern dafür angeboten wird, Gottes verwandelnde Kraft zu erfahren, die *Wahrheit.* Das Enneagramm erinnert DREIer daran, dass sie sich auf die Wahrheit über sich selbst, ihre Fähigkeiten, Schwächen und Gefühlsregungen einlassen und diese zum Ausdruck bringen sollen.

Raum VIER

Die Menschen im Raum VIER spiegeln die *Kreativität* Gottes wieder. Aber weil sie ihr Leben und sich selbst nicht immer im Zustand der Kreativität und des Besonderen halten können, verfallen VIERer leicht in Selbstzweifel, Selbstverachtung und sogar Selbsthass. Das führt zu *Neid*, weil sie dann glauben, dass alle anderen über Eigenschaften verfügen, die sie nicht haben. Die den VIERern angebotene Gnade ist der *Gleichmut*, der ihre Gefühlsregungen ins Lot bringt und es ihnen gestattet, ihre Gefühle wahrzunehmen, ohne in diesen stecken zu bleiben.

Raum FÜNF

Die Menschen im Raum FÜNF sind mit *Weisheit* begabt. Sie sind kenntnisreiche Visionäre. Aber für FÜNFer hört das Suchen nach Erkenntnis und Information nie auf. Sie behalten ihr Wissen gern für sich und strahlen womöglich ein Gefühl der Überlegenheit aus. Wenn sie ihrem falschen Selbst nachgeben, erfahren sie zwanghaften *Geiz* oder *Habgier* und häufen mehr und mehr Wissen an, das sie aber nicht weitergeben oder loslassen wollen. Die Gnade, die FÜNFern angeboten wird, ist das *Loslassenkönnen*, das es ihnen ermöglicht, all das, was sie wissen, nicht krampfhaft zurückzuhalten, und in ihr wahres Selbst zu kommen, indem sie sich auf andere einlassen, auch wenn sie nicht alles wissen oder verstehen.

Raum SECHS

Die Menschen im Raum SECHS sind *ehrlich und gewissenhaft.* Sie sind *loyal* und lassen sich von Autoritäten leicht beeinflussen. Aber sie haben kein Selbstvertrauen. Ihr falsches Selbst flüstert den SECHSern ein, dass die Meinung anderer wichtiger sei als das, was sie selbst denken, und dass sie deshalb das, was die anderen sagen, für wahrer halten sollten. Weil sie glauben, dass sie für jede mögliche Gefahr gerüstet sein müssen, neigt ihr falsches Selbst besonders stark zu *Furcht.* Gott bietet den SECHSern die Gnade des *Mutes* an. SECHSer brauchen den Mut zu lernen, Selbstvertrauen zu haben und nicht immer zu meinen, dass andere Ansichten als die ihrigen mehr Gewicht haben als ihre eigenen.

Raum SIEBEN

Die Menschen im Raum SIEBEN sind mit der Gabe der *Freude* beschenkt. Aber wenn sie mit dieser Gabe leben, können sie der Versuchung verfallen, Positives zu übertreiben und allem Dunklen und Negativen energisch die Stirn zu bieten. Sie schützen sich mit Planen und Träumen vor den Stress-Situationen des Lebens. Wenn bei SIEBENern das falsche Selbst die Oberhand gewinnt, verfallen sie der *Unersättlichkeit* und wollen immer mehr und noch mehr von allem Frohen und „glücklich Machenden", um damit innere Leiden zu verdrängen. Die den SIEBENern angebotene Gnade ist die *Nüchternheit*. Diese Gnade fordert sie auf, sich nur das zu nehmen, was sie wirklich brauchen, und damit zu leben. In ihrem wahren Selbst können SIEBENer sich ihres Lebens sogar noch dann erfreuen, wenn es einiges Dunkle mit sich bringt.

Raum ACHT

Die Menschen im Raum ACHT sind oft Führungspersönlichkeiten. Sie sind zur *Macht* begabt. Aber ACHTer können eventuell ihre eigene Verletzlichkeit verleugnen. Um mit dieser Angst vor dem Schwachwerden zurechtzukommen, verfallen sie auf den Gedanken, dass sie andere beherrschen sollten. „Entweder so oder gar nicht." Das falsche Selbst dürstet nach immer mehr Macht und beugt sich der Machtgier, diesem unersättlichen Drang, andere zu beherrschen. Gott lädt die ACHTer dazu ein, sich auf die Gnade der *Unschuld* einzulassen, also auf eine Art und Weise, wie ein Kind zu seiner Schwäche und Verletzlichkeit zu stehen.

Raum NEUN

Die Menschen im Raum NEUN verfügen über die Gabe der *Friedfertigkeit*. Sie sind still und zufrieden und erinnern uns daran, dass auch Gott friedvoll ist. Aber weil sie Veränderungen und Konflikte scheuen, können NEUNer eigensinnig werden und Anstrengungen verweigern, selbst wenn es um etwas Wichtiges geht. Wenn bei ihnen das falsche Selbst die Oberhand gewinnt, können NEUNer *faul* oder *träge* werden. Das kann dazu führen, dass sie nachlässig werden und den Weg des geringsten

Widerstands gehen. Gottes Gnade für die NEUNer ist das *aktive Tun.* In ihrem wahren Selbst sind sie selbstbewusster, können ihre eigenen Ansichten und Vorlieben äußern, Energie und ein konstruktives Leben entwickeln.

Das Enneagramm im Alltagsleben erkennen

Das alles klingt ziemlich einfach und ist es auch. Die Menschheit ist aber nicht sauber in neun Kategorien unterteilt. Doch gerade die Einfachheit des Enneagramms macht zum Teil seine Genialität aus. Angesichts der Komplexität unserer Lebensumstände, unserer privaten Motivationen und unserer inneren Neigungen verlieren wir aus den Augen, wie unterschiedlich wir auf das Leben reagieren. Zugleich vergessen wir wahrzunehmen, dass nicht alle Menschen genauso reagieren wie wir. Da hilft uns das Enneagramm schlicht und einfach, genauer zu sehen, was wir eigentlich tun.

Hören Sie sich an, wie sich das in einem ganz gewöhnlichen Gespräch abspielen könnte, wenn mein Mann und ich am Spätnachmittag miteinander reden. Würde mein Mann mich fragen: „Wie war dein heutiger Tag?“, so würde ich das vermutlich mit einer VIERer-Ansicht beantworten, die etwas melancholisch gefärbt sein könnte: „Im Ausschuss haben sie mich nicht mehr auf die Broschüre angesprochen. Mit dem, was ich jetzt tun soll, bin ich etwas spät dran. Der Arzt hat mich wegen meines Befunds aus dem Test noch nicht angerufen. Ich glaube, er mag mich nicht besonders. Für den Gemüse-Einkauf habe ich nicht mehr genügend Zeit gehabt. So müssen wir halt Reste essen.“ Wäre ich eine SIEBEN, würde das vielleicht etwas optimistischer so klingen: „Im Ausschuss haben sie mich nicht mehr angesprochen. Jetzt habe ich mehr Zeit für die Broschüre. Von der Arztpraxis haben sie mich nicht mehr angerufen. Da werden also die Testergebnisse in Ordnung sein. Ach, ja, in den Gemüseladen hat es mir nicht mehr gereicht. Gehen wir doch einfach zum Essen aus." Oder beachten Sie den unterschwelligen Ärger, wenn eine EINS antworten würde: „Die Ausschussvorsitzende hat nicht zurückgerufen. Das hätte sie eigentlich tun müssen! Auch vom Arzt habe ich nichts gehört. Wir sollten uns einen besseren suchen. In den Gemüseladen hätte ich eigentlich gehen sollen, aber seit Kurzem haben sie so wenig Kassenpersonal, dass man recht lange Schlange stehen muss. Dafür hatte ich nicht genügend Zeit."

Jeder von uns schaut aus dem Blickwinkel seines Enneagramm-Raums auf sein Leben und knüpft von dort aus seine Beziehung zu anderen Menschen. Rohr hat oft darauf hingewiesen, dass „jeder Gesichtspunkt eine Sicht von einem bestimmten Punkt aus ist." Aber das heißt nicht, dass jeder in jedem Raum gleich aussieht oder klingt. Dafür sind die Menschenwesen alle viel zu einmalig. Nicht alle FÜNFer schätzen denselben Aspekt der Weisheit. Nicht alle ACHTer wollen in ein und derselben Situation stark sein. Und nicht alle ZWEIer möchten auf dieselbe Weise anderen helfen. Dennoch bleiben diese Kategorien recht aufschlussreich. Kategorien beobachten wir ja in der gesamten Schöpfung. Nehmen Sie da zum Beispiel die Vielfalt der Rose und die vielen Arten von Ahornbäumen. Nicht alle Rosen sind gleich und nicht alle Ahornbäume sind gleich. Aber wenn wir keine Baum- und Blumen-Kategorien und Rosen- und Ahornkategorien hätten, würden wir unseren Garten hinterm Haus nicht sorgfältig anlegen. Das Enneagramm liefert Begriffe zur Beschreibung der neun Kategorien von Menschen.

Geistliche blinde Flecken

Ein Grund dafür, warum uns das Enneagramm zunächst einmal verwirrt, ist der, dass es unsere blinden Flecken aufdeckt. Wir sind uns von Natur aus nicht unserer psychologischen und geistlichen blinden Flecken bewusst. Ich weiß nicht immer, was ich tue, wenn ich etwas tue. Mir bleibt auch unklar, was mit meinen Antrieben nicht stimmt. Was soll daran falsch sein, dass ich beim Einsetzen meiner Gaben Expertin sein will? Die EINS denkt vielleicht unbewusst: *Warum sollte ich mich um Vollkommenheit bemühen, wenn doch nichts jemals vollkommen ist?* Oder die NEUN fragt sich – wiederum unbewusst: *Warum sollte ich immer friedfertig sein, obwohl ich doch Konflikte vermeide?* Wir alle haben Zeiten, in denen wir nicht wissen, warum wir uns für die Lebensweise entscheiden, die wir führen, oder wir sehen einfach nicht, was wir tun. Andere Menschen erfahren uns anders, als wir uns selbst erfahren. Jesus stellte die Frage: „Warum siehst du den Splitter im Auge deines Bruders, doch den Balken in deinem Auge bemerkst du nicht?" (Matthäus 7,3) Unsere blinden Flecken sind die Balken in unseren Augen. Anhand des Enneagramms kann ich versuchen, zu Einsichten über mich selbst zu kommen, die ich gewöhnlich nicht sehen kann und will.

Unsere Enneagramm-Zwänge sind wie Steinbrocken auf einem dunklen Pfad. Wir stolpern über sie, weil wir sie nicht sehen können. So stolpern zum Beispiel Menschen im Raum ZWEI über ihre Aufdringlichkeit und ihr Kontrollverhalten, wenn sie auf zwanghafte Weise versuchen, anderen Menschen zu helfen. Diejenigen in Raum SECHS stolpern über ihre Angst vor Untreue oder Ungehorsam, wenn sie gegenüber dem aufdringlichen Einfluss von Autoritäten in ihrem Leben nachgiebig sind.

Das Problem mit unseren blinden Flecken besteht nicht nur darin, dass wir vom Leben, anderen Menschen und uns selbst frustriert sind. Unsere blinden Flecken sind gewaltige Blockaden für unser geistliches Reiferwerden. Wir bleiben in dem Maß unfrei, in dem wir uns nicht dessen bewusst sind, was uns motiviert. Die Begegnung mit dem Enneagramm hat mir geholfen, auf die Wahrheit zu setzen, dass Gott mir bestimmte Gaben geschenkt hat, weil er mich liebt, und mich ertüchtigt hat, andere Menschen zu lieben, und das nicht deshalb, weil meine Gaben so eindrucksvoll wären. Gott liebt mich nicht deshalb, weil ich bestimmte

Gaben habe. Diese Wahrheit hat auf mich ungemein befreiend gewirkt. Aber sie steht im Gegensatz zu meinem normalen Denken und Empfinden.

Meine Muttersprache

Jesus sagte, der Feind unseres Glaubens sei der große Betrüger. „Wenn er lügt, dann redet er aus seinem eigensten Wissen, weil er ein Lügner ist und der Vater der Lüge" (Johannes 8,44). Ich habe die Sprache des großen Lügners recht gut kennengelernt. Sie ist mir in vieler Hinsicht zur Muttersprache geworden. Aber wenn ich spirituell wachsen will, muss ich meine eigene Sprache in die Sprache Gottes übersetzen. Dank des Enneagramms kann ich sehen, dass meine spezielle Muttersprache die Sprache der VIER ist. Die Lügen, an die ich glaube, sind mir zur zweiten Natur geworden. Ich glaube unter anderem, dass ich zwar durchaus kreativ begabt bin, aber bei allem, was ich tue, außerordentlich speziell sein muss. Ich glaube, dass ich auf einzigartige Weise damit belastet bin, hochsensibel zu sein, und dass andere immer etwas an sich haben, das mir fehlt. Ich wusste überhaupt nicht, dass ich diese Lügen glaubte, bis ich erfuhr, dass ich eine VIER bin. Als ich zum ersten Mal ein Buch über das Enneagramm in der Hand hatte (um mich auf diese erste Konferenz vorzubereiten), war ich mir sicher, dass ich *keine* VIER sei. So blind war ich damals!

Wenn wir über unsere blinden Flecken hinaus auf die Wahrheit sehen wollen, wer wir sind, ist das ein schwieriger Prozess. Dann ist es kein Wunder, dass es zur großen Herausforderung wird, unseren „wahren Enneagramm-Raum" zu finden. Das siebte Kapitel wird von den praktischen Möglichkeiten handeln, wie wir uns dieser Herausforderung stellen und den Raum finden können, der am besten unsere Gaben und zugleich auch unsere Zwänge beschreibt.

Selbstwahrnehmung

Wenn wir die Sprache des Enneagramms erlernen, werden wir zu größerer Selbstwahrnehmung eingeladen. *Wer um alles in der Welt bin ich denn?* Das ist keine narzisstische Frage. Wenn ich nicht weiß, wer ich bin, kann ich auch nicht den Balken in meinem Auge sehen, kann nicht das volle Ausmaß der Gnade Gottes wahrnehmen und bleibe gefangen in fortlaufenden Lebensmustern, die nicht Leben spendend sind.

Nachdem ich beharrlich den Weg der Einübung in die Wahrheiten des Enneagramms verfolgt hatte, kam in mir immer größere Dankbarkeit dafür auf, dass das Wissen, das es vermittelt, meine eigene Selbstwahrnehmung steigert, auch wenn ich zunächst oft gar nicht besonders mag, was ich da sehe.

Ich bin willens, diesen Weg weiter zu verfolgen, weil diese Art von Wahrnehmung für das spirituelle Wachstum und die innige Gottesbeziehung ganz wesentlich ist. Johannes Calvin hat geschrieben:

„Fast alle Weisheit, über die wir verfügen (…) besteht aus zwei Teilen: der Erkenntnis Gottes und unserer selbst. (…) Die Erkenntnis unserer selbst weckt uns nicht nur zur Gottsuche auf, sondern führt uns auch sozusagen an der Hand dorthin, wo wir ihn finden.“[3]

David Benner[4] schrieb in etwas jüngerer Zeit:

„Der Mangel an Achtsamkeit ist der Grund unseres Krank- und Gebrochenseins. (…) Wenn man sich für die Achtsamkeit entscheidet, eröffnet dies den Weg dazu, Gott inmitten unserer derzeitigen Umstände zu finden (…). Die Achtsamkeit ist der Schlüssel zu sehr vielem. Darum ist sie meiner Überzeugung nach die wichtigste spirituelle Praxis von allen.“[5]

Das sind starke Worte von angesehenen christlichen Lehrmeistern, die in zwei etliche Jahrhunderte voneinander entfernten Zeiten übereinstimmend dasselbe gesagt haben. Wir werden gut daran tun, auf sie zu hören. Bei unseren spirituellen blinden

Flecken geht es nicht nur darum, dass wir herumstolpern und uns die Knie unserer Seele abschürfen, sondern unsere blinden Flecken halten uns davon ab, die Liebe Gottes kennenzulernen. Wenn ich mich hinter einem blinden Fleck verstecke, versuche ich unbewusst, Gott, andere Menschen und mich selbst vor der Liebe zu verstecken, die Gott mir anbietet. Die Kenntnis des Enneagramms hat mich in eine Selbstwahrnehmung eingeführt, die mich näher zum Herzen Gottes gezogen hat.

So handelt dieses Buch also von sehr viel mehr als nur dem Enneagramm. Es geht darin um das Wachstum der inneren Selbstwahrnehmung. Darin kommt mein Verhältnis zu meinem Schöpfer zur Sprache, der Aspekte meines Wesens liebt, die ich vor anderen Menschen und mir selbst zu verstecken versuche. Dieses Buch handelt von meiner Erfahrung der Liebe Gottes und der menschlichen Liebe sowie von meiner Sicht auf mich selbst und auf andere Menschen. Dank Gottes Gnade kommt die Selbstwahrnehmung nicht schnell zustande. (Das würde uns überfordern!) Der Geist Gottes hilft uns, langsam, ganz langsam immer deutlicher zu sehen, wer wir sind und wer wir sein könnten. Das Enneagramm ist ein Werkzeug, das uns helfen kann, diesen geistlichen Weg in Richtung einer tieferen Wahrnehmung unserer selbst einzuschlagen.

Aber das ist keine Reise, die man allein machen sollte. Ich hoffe, dieses Buch wird Ihnen zum Begleiter, wenn Sie sich auf das Enneagramm einlassen. Ich hoffe, Sie sprechen mit Freunden über das Enneagramm. Und ich hoffe, Sie begleiten das, was Sie vom Enneagramm lernen, mit Gebet. Möge Gott Sie in die Wahrheit einführen, die Sie dank seiner Gnade frei machen wird.

Zum Nachdenken und für die Diskussion

1. Wann haben Sie zum ersten Mal etwas vom Enneagramm gehört?

2. „Beim Enneagramm geht man davon aus, dass wir alle unsere je eigenen Begabungen haben. Von eins bis neun aufgezählt sind das: Güte, Liebe, Effizienz, Kreativität, Weisheit, Treue, Freude, Stärke und Frieden." Was glauben Sie, welche dieser Gaben Sie haben? Welche möchten Sie gern haben?

3. „Gewöhnlich lieben wir diese unsere Gaben, ja, wir lieben sie so sehr, dass wir süchtig nach ihnen werden und schließlich keinen Tag mehr leben können, ohne dass sie dessen Inhalt und Mitte sind. Aber wenn wir das zu verwirklichen versuchen, stellen wir fest, dass wir diese Gaben nicht richtig zum Ausdruck bringen können, andere Menschen sie nicht so sehr schätzen, wie wir meinen, dass sie es tun sollten, und diese Menschen auch noch andere Gaben haben, die wir für besser oder schlechter als die eigenen halten. Wenn uns diese Erfahrungen mit unseren Gaben enttäuschen, wirkt das, als liege tagtäglich ein großer Bremsblock auf unserem geistlichen Weg. Diesen Block versuchen wir dann zu umgehen, indem wir die uns geschenkte Gabe in übertriebener Weise leben." Wie stellen Sie sich vor, dass jede dieser Gaben aussehen könnte, wenn man sie übertreibt? Können Sie sich an einen Zeitpunkt erinnern, zu dem Sie Ihre Gaben übertrieben haben?

4. Wenn Sie sich die Beschreibungen der Räume ansehen: In welchem von ihnen würden Sie sich selbst am besten wiederfinden? Auf welche Weise haben Sie eine Beziehung zu diesem Raum?

5. „Ein Grund dafür, warum uns das Enneagramm zunächst einmal verwirrt, ist der, dass es unsere blinden Flecken aufdeckt." Was ist ein psychologischer oder spiritueller blinder Fleck? Wann haben Sie einen Ihrer blinden Flecken entdeckt? Wie bringt Ihrer Meinung nach das Enneagramm unsere blinden Flecken ans Licht?

Anregung zu einer persönlichen Meditation

Der reiche junge Mann (Markus 10,17–21)

Als Jesus sich wieder auf den Weg machte, lief ein Mann auf ihn zu, fiel vor ihm auf die Knie und fragte ihn: Guter Meister, was muss ich tun, um das ewige Leben zu gewinnen? Jesus antwortete: Warum nennst du mich gut? Niemand ist gut außer Gott, dem Einen. Du kennst doch die Gebote: „Du sollst nicht töten, du sollst nicht die Ehe brechen, du sollst nicht stehlen, du sollst nicht falsch aussagen, du sollst keinen Raub begehen; ehre deinen Vater und deine Mutter!" Er erwiderte ihm: Meister, alle diese Gebote habe ich von Jugend an befolgt. Da sah ihn Jesus an, und weil er ihn liebte, sagte er: „Eines fehlt dir noch: Geh, verkaufe, was du hast, gib das Geld den Armen, und du wirst einen bleibenden Schatz im Himmel haben; dann komm und folge mir nach!"

1. Was glauben Sie, in welcher Gemütsverfassung dieser junge Mann war, als er auf Jesus zulief? In welcher Verfassung wären wohl Sie, wenn Sie das täten?
2. Welche Frage würden Sie heute als erste Jesus stellen? Wie würde Ihrer Ansicht nach Jesu Antwort darauf wohl lauten? Stellen Sie sich vor, wie Sie auf die Antwort reagieren würden, die Jesus Ihnen gäbe.
3. „Da sah Jesus ihn an und weil er ihn liebte (...)." Verweilen Sie etwas bei diesem Bild. Fällt Ihnen jemand ein, der Sie einmal voller Liebe angesehen hat? Wie hat sich das angefühlt? Wenn Ihnen gar niemand einfällt, so sagen Sie Gott, wie sehr Sie diese Erfahrung vermissen. Verweilen Sie einige Minuten bei der Vorstellung, wie Jesus Sie ansieht und Sie liebt.
4. Nehmen Sie sich etwas Zeit zum Nachdenken, wie das Empfinden, dass jemand Sie liebt, Sie frei dafür macht, sich voller Freude Ihrer selbst bewusst zu werden. Was haben Sie bis jetzt vom Enneagramm über sich selbst erfahren, das Sie in die Erfahrung einbringen möchten, von Gott geliebt zu werden?

2 Das wahre und das falsche Selbst

Meine Freundin Sheila hat sich ihr Leben lang in ihrer christlichen Gemeinde engagiert und setzt inzwischen ihr Talent als Gastgeberin zum Wohl von Freunden und Familienangehörigen ein. Als sie mich zusammen mit vielen anderen zu einem Mittagessen einlud, nahm ich diese Einladung gerne an – aber mich bewegte die Frage: Würde ich da über das Enneagramm sprechen können? Meine Bekannten wissen, dass ich immer, wenn ich mich ganz und gar in ein Schreibvorhaben vertieft habe, dazu neige, die ganze Zeit darüber zu reden. So ging ich, mit Sheilas Erlaubnis, darüber zu reden, zu diesem Essen und war scharf darauf, dort Fragen über das wahre und das falsche Selbst aufs Tapet zu bringen, ein Thema, auf das ich in diesem Kapitel zu sprechen kommen will. Ich brachte es immerhin fertig, zu warten, bis wir das Essen auf unseren Tellern hatten, aber dann legte ich los. Ich begann zu erläutern, was ich mit den Begriffen „falsches Selbst" und „wahres Selbst" meinte, und dann stellte ich allen die Frage: „Wie erfährst du in deinem Alltagsleben dein wahres und dein falsches Selbst?"

Sheila reagierte prompt und schilderte uns ihre Frustrationen über sich selbst und über das Essen vor uns auf dem Tisch. Zunächst einmal, so erklärte sie, schäme sie sich wegen der Löcher in der Wand, aus der eine Vorhangstange entfernt worden war. (Die hatte ich noch gar nicht bemerkt.) Außerdem gefalle ihr das Geschirr auf dem Tisch überhaupt nicht, aber in einem Anfall von Großzügigkeit habe sie ihr besseres Geschirr verschenkt. (Das Geschirr auf dem Tisch war wunderschön.) Der Fruchtsalat sei nicht gut gewürzt. (Er schmeckte köstlich.) Das einzige, womit meine Freundin zufrieden war, war die Quiche. (Jemand anderer hatte sie zubereitet.)

Sheila machte sich nicht deshalb damit fertig, weil sie deprimiert war oder sich selbst herabsetzen wollte, sondern weil sie sehr ehrlich und anspruchsvoll ist. Sie wusste, ihr falsches Selbst würde ihr zusetzen, wenn sie uns zum Essen einlud. Dieses falsche Selbst nimmt die Stimme eines inneren Kritikers an, der sie ständig daran erinnert, dass nichts von dem, was sie tue, ihren eigenen hohen Ansprüchen auf Vollkommenheit entspreche. Diese ihr innewohnende kritische Instanz war schon seit langer Zeit Teil ihres Lebens gewesen. Die Wesenszüge dieses falschen Selbsts kannte sie bereits bestens aus ihren vielen Arbeitsjahren und auch aus ihren Erfahrungen in der Ehe und als Mutter. Und so entdeckte sie jetzt, dass ihr falsches Selbst sie sogar noch in ihren Ruhestand begleitete.

Sheilas falsches Selbst möchte vollkommen sein. Das spiegelt Sheilas Raum im Enneagramm, aber dieses falsche Selbst schwebt über allen Enneagramm-Räumen. Das falsche Selbst möchte den anderen Menschen imponieren. Das falsche Selbst hegt Erwartungen, die nie erfüllt werden können. Das falsche Selbst nimmt uns alle Freude. Sheila sagte, in Wirklichkeit wolle sie ja, dass wir alle uns bei diesem gemeinsamen Essen willkommen und geliebt fühlten, aber ihr falsches Selbst bremse jeden Versuch aus, zu dem sie ansetze, uns ihre Liebe zu Ausdruck zu bringen.

Was Sheila nicht wusste, war, dass ich gleich von dem Augenblick an, in dem ich durch ihre Haustür trat, ihre Liebe empfand. Mir fielen sofort die schönen Blumengestecke in ihrem Haus in die Augen und ich roch das wunderbare Aroma des Essens. Dann sah ich den Esstisch mit noch mehr Blumen, wunderschönen Tischsets und herrlichen Speisen. Mir war klar, dass sie viel Zeit, Überlegung und Liebe darauf verwendet hatte, unser Kommen vorzubereiten. So fand ich mich geliebt.

Die Liebe, die Sheila mir schenkte, war die Liebe Gottes. Wir wissen aus der Bibel, dass Gott die Liebe ist (1 Johannes 4,16). Wir sind als Ebenbilder Gottes erschaffen und sind unserem Wesen nach Liebe. Aber die Ansprüche und Lügen des falschen Selbsts hatten Sheila der Freude beraubt, wahrnehmen zu können, dass ihre Liebe uns alle angesprochen hatte – trotz all der Umstände, die sie für unvollkommen hielt. Da wir alle verschieden sind, erfahren wir das falsche Selbst auch unterschiedlich. Jemand anderer hätte uns zum Mittagessen einladen (oder ein geschäftliches Treffen ansetzen) und dabei zwanghaft darüber nachdenken können, wie er die Tischgespräche unter Kontrolle halten könne. Wieder jemand anderer hätte sich vielleicht alle Mühe gegeben, dass alles friedlich bleibe, um ja sicherzustellen, dass kein Konflikt auftrete. Oder wieder ein anderer hätte viel Zeit darauf verwandt, sich die Diskussionsthemen auszudenken und zu überlegen, wie er sie am geschicktesten ansprechen könnte, um bei den Gesprächen so gebildet und klug wie möglich zu erscheinen. Das Enneagramm hilft uns, die Wege, auf denen unser falsches Selbst uns in Versuchung führt, mit Namen zu benennen.

Das falsche Selbst ist der Mensch, von dem wir meinen, wie wir sein müssten, es aber nicht sind. Das falsche Selbst nährt in uns die Illusion, wir seien zu vollkommener Liebe fähig, weise und allwissend, und wir hätten unser Leben unter Kontrolle. Das falsche Selbst strebt nach Erfolg und Leistung. Das Problem dabei ist nicht, dass das falsche Selbst ein schlechter Mensch wäre, sondern das Problem ist, dass das falsche Selbst eine Fassade ist. Es ist eine Imitation Gottes, die wir verwenden, um damit andere zu beeindrucken. Das falsche Selbst schwelgt in Anmaßung und ist auf Fähigkeiten und Gaben aus, die für uns nicht angemessen sind. Andererseits bringt das wahre Selbst wahrhaftig die Gaben vor, die Gott uns für ein Leben in Liebe geschenkt hat.

Neue Begriffe für alte Wahrheiten

Die Begriffe *falsches Selbst* und *wahres Selbst* sind zeitgenössische Begriffe für tiefe Wahrheiten. Der Apostel Paulus sprach vom „alten Menschen“ (Römer 6,6). Wir könnten ihn auch als das „Ego-Selbst“ bezeichnen. Für das falsche „Ego-Selbst“ dreht sich das gesamte Leben um mich. Das falsche Selbst braucht ständig Beifall. Es ist auf Wettbewerb und Verteidigung angelegt. Das falsche Selbst möchte nichts leisten, sondern etwas bekommen. Es verhält sich auf eine Weise, von der wir meinen, sie garantiere uns, dass wir akzeptiert, gebraucht und bewundert werden. Mit dieser Haltung zu leben ist anstrengend. Aber die Versuchung, sich ganz dem falschen Selbst zu verschreiben, ist ungeheuer groß.

Im Gegensatz dazu lädt Gott uns dazu ein, der Mensch zu werden, der nach dem Bild der göttlichen Liebe geschaffen ist und instinktiv und wahrscheinlich unbewusst die Liebe Gottes widerspiegelt. Das ist das neue Selbst (vgl. 2 Korinther 6,17), der einmalige Mensch, der mit Wesenszügen, Sehnsüchten und Gaben ausgestattet ist, die spiegeln, wie Gott ist. Zu unserem wahren Selbst gehören die Gaben, die uns bei unserer Erschaffung geschenkt wurden, aber ohne den Makel unseres ichbezogenen Stolzes. Nach Aussage des Neuen Testaments ist das neue/wahre Selbst frei (2 Korinther 3,17), lebt genau wie Jesus in Wahrheit und Gnade (Johannes 1,14) und offenbart die Früchte des Heiligen Geistes (Galater 5,22–23). Das wahre Selbst ist konzentriert und nicht von den Trugvorstellungen des falschen Selbsts zerrüttet. Das wahre Selbst ist sich sowohl seiner persönlichen Grenzen bewusst als auch der Einladung Gottes, mit den uns von Gott geschenkten Gaben andere zu lieben. Das wahre Selbst weiß auch, dass es sein eigenes Leben nicht in der Hand hat, geschweige denn die Welt. Kurz gesagt, das wahre Selbst ist auf Gott zentriert, nicht auf das Ego.

Sagen wir es kurz mit neuen und alten Worten: Das falsche Selbst ist das auf sich selbst zentrierte Selbst, das Ego-Selbst, das alte Selbst, das im Wettstreit befindliche Selbst, das gut abgeschirmte Selbst, und letztlich das Selbst, das uns und die Welt betrügt. Aber man darf nicht den Fehler machen, die Verhaltensweisen und Aktivitäten des falschen Selbsts als „Sünden" zu bezeichnen. Wir wissen aufgrund des Enneagramms, dass das falsche Selbst gutes Verhalten wertschätzt: Güte, liebevolle Taten, Tatkraft, Kreativität, weise Einsichten, Gehorsam, Frohsinn, Führungsstärke und Friedfertigkeit.

Der Gedanke an die Tücke des falschen Selbsts ruft mir in Erinnerung, was meiner Tochter in einem Gemüseladen widerfahren ist. Elisa hat diesen schrecklichen Moment zwischen den Auslagen noch in lebhafter Erinnerung. Sie war noch klein, zu klein für die Schule, doch schon alt genug, um mit Mama durch die Gänge des Geschäfts zu gehen. Irgendwo zwischen dem Salat und den Grapefruits ließ sie meine Hand los und entfernte sich einige Schritte von mir. Als sie dann rasch wieder nach der sicheren Hand ihrer Mama greifen wollte, war – wie schrecklich! – diese Hand gar nicht die von Mama. Sie hatte nach der falschen Hand gegriffen. Die gehörte keinem schlechten Menschen, aber jedenfalls war das nicht Mamas Hand, sondern die einer anderen Frau. Schnell ließ sie diese Hand wieder los und sah sich nach ihrer Mama um. Ich stand ein Stück weiter weg und sah mir gerade die Äpfel an. Sie rannte zu mir her, griff nach meinem Bein und war glücklich wieder da daheim, wo sie Liebe und Schutz genoss.

Als Erwachsene tun wir zuweilen spirituell genau dasselbe, was Elisa physisch als Kind tat. Wir gehen ein Stück weit weg von dem Gott, der uns liebt, und wenn wir dann Trost brauchen, greifen wir nach oben und fassen die falsche Hand. Die Hand, die wir anfassen, gehört keinem schlechten Menschen. Dieser Mensch wirkt wie jemand, der uns liebt und beschützen wird. Wir meinen dann, dass wir uns an dieser Hand festhalten können und damit alles in Ordnung sei. Aber dann geraten wir plötzlich in Panik, wenn wir merken, dass die Hand, nach der wir gegriffen haben, nicht jemandem gehört, der uns Leben schenken kann. Die Hand, die wir halten, gehört zu unserem falschen Selbst.

Das Problem dabei ist, dass für jeden von uns das falsche Selbst so aussieht, als könne es uns helfen. Schließlich ist es eine gute Sache, wenn wir unsere Gaben einsetzen. Aber wenn ich nach der Hand meines falschen Selbsts greife, beginne ich aus falschen Gründen, gute Dinge zu tun. Das falsche Selbst möchte seine Belohnung und Anerkennung bekommen. Andererseits ist das wahre Selbst das erlöste Selbst, das neue Selbst, das Seelen-Selbst, das liebende Selbst, das demütige Selbst, das offene Selbst und das authentische Selbst. Das wahre Selbst braucht keine Anerkennung.

Jesus könnte zum falschen Selbst dasselbe sagen, was er zu Marta sagte: „Marta, Marta, du machst dir Sorge und Unruhe um viele Dinge. Aber nur eines ist notwendig" (Lukas 10,41–42). Das falsche Selbst macht sich Sorgen und Gedanken darum, wie es sich verhält, was es denkt und was andere denken. Das wahre Selbst nimmt die Auswirkungen seines begabten Verhaltens gelassen und fragt nicht danach, ob es gelobt wird oder nicht. Das wahre Selbst erkennt, dass unsere Gaben von Gott kommen und nicht dank unserer eigenen Bemühungen. Das falsche Selbst betet: „Mein Reich komme." Das wahre Selbst betet: „Dein Reich komme."

Im Unterschied zu der einmaligen augenblicklichen Panik meines Kindes, das nach der falschen Hand gegriffen hatte, greifen wir täglich etliche Male nach der Hand unseres falschen Selbsts. Nach dieser Hand greifen wir sowohl im Büro als auch im Gemüseladen, sowohl daheim als auch in der Kirche, sowohl in der Öffentlichkeit als auch im Privaten. Das falsche Selbst greift nach uns selbst und reicht uns die Hand, selbst wenn wir nicht darum bitten. Das falsche Selbst verspricht uns falschen Trost, falsche Hilfe und falsche Komplimente. Und anders als meine Tochter merken wir womöglich noch nicht einmal, dass wir nach der falschen Hand gegriffen haben. Das falsche Selbst versteckt sich mittels Stolz, Verleugnen und Illusionen vor unserem Blick. Die Maskerade des falschen Selbsts wirkt sich auf uns und auch auf andere aus.

Die Masken des falschen Selbsts

„Der Satan tarnt sich als Engel des Lichts“, schreibt der Apostel Paulus in seinem Brief an die Frühkirche in Korinth (2 Korinther 11,14). Das falsche Selbst hat unendlich viele Masken und Verkleidungen, und alle sehen recht gut aus. Es verfügt wie der prall gefüllte Kleiderschrank meiner Enkelin über eine große Fülle von Kleidungsstücken für jede Gelegenheit. „Was soll ich heute denn anziehen? Meine Güte, das hier hat einen Riss. Na ja, ich habe ja noch mehr im Schrank!“ Das Enneagramm beschreibt nicht alle Möglichkeiten dafür, Verkleidungen für unser falsches Selbst anzulegen, aber es zeigt uns die Stücke auf, in die wir am liebsten schlüpfen. Bevor wir uns die beliebtesten Verkleidungen unseres falschen Selbsts für jeden Raum genauer ansehen, müssen wir zunächst einmal das breite Spektrum der Möglichkeiten ansehen. Welche allgemeinen Charakterzüge entdecken wir wahrscheinlich am häufigsten im falschen Selbst?

Im Kern des falschen Selbsts steckt der *Stolz.* Das falsche Selbst möchte andere beeindrucken. Das falsche Selbst möchte Recht haben, vollkommen sein, bewundert werden. Das falsche Selbst ist ängstlich und abwehrend. Das falsche Selbst stellt sich selbst in den Vordergrund und möchte alles unter Kontrolle haben. Dr. David Benner schreibt:

„Im Kern des falschen Selbsts steckt der Wunsch, uns ein festes Bild von uns selbst zu machen, sowie eine bestimmte Beziehung zur Welt zu haben. Das ist unser persönlicher Stil – was wir von uns selbst halten und wie wir möchten, dass andere uns sehen und von uns denken (...) Das falsche Selbst ist wie die Luft, die wir atmen. Wir haben uns an sein Vorhandensein so gewöhnt, dass wir uns seiner gar nicht mehr bewusst sind."[6]

Das ist etwas entmutigend. Wenn das falsche Selbst wie die Luft ist, die ich atme, wie soll ich dann erkennen, dass ich im falschen Selbst atme? Wenn mein falsches Selbst in einer Verkleidung steckt, wie soll ich es dann erkennen? Gott sei dank gibt es Anzeichen dafür, dass wir in der abgestandenen Luft des falschen Selbsts atmen. Hier folgt eine Liste von Anzeichen, die wir womöglich in unserem eigenen Leben erkennen, wenn wir im falschen Selbst leben:

Wir meinen, dass wir unser Leben und unsere Welten im Griff haben sollen.

Wir meinen, dass wir das Recht haben, unsere Ziele zu verfolgen und unsere Wünsche zu erfüllen.

Wir verleugnen unsere Beschränkungen und Schwächen.

Wir sind offen oder versteckt auf Wertschätzung, Anerkennung oder sogar Ruhm aus.

Wir fühlen uns missverstanden und von anderen entfremdet.

Wir möchten alles wissen und erklären können.

Wir wollen unabhängig und nicht bedürftig sein.

Wir pflegen eine Abwehrhaltung und schützen das Bild, das wir von uns selbst haben.

Wir leben oft in der Vergangenheit oder Zukunft, statt uns der gegenwärtigen Wirklichkeit zu stellen.

Aus dem wahren Selbst heraus leben

Eine entsprechende Liste für das wahre Selbst sieht ganz anders aus. Das ist keine Liste von Eigenschaften, die wir uns um jeden Preis erwerben müssten. (So würde das falsche Selbst reden.) Hier ist es in Wirklichkeit so, dass wir beim Sehen dieser Elemente in unserem Leben das Wirken der Gnade Gottes erkennen und feiern dürfen, weil in uns schrittweise eine Verwandlung zu unserem wahren Selbst im Gang ist:

Wir leben in Freiheit, nur von Gottes Liebe begrenzt.

Wir lassen gelegentlich bewusst unseren Wunsch nach Kontrolle los.

Wir lernen zu unterscheiden zwischen der Stimme unseres Egos und der Stimme von Gottes Liebe.

Wir lassen zu, dass andere nicht unserer Meinung sind, ohne darauf mit Ärger oder Scham zu reagieren.

Wir lösen uns davon, dass unser Sicherheitsbedürfnis zu viel Einfluss auf unsere Entscheidungen hat.

Wir werden uns besser darüber bewusst, dass wir auf das Leben reagieren, statt es einfach kommen zu lassen.

Wir glauben daran, dass Gott uns im gegenwärtigen Augenblick liebt, ganz gleich, was er gerade mit sich bringt.

Wir merken überrascht, dass die Früchte des Heiligen Geistes in unserem Leben ans Licht kommen.

Viele Menschen stellen fest, dass sie im Alltagsleben ihr wahres Selbst kaum wahrnehmen können. Das mag uns im Nachhinein aufgehen, aber an einem gewöhnlichen Tag bleibt das wahre Selbst für uns fast ganz unsichtbar. Wir sind laut Paulus „Christi Wohlgeruch“ (2 Korinther 2,15). Aber wie wir aus unangenehmer Erfahrung wissen, kann man seinen eigenen Geruch kaum wahrnehmen! So leben wir aus dem Glauben, dass Gott durch uns lebt und seine Liebe in unserem wahren Selbst zum Ausdruck bringt. Auch wenn wir diesen Geruch nicht sehen oder riechen können, ist er dennoch da.

Das falsche Selbst loslassen

Die gute Nachricht über das falsche Selbst ist, dass wir dank der Gnade lernen können, uns seinem Einfluss Schritt für Schritt zu entziehen. Wir brauchen uns nicht aufzuregen, dass wir die falsche Richtung eingeschlagen haben, sondern dürfen aufblicken und sehen, dass der barmherzige, liebevolle Gott nach uns schaut. Gottes Absicht ist es, dass wir in Liebe leben. Als Jesus gefragt wurde, was das wichtigste Gebot sei, gab er die Antwort: „Du sollst den Herrn, deinen Gott, lieben mit ganzem Herzen und mit deiner ganzen Seele und mit all deinen Gedanken. Das ist das wichtigste und erste Gebot. Ebenso wichtig ist das zweite: Du sollst deinen Nächsten lieben wie dich selbst. An diesen beiden Geboten hängt das ganze Gesetz und die Propheten." (Matthäus 22,37–40) So geht es also überall im Alten und im Neuen Testament darum, Gott, die anderen Menschen und uns selbst zu lieben. Das falsche Selbst glaubt das nicht. Wir kennen diese Wahrheiten, vergessen sie aber. In diese Leere des Vergessens hinein versucht das falsche Selbst unsere Hand zu ergreifen. Es ist eine verwandelnde Erfahrung, sich aufs Neue an die Liebe Gottes zu erinnern und sich nicht auf die Forderungen und Erwartungen seines falschen Selbsts einzulassen. Die Kenntnis des Enneagramms hilft uns, das zu tun.

Das Enneagramm zeigt uns, dass unser falsches Selbst sich offen vor unseren Augen verbirgt – in der Art und Weise, wie wir unsere Gaben zum Ausdruck bringen. Das falsche Selbst maskiert sich als die vollkommene, übertriebene Ausdrucksform unserer Begabung. Wenn wir uns bedroht, verletzt oder unter Stress fühlen, bieten wir unsere Gaben auf und versuchen zwanghaft, die anderen (und uns selbst) davon zu überzeugen, dass wir der Bewunderung wert sind, weil wir so wunderbar begabt sind. Oder wir versuchen uns gegen unsere Ängste abzuschirmen, indem wir überlaut beteuern, dass es uns gut geht. Wenn alles andere nichts hilft, plagen wir uns weiter und versuchen, unser

Leben mit den Gaben im Griff zu halten, die Gott uns geschenkt hat, um uns zu helfen, andere zu lieben.

Das Enneagramm hilft uns, die Masken unseres falschen Selbsts abzulegen, indem es uns die Wahrheit sagt. Wir sind nicht unsere Begabungen, sondern wir sind Gottes geliebte Kinder. Wir brauchen nicht alle Gaben Gottes, um Gottes Ebenbild widerspiegeln zu können. Dank Gottes Gnade spiegeln die Gaben, die wir haben, mehr von Gottes Liebe wider, als wir uns vorstellen können. Und wir brauchen nicht zwanghaft unsere Gaben zum Kern und Mittelpunkt unseres Lebens zu machen. Genau wie wir in aller Freiheit unsere Gaben empfangen haben, sind wir auch dazu eingeladen, in aller Freiheit die Gelegenheit zu nutzen, sie anderen zu schenken.

Die Schilderung dieser Sichtweise kommt dem falschen Selbst wie eine Fremdsprache vor. Deswegen müssen wir immer die uns angeborene Sprache des falschen Selbsts in die Sprache des Schöpfergottes übersetzen. Das Enneagramm hilft uns, das zu tun, indem es uns eine Sprache verleiht, die sowohl das wahre als auch das falsche Selbst beschreibt. Aber das Enneagramm bezeichnet dies als „behutsamen Weg“. Die Dichterin Emily Dickinson fordert uns auf: „Sag die ganze Wahrheit, aber sag sie behutsam (…) Die Wahrheit muss nach und nach tröpfeln / Oder alle werden blind.“ Das Enneagramm verblüfft uns nicht mit der Wahrheit, sondern lädt uns dazu sein, die Tiefen seines vielschichtigen Symbols auszuloten. Wenn wir das tun, loten wir auch die Tiefen unserer selbst aus und beginnen uns selbst neu zu verstehen, indes die Wahrheit sich uns „tröpfchenweise“ erschließt. Langsam, ganz langsam sehen wir das Licht des wahren Selbsts und fangen damit an, die Fassade des falschen Selbsts bröckeln zu lassen.

Wir lernen, hinter den Verhaltensweisen der verschiedenen Enneagramm-Räume die jeweilige Motivation zu erkennen. Das falsche Selbst benimmt sich gewöhnlich ganz gut. Aber die Motivation hinter dieser Verhaltensweise ist gar nicht so nett.

Wir möchten nicht zugeben, dass unsere Motivation womöglich nicht der Erscheinungsweise unseres Verhaltens entspricht. Das Enneagramm sollte uns angesichts dieses Auseinanderklaffens mit solchem Unbehagen erfüllen, dass wir uns nach Veränderung und Reiferwerden sehnen. Viele sagen, wenn man sich in seinem Enneagramm-Raum wirklich wohl fühle, habe man vermutlich noch nicht den richtigen Raum gefunden. Das Aufdecken unserer Motivation kann schmerzlich sein. T. S. Eliot schrieb in seinen „Four Quartets", dass „die Menschheit nicht recht viel Wirklichkeit ertragen kann." Bei unserer Aufdeckung des falschen Selbsts müssen wir vorsichtig und sorgfältig vorgehen. Wir brauchen alle nur erdenkliche Hilfe dazu.

Der Weg des wahren Selbsts

Unser Ausgangspunkt ist die Bereitschaft, uns selbst nüchtern wahrzunehmen und mit uns selbst ehrlich zu sein. Nur wenn wir den Mut haben, die Anzeichen wahrzunehmen, dass wir aus unserem falschen Selbst leben, können wir anfangen, uns auf den Weg zu unserem wahren Selbst zu machen. Das Enneagramm lädt uns ein, das zu tun. Meine Freundin Sheila erzählte uns, dass sie sich am Tag, bevor wir zum Essen zu ihr kamen, dabei ertappt habe, wie sie auf ihr falsches Selbst hörte: Ihr sei zweimal der Gedanke durch den Kopf gegangen, sie solle doch nicht so viel Geld dafür ausgeben, genau alle Zutaten für die Zubereitung des Salats zu besorgen. Während sie im Geschäft angestanden habe, sei ihr dann ein Weckruf gekommen und sie habe die Abwärtsspirale ihres Denkens im Sinn des falschen Selbsts zum Stillstand bringen können und sich stattdessen wieder auf die Werte ihres wahren Selbsts verlegt.

Wenn wir die typischen Charaktermerkmale unseres Enneagramm-Raums kennen, ermöglicht uns das, uns auf frischer Tat zu ertappen. Wir können dann dem gnädigen Gott insgeheim zurufen: „Hilf mir!“ Am besten greift man sein falsches Selbst nicht frontal an (sagt also nicht energisch: „Hör auf so zu denken! Das ist schlecht/falsch/sündig!“). Das verleiht dem falschen Selbst nur umso mehr Kraft. Wir können unser falsches Selbst nicht „managen“, denn es findet rasch eine andere Möglichkeit, uns hereinzulegen. Wir können uns nur eingestehen, dass wir loslassen möchten. Unser Ausgangspunkt muss sein, dass wir uns bewusst werden, was da vor sich geht. Dann können wir ausdrücklich den Vorsatz fassen, diesen Einflüsterungen des falschen Selbsts kein Gehör zu schenken.

Eine gute Hilfe ist es, wenn man auf die Zeiten achtet, in denen man am stärksten für das falsche Selbst anfällig ist. Bei mir ist das oft dann, wenn ich schläfrig bin. Bei anderen kann das vielleicht sein, wenn sie sich um etwas kümmern müssen oder sich wünschen, sich darum kümmern zu können. Oder bei jemand anderem könnte es sein, wenn er/sie zu einem hingebungsvollen Publikum spricht, Bewunderung genießt oder gebeten wird, bei einem eindrucksvollen Projekt mitzumachen. Wieder andere merken, dass das falsche Selbst sich zeigt, wenn sie von überwältigenden Ereignissen in ihrem Leben entmutigt werden.

Wenn wir unsere Zeiten der Verletzlichkeit wahrnehmen, hilft uns das, nicht von unserem falschen Selbst völlig geblendet zu werden. Es ist merkwürdigerweise so, dass wir gerade dann, wenn wir das Vorhandensein und die Schwächen des falschen Selbsts wahrnehmen, in unser wahres Selbst hineinzuwachsen beginnen. Das klingt recht verrückt, denn ich verbringe ja so viel Zeit mit der Hoffnung, mein falsches Selbst werde verschwinden. Aber Judith Hougen sagt, das Markenzeichen des wahren Selbsts sei die Annahme seiner selbst:

„Mit der Annahme meiner selbst bejahe ich, wer ich bin – ein kleiner, beschränkter Mensch mit Neigung zum Sündigen und zugleich auch mit der Sehnsucht nach Heiligkeit –, und das erlaubt mir, mit allen meinen Widersprüchen zu leben, denn mein

Wollen besteht – zumindest an guten Tagen – darin, „im Licht zu wandeln, wie Er im Licht ist.“[7]

Wenn ich imstande bin, mich auf frischer Tat zu ertappen, das wahrzunehmen und mich selbst anzunehmen, dann bewege ich mich vielleicht in Richtung Verwandlung. Aber der Weg vom falschen Selbst zum wahren Selbst ist verschlungen und dauert ein Leben lang. Ich wünschte, es gäbe auf meinem Smartphone einen entsprechenden Routenplaner („Dauer bei starkem Verkehr siebzehn Minuten“). Doch die Karten für den inneren Weg sind immer noch wie die alten Weltkarten – unvollständig und oft falsch, und genauso sehen auch die Karten unseres falschen Selbsts immer noch aus. Sogar die Karten unseren wahren Selbsts sind zuweilen verwirrend. Aber Kolumbus hat sogar mit ungenauen Karten Amerika erreicht. Auf ähnliche Weise werden uns unsere stolpernden Versuche, ins wahre Selbst zu gelangen, uns in die Entdeckung von Gottes Gnade führen. Keine menschliche Landkarte ist vollkommen. Gottes Wege sind dafür viel zu geheimnisvoll. Wir werden immer neue Wege dafür kennenlernen, in Wahrheit und Gnade unserem Ziel entgegenzugehen. Aber das Enneagramm ist für unseren weiteren Weg eine gute Landkarte. Die Kenntnis des Enneagramms hilft uns, die Gaben unseres wahren Selbsts zu erkennen sowie auch die Klippen, von denen wir ins falsche Selbst herabstürzen könnten. Wenn wir uns besser unserer selbst bewusst werden, entwickeln wir uns immer mehr zu Menschen der Liebe.

Zum Nachdenken und für die Diskussion

1. „Das falsche Selbst nährt in uns die Illusion, wir seien zu vollkommener Liebe fähig, weise und allwissend, und wir hätten unser Leben unter Kontrolle. Das falsche Selbst strebt nach Erfolg und Leistung. Das Problem dabei ist nicht, dass das falsche Selbst ein schlechter Mensch wäre, sondern das Problem

ist, dass das falsche Selbst eine Fassade ist. Es ist eine Imitation Gottes, die wir verwenden, um damit andere zu beeindrucken." Wie würden Sie das *falsche Selbst* mit Ihren eigenen Worten definieren?

Welchen Unterschied macht es, wenn wir uns dafür entscheiden, unserem falschen Selbst zu leben?

2. Das wahre Selbst ist „der einmalige Mensch, der mit Wesenszügen, Sehnsüchten und Gaben ausgestattet ist, die spiegeln, wie Gott ist. (...) Das wahre Selbst ist sich sowohl seiner persönlichen Grenzen bewusst als auch der Einladung Gottes, mit den uns von Gott geschenkten Gaben andere zu lieben. Das wahre Selbst weiß auch, dass es sein eigenes Leben nicht in der Hand hat, geschweige denn die Welt. Kurz gesagt, das wahre Selbst ist auf Gott zentriert, nicht auf das Ego." Welche Erfahrungen des wahren Selbsts haben Sie schon in Ihrem eigenen Leben oder in der Beziehung mit jemand anderem gemacht?

   Welchen Unterschied stellen Sie fest zwischen dem Ausleben des falschen Selbsts und dem Ausleben des wahren Selbsts?

3. Welche Charaktermerkmale des falschen Selbsts sehen Sie am häufigsten in Ihrer eigenen Welt zum Ausdruck kommen?

   Welche davon bringen Sie persönlich am meisten in Versuchung? Wann ist es am wahrscheinlichsten, dass Sie aus Ihrem falschen Selbst heraus handeln?

4. Welche Charaktermerkmale des wahren Selbsts sehen Sie in Ihrer eigenen Welt am häufigsten?

   Welche davon würden Sie in Ihrem eigenen Leben am liebsten

sehen? Was hilft Ihnen am meisten, aus Ihrem wahren Selbst heraus zu handeln?

5. „Nur wenn wir den Mut haben, die Anzeichen wahrzunehmen, dass wir aus unserem falschen Selbst leben, können wir anfangen, uns auf den Weg zu unserem wahren Selbst zu machen." Welche Meinung haben Sie über den Wert des „Sich-seiner-selbst-bewusst-Seins"?

   Welche Ängste haben Sie bezüglich des „Mehr-seiner-selbst-bewusst-Seins"? Wie hilft uns Ihrer Meinung nach das Bewusstsein unserer selbst auf unserem geistlichen Weg?

Anregung zu einer persönlichen Meditation

Die Lebenseinstellung Jesu (Matthäus 6,31–34)

[Jesus spricht:] Macht euch also keine Sorgen und fragt nicht: Was sollen wir essen? Was sollen wir trinken? Was sollen wir anziehen? Denn um all das geht es den Heiden. Euer himmlischer Vater weiß, dass ihr das alles braucht. Euch aber muss es zuerst um sein Reich und um seine Gerechtigkeit gehen; dann wird euch alles andere dazugegeben. Sorgt euch also nicht um morgen; denn der morgige Tag wird für sich selbst sorgen. Jeder Tag hat genug eigene Plage.

1. Lesen Sie die Wort Jesu langsam und mindestens zweimal, vielleicht einmal laut.
2. Merken Sie sich ein Wort oder eine Wendung, die Sie besonders angesprochen hat.
3. Wie lässt sich dieses Wort oder diese Wendung auf Ihr Leben hier und heute anwenden? Kommt Ihnen dank Ihrer Kenntnis des Enneagramms irgendeine Einsicht, die Ihnen zu erkennen hilft, warum der Heilige Geist Sie auf dieses Wort oder diese Formulierung hinweist?
4. Inwiefern spiegelt dieses Wort oder diese Formulierung das, was Sie über Ihr wahres und Ihr falsches Selbst erfahren haben?

Eine spirituelle Praxis: Schreiben Sie Ihr Wort oder Ihre Formulierung auf ein Kärtchen und wiederholen Sie diesen Text zwei Wochen lang zehnmal täglich. Wenn Sie diese Formulierung auf diese Weise ständig wiederholen – ganz gleich, ob Sie darüber nachdenken oder damit beten, wird Gott es Ihrem Herzen einpflanzen und es in Ihrer Seele zum Leben erwecken.

3 Die Triaden des Enneagramms

Das Wetter in Chicago ist bekannt dafür, dass es im Winter sehr kalt und im Sommer sehr heiß ist. Letzten Sommer begegnete ich an einem glühend heißen Tag in der Einfahrt meiner Nachbarin. Ich wollte ihr freundlich zuwinken und eine Bemerkung über das Wetter machen und rief ihr also zu: „Hallo, heute ist es ja ziemlich heiß!" Das sah sie anders und erwiderte: „Den Eindruck habe ich nicht. Mich friert es. Ich komme gerade aus dem Büro. Dort war es ziemlich kalt." Hoppla ... Was konnte ich darauf erwidern? Ich wollte keinesfalls eine Diskussion über das Wetter anfangen, fühlte mich aber missverstanden. Da war es gut, dass ich das Enneagramm kannte. Meine Nachbarin und ich befinden uns eindeutig in unterschiedlichen Triaden des Enneagramm-Paradigmas.

Die Triaden

Einen guten Einstieg in die genauere Kenntnis des Enneagramms bieten die Triaden. Das sind neun Räume des Enneagramms, die in drei Bereiche unterteilt sind: die Herztriade (2, 3 und 4), die Kopftriade (5, 6 und 7) und die Bauchtriade (8, 9 und 1). Die drei

Räume in jeder Triade haben ähnliche Eigenschaften, aber jeder Raum bringt diese Ähnlichkeiten in leicht unterschiedlicher Weise zum Ausdruck. Diejenigen in der Herztriade beruhen auf dem Gefühl, die in der Kopftriade auf dem Denken und die im Bauch reagieren auf das Leben mit ihrem guten Instinkt. Diese Triaden bieten einen guten Ansatzpunkt, denn ganz am Anfang ist es oft leichter, seine Triade zu erkennen als den eigenen Raum. Hat man seine Triade gefunden, so hat man seine Raum-Möglichkeiten auf drei reduziert.

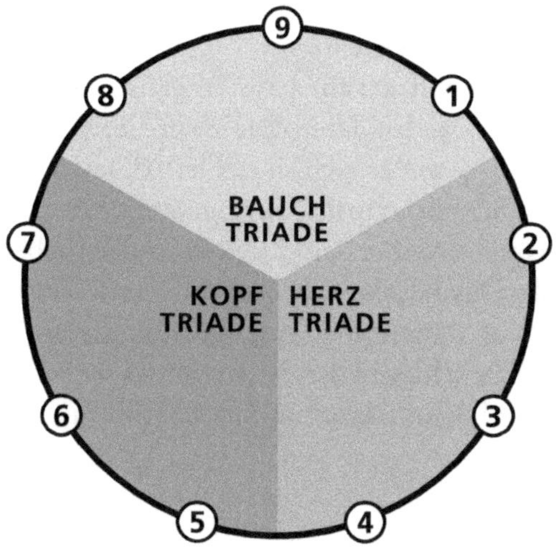

Abbildung 2: **Die Triaden**

Das Enneagramm mit seinen Triaden und Räumen ist beschreibend, nicht vorschreibend. Es bietet Beobachtungen über Menschen in unterschiedlichen Kategorien. Aber es wäre falsch, wollte man annehmen, wir könnten voraussagen, wie in jeder Triade oder jedem Raum die Menschen auf das Leben reagieren würden. Kategorien sind einfach nur das: Menschengruppen und Gegenstände mit Ähnlichkeiten, aber auch Unterschieden. Nicht alle Blumen sehen gleich aus. Dotterblumen und Fleißige Lieschen brauchen Wasser und Sonnenlicht, aber in unterschiedlichen Mengen. Alle Athleten sind Wettkämpfer, aber nicht alle Athleten haben die gleichen Fähigkeiten. Auch wenn beim Enneagramm die Menschen in neun Kategorien unterteilt werden, wissen wir, dass jeder Mensch grenzenlos einmalig ist. So sollten wir nicht versuchen, anhand des Enneagramms das Verhalten von Menschen *vorauszusagen*, und erst recht nicht deren Motivation zu deuten. Das Einzigartige am Enneagramm ist die Art und Weise, wie es unsere Ähnlichkeiten sowie auch unsere Verschiedenheiten beschreibt.

Im Folgenden will ich für jede Triade das wahre Selbst beschreiben, die Blockaden derer, die sich in dieser Triade befinden, das falsche Selbst, wie es sich in der Triade manifestiert, sowie den Weg heim, nämlich zurück zum wahren Selbst. Erinnern wir uns daran, dass das wahre Selbst den Gott der Liebe und Gnade widerspiegelt. Das falsche Selbst ist das vom Ego angetriebene Selbst und es ist darauf aus, unseren besonderen Zwängen zu entsprechen. Wir schlagen den Weg vom wahren Selbst zum falschen Selbst und dann wieder zurück zum wahren Selbst täglich viele Male ein.

Die Herztriade (2, 3, 4)

Wenn sie aus ihrem wahren Selbst heraus leben, verfügen Menschen in der Herztriade über eine starke Beziehungsenergie. Es ist, als übten sie eine magische Anziehungskraft auf andere Menschen und Beziehungen aus. Sie mögen ihrem Temperament nach insofern introvertiert sein, als sie ihre Energie von ihrem Alleinsein her beziehen, aber in ihrem Beziehungsleben sind sie von Natur aus sozial. Gewöhnlich sind sie hilfsbereit. Häufig sind sie auch sehr effizient und erfolgreich. Und oft haben sie einen Hang zum Kreativen. Sie passen sich an das an, wovon sie meinen, dass andere es von ihnen erwarten. Ihre Aufmerksamkeit richtet sich darauf, Verbindungen zu knüpfen.

Die Menschen in dieser Triade stoßen in ihrem Leben und auf ihrem spirituellen Weg auf Widerstände, wenn sie anfangen, sich für die sie umgebende Welt verantwortlich zu fühlen. Sie fühlen sich nicht nur für ihre eigenen Schwächen verantwortlich, sondern auch für die Probleme anderer. Diese Fixierung stürzt sie in Ängste und Geschäftigkeit.

Ängstliche Geschäftigkeit kann produktiv oder unproduktiv sein. Ich erinnere mich daran, wie ich einmal meine Teenager-Töchter vor der Highschool einfach aussetzte. Wir waren von daheim wütend und verärgert losgefahren. Ich entsinne mich nicht mehr, worum es damals gegangen war, aber an meine eigenen Frustrationen erinnere ich mich noch genau. Ich konnte ihnen nicht helfen und ihre Probleme nicht lösen. Ich versagte als Mutter. Dabei verkomplizierte ich alles noch mehr, weil ich wütend auf sie war, dass sie diese Probleme überhaupt hatten. Und ich war wütend auf mich, dass ich auf sie wütend war. Ohne es recht zu merken, übertrug ich das in die ängstliche Geschäftigkeit eines Menschen in der Herztriade, setzte sie an der Schule ab, fuhr heim und schrubbte die Badewanne, bis sie herrlich glänzte. Zur damaligen Zeit wusste ich noch nicht, dass dies ein weiteres Enneagramm-Verhalten war – aber immerhin hatte ich dann eine blitzsaubere Badewanne.

Weil sie sich für *alles* verantwortlich fühlen, versuchen Menschen in der Herztriade, alles auf die Reihe zu bringen. Eine Art Angst treibt sie zum Tätigsein an. Das mag anderen wie Kontrollverhalten oder Getriebensein vorkommen. Doch die Menschen in der Herztriade empfinden es einfach nur als Verantwortlichsein.

Aber weil sie nicht jedes Problem lösen können, haben Herzmenschen das Gefühl, dass sie unzulänglich und inkompetent seien. Sie vergleichen sich ständig mit anderen. Gewöhnlich fällt der Vergleich zu ihren Ungunsten aus.

Lassen Sie sich von der Bezeichnung dieser Triade nicht irreführen. Es stimmt ja, dass Herzmenschen tief empfinden. Aber noch öfter kommt es vor, dass sie sich ihrer eigenen Gefühle nicht bewusst sind. Sie achten womöglich mehr auf die Gefühle anderer als auf ihre eigenen. Diese Tendenz setzt früh ein. Mein geliebter Hund fraß in dem Jahr, als ich mich für Halloween als Alice im Wunderland verkleidete, meine gesamten Süßigkeiten auf. Als ich ihn dann ansah, wie er seinen Schwanz verschämt einzog, machte ich mir mehr Sorgen um ihn und darum, wie schlecht er sich fühlte, als dass ich selbst über den Verlust meiner Süßigkeiten trauerte. Das kommt mir jetzt nicht mehr als so wichtig vor, aber während meiner Teenagerjahre behielt ich das gleiche Muster bei und kümmerte mich nicht um meine eigenen Gefühle. Das führte zu einer Depression, die bis in mein Erwachsenenalter hinein anhielt. Ich hatte mir selbst beigebracht, nicht auf mein eigenes Herz zu hören. Wenn ich dieses Charaktermerkmal in der Herztriade des Enneagramms sehe, hilft mir das zu verstehen, was ich tue. Ich ringe mit keiner Depression mehr, muss mich aber immer wieder daran erinnern, genauer auf mein eigenes Herz und meine Gefühle zu achten.

Wenn bei Herzmenschen das falsche Selbst das Kommando übernimmt, wird das *Image* ganz wichtig. Sie fragen sich: Was werden die Leute von mir denken? Wie bin ich im Vergleich zu anderen? (Wenn ich nicht besonders gut bin, fühle ich mich als Versagerin. Wenn ich hervorragend bin, fühle ich mich schuldig, dass sich andere wegen mir als Versager vorkommen.) Das alles führt zur Scham, diesem bewussten oder unbewussten Gefühl, das die Menschen in der Herztriade plagt. Wenn Herzmenschen im falschen Selbst leben, versuchen sie verzweifelt, die Liebe anderer zu gewinnen. Ihre eigenen Bedürfnisse und Wünsche verstummen. Sie tun so, als sei alles in Ordnung, obwohl das gar nicht stimmt.

So deprimierend das auch klingen mag (zumindest für jemanden in dieser Triade), weist das Enneagramm dennoch einen

Ausweg. Wenn Menschen in der Herztriade für die Verwandlung aufgeschlossen sind, geben sie zu, dass sie nicht die Probleme der ganzen Menschheit im Blick haben können, sondern sie achten in der Gegenwart auf sich selbst. Suzanne Zuercher sagt in *Enneagram Spirituality*, der gegenwärtige Augenblick sei für ZWEIer, DREIer und VIERer nur eine Bruchstelle, die die Vergangenheit von der Zukunft trenne.[8] Herzmenschen grübeln über die Vergangenheit und über das nach, was sie falsch gemacht haben, oder sie planen für die Zukunft und überlegen, wie sie andere Menschen beeindrucken können. Und was ist mit der Gegenwart? Na ja, die wird schon vorbeigehen.

Gott lädt die Menschen in dieser Triade dazu ein, ihren Blick nach innen zu richten und sich aus dem Griff zu lösen, den die Bedürfnisse und Meinungen anderer auf sie haben. Das ist einer der Gründe dafür, warum für Menschen in dieser Triade Stillsein und Nachdenken so wichtig sind. Indem sie sich Zeit dafür nehmen, ganz vorsätzlich allein zu sein, weg vom Zugriff anderer auf ihr Leben, können Herzmenschen sich selbst gegenwärtig sein und sodann auch für diejenigen, die sie lieben.

Für Herzmenschen können die Verkleidungen des falschen Selbsts vielfältige Formen annehmen. Wenn sie in ihrem falschen Selbst leben, glauben sie, dass ihre Mitmenschen sie lieben, wenn sie es nur fertigbringen, keinen zu verletzen. So versuchen sie, ein sehr umgängliches, sympathisches Bild ihrer selbst abzuliefern. Zuweilen wirkt das sogar etwas aufdringlich. Und es ist anstrengend. Um das fertigzubringen, bringen sie sich selbst bei, ihren eigenen Bedürfnissen zu widerstehen. Um mit dieser Verkleidung leben zu können, opfern Herzmenschen ihre eigenen Gefühle dem Zweck, sich mit den Gefühlen anderer zu identifizieren. Vielleicht opfern sie sogar um der Harmonie willen die Realität, wenn die Realität die ist, dass ihre Gefühle den Ansichten eines anderen widersprechen. Das falsche Selbst sagt Menschen in dieser Triade, dass sie zum Beweis ihres Selbstwerts die Probleme derjenigen, die sie lieben (oder die sie beeindrucken wollen) über ihre eigenen Bedürfnisse stellen sollen. Das ist eine schwer zu tragende Last.

Scham hat eine ganz eigene Art, sich an das falsche Selbst der Herztriade zu haften, denn Menschen in dieser Triade fühlen sich gewöhnlich davon überfordert, den Bedürfnissen und Erwartungen gerecht zu werden, von denen sie meinen, dass die Menschen in ihrer Umgebung sie ihnen kundtun. Sie schämen sich für diese Unfähigkeit.

Die Menschen in der Herztriade fühlen sich vielleicht von den Worten Jesu angezogen: „Jeder, der sich selbst erhöht, wird erniedrigt, wer sich selbst aber erniedrigt, wird erhöht werden“ (Lukas 18,14). Zunächst klingt das für Herzmenschen wie eine recht merkwürdige Einladung. Aber wenn sie sich auf die Wahrheit der Worte Jesu einlassen, entdecken sie, dass sie tatsächlich authentisch liebende Menschen werden können, die aus ihrem wahren Selbst leben, wenn sie sich selbst annehmen und mit dem Versuch aufhören, andere zu beeindrucken. Sie lockern damit den Griff, den die Meinung anderer auf sie hat. Sie lassen die Vorstellung los, dass sie alle Probleme der Welt lösen müssten. Sie beginnen, die Erfahrung der Demut, der Wahrheit und des Gleichmuts zu machen.

Die Kopftriade (5, 6, 7)

Die Menschen in der Kopftriade erfahren das Leben ganz anders als diejenigen in der Herztriade. Wenn sie in ihrem wahren Selbst leben, beobachten Kopfmenschen das Leben zu dem Zweck, Information zu sammeln, diese zu sortieren und sich Möglichkeiten für deren Verwendung vorzustellen. Für sie ist das real, was sie im Kopf haben. Sie würden Descartes zustimmen, dem französischen Philosophen im siebzehnten Jahrhundert, der den Satz geprägt hat: „Ich denke, also bin ich.“ Mein Mann, ein ausgesprochener Kopfmensch, behauptet, er lebe dank seiner Gedanken.

Wenn er verreist, packt er vor seinen Kleidungsstücken zuerst einmal seine Bücher und Notizen ein. Das Schöne an Menschen in der Kopftriade ist, dass sie mit ihren Aktionen in der äußeren Welt neue Wege dafür eröffnen, auf das Leben zu schauen, denn sie setzen Bruchstücke auf eine Weise zusammen, die anderen nicht eigen ist.

Kopfmenschen stoßen auf ihrem Weg auf Straßensperren, wenn sie immer mehr und noch mehr Informationen sammeln und es ihrer Angst erlauben, sie davon abzuhalten, diese Informationen in die praktische Tat umzusetzen. Sie sind auf Sicherheit aus, indem sie ihre Innenwelt ständig in Ordnung halten. Auch wenn sie vielleicht davon reden, dass sie künftig etwas anpacken wollen, fällt es ihnen schwer, so weit zu kommen. Weil ihnen ihre Innenwelt so wichtig ist und diese so viel Aufmerksamkeit bekommt, fühlen sie sich oft von anderen isoliert, aber es passt ihnen nicht, wenn sie ihr Privatsein und ihre Unabhängigkeit aufgeben müssten, weil andere anfangen, auf sie aufmerksam zu werden. Es kann auch sein, dass die Angst sie zur Hoffnung anleitet, jemand anderer werde die Einsichten, die sie auf den Tisch legen, bestätigen und ihrer entsprechend handeln.

Wenn die Blockaden übermächtig werden, tritt das falsche Selbst auf den Plan. Bei Kopfmenschen führt das zu einer emotionalen Lähmung. Sie ziehen sich auf ihre mentalen Strategien zurück. Bei jemandem in der Kopftriade heißt das, dass er endlos Informationen sammelt. Andere suchen nach Leitfäden und Regeln, die ihnen sagen könnten, was sie tun sollten, während wieder andere Erfahrungen sammeln. Introvertierte Kopfmenschen ziehen sich vielleicht von anderen zurück in ihr eigenes Denken. Extrovertierte Kopfmenschen versuchen oft, Ereignisse und Gespräche zu sammeln, aber es kann sein, dass sie dann aus ganzem Herzen kommende Gespräche mit anderen scheuen. Aus diesem Grund können sie sich womöglich vergessen oder übersehen vorkommen. Das führt sie dazu, sich ans Leben zu hängen. Kopfmenschen können kleinlich, besitzergreifend oder verfressen werden, wenn ihr falsches Selbst das Ruder übernimmt.

Kopfmenschen zögern womöglich, sinnvoll zur Tat zu schreiten. Wenn schwerwiegende persönliche Entscheidungen anstehen, denken und grübeln diese Menschen endlos lange, viel länger, als andere Menschen meinen, das tun zu müssen. Ich sage oft, es sei nur dank Gottes Gnade gelungen, dass mein Mann mich schließlich darum bat, ihn zu heiraten. Er hatte recht lange Zeit dazu gebraucht, alle Informationen zu sammeln und zusammenzusetzen, die er seiner Auffassung nach dazu brauchte, um genauer dahinterzukommen, wie es sein würde, wenn er mich heiraten würde. Ich bin mir aber ziemlich sicher, dass sich unsere Heirat dann als etwas anders erwies, als er erwartet hatte, und dies trotz all seines Nachdenkens!

Für Kopfmenschen verkleidet sich das falsche Selbst als etwas, das vor ihrer ganzen Angst sicher ist. Wenn Menschen in ihrem falschen Selbst leben, glauben Kopfmenschen, dass ihr Denken gut dazu ausreiche, sie vor verborgenen Gefahren zu schützen. Das falsche Selbst für Menschen in dieser Triade ist sehr beschäftigt damit, deren Innenwelt zu organisieren. Wenn das gemäß ihren eigenen Standards gelingt, fühlt das falsche Selbst sich sicher. Dieses Hängen an dem, was im Kopf vorgeht, ist eine schwere Last. Wenn eine andere, vielleicht genau entgegengesetzte Idee daherkommt, fühlen sich Anhänger dieser Triade bedroht, die neuen Ideen könnten den sicheren Ort verwüsten, den sie sich hergerichtet haben.

Das falsche Selbst will nicht zugeben, dass diese Sicherheit eine Illusion ist. Und diese Illusion hält die Menschen in dieser Triade davon ab, ihre Ideen in Handlungen umzusetzen. Wenn mein Geist in Ordnung ist, wenn mein Denken stimmt, wenn ich mich an alle Regeln halte – was mehr möchtest du noch, dass ich tue? Das falsche Selbst wird vielleicht gelähmt, wenn es sich auf Strategien, Überzeugungen und Pläne konzentriert. Die Angst klammert sich an das falsche Selbst der Kopfmenschen.

Aus dieser Angst heraus werden sie sich vielleicht an ihre Pläne klammern, sie werden kleinlich auf die Einhaltung von Regeln achten oder sie gieren geradezu nach Erfahrungen, die sie machen wollen.

Wenn die Menschen in dieser Triade sich vom falschen Selbst weg- und zu ihrem wahren Selbst hinbewegen, beginnen sie sich außerhalb ihrer selbst zu bewegen und lernen, sich mit größerer Freiheit auf andere Menschen einzulassen. Sie werden weniger zwanghaft hinsichtlich der Ordnung ihrer inneren Welt und eher willens, das Risiko einzugehen, nicht alles zu wissen oder zu verstehen. Sie hören auf, sich an ihre Gedanken und Ideen zu klammern und bekommen den Mut, das Leben mit seiner Fülle anzunehmen, statt vor ihm Angst zu haben.

Wenn Kopfmenschen sich dafür öffnen, von Gott verwandelt zu werden, beginnen sie wahrzunehmen, dass sie das Leben nicht verstehen müssen, um es leben zu können. Gottes Geist lädt sie dazu ein, ihren Kopf zu verlassen und sich von anderen Menschen anzusprechen und mit Energie beschenken zu lassen. Das macht sie dafür frei, das Risiko einzugehen, ihre Innenwelt und ihre Gefühle mit anderen und mit Gott zu teilen. Nachdem mein Mann das jetzt über sich selbst weiß und größere Risiken eingeht, seine Gefühle mit mir zu teilen, kann ich seine Gefühle direkt von ihm hören. Das ist für uns beide hilfreich, denn es bewahrt mich davor, mir (in meiner Herztriaden-Neigung) vorzustellen, was er wohl empfindet und was zutreffend sein könnte oder auch nicht.

Kopfmenschen stellen oft fest, dass ihr spiritueller Weg davon bereichert wird, wenn sie aus sich herausgehen. Eine Möglichkeit, nach außen zu gehen, ist der Aufenthalt in der Natur, buchstäblich und emotional. Draußen zu sitzen, eine Wanderung zu machen oder vielleicht eine Runde Golf zu spielen kann für Kopfmenschen ganz gut sein.

Wenn die Verwandlung einsetzt, beginnen Kopfmenschen damit, aktiv zu handeln, sogar noch bevor sie etwas ganz verstehen oder überhaupt noch nicht genügend Informationen über etwas gesammelt haben, wie sie das eigentlich gern getan hätten. Sie werden immer am meisten in sich selbst daheim sein, aber das Sich-Hinausbegeben aus ihrem Kopf in das Handeln hinein kommt ihnen jetzt weniger bedrohlich vor, weil sie die Gnade der Verwandlung erfahren. Der Verfasser des Hebräerbriefs schrieb: „Glaube aber ist: Feststehen in dem, was man erhofft, Überzeugtsein von Dingen, die man nicht sieht“ (Hebräer 11,1). Das ist eine Herausforderung und Einladung für alle in der Kopftriade, aber genau dieser Gaube an Wahrheiten jenseits dessen, was sie sehen und mit ihrem Verstand wissen können, hilft Triaden-Menschen, sich von ihrem eigenen Verständnis zu lösen und den Mut und die Nüchternheit zu finden, nach der sie sich sehnen.

Die Bauchtriade (8, 9, 1)

Wenn Menschen in der Bauchtriade aus ihrem wahren Selbst leben, sind sie stark, vertreten eine klare Meinung und halten sich an einen hohen moralischen Standard. Oft sind es Führungspersönlichkeiten. Sie stellen Systeme in Frage, die sie für ineffizient, schädlich oder ungerecht halten.

Im Unterschied zu den Menschen in der Herztriade, die den gegenwärtigen Augenblick kaum wahrnehmen, oder Menschen in der Kopftriade, die eine Menge Zeit mit Planungen für die Zukunft verbringen, lassen sich Bauchmenschen tief und total auf das ein, was in der Gegenwart passiert. Von dieser Position aus nehmen sie eher einen „festen Standpunkt“ ein, statt anderen Menschen oder bestimmten Umständen gegenüber nachzugeben. Und anders als die Menschen in der Herz- oder der Kopftriade fühlen sie sich sowohl in ihrer Innenwelt als auch in ihren äußeren Welten wohl und energiegeladen. Bauchmenschen sind von klarer Entschiedenheit, sprechen aus Überzeugung und betrachten das Leben als Kampf, den es zu gewinnen gilt, und sie bieten da, wo Not am Mann ist, ihre Dienste an. Da es nicht jedermann gefällt, in einen Kampf geführt zu werden, stoßen Bauchmenschen mit ihren Bemühungen, andere Menschen und Umstände unter Kontrolle zu halten, oft auf Widerstand. Das führt sie in eine Zorn-Blockade. Sie verwandeln tatsächlich viele ihrer Emotionen in Zorn. Oft haben sie das Gefühl, dass sie von ihren intensiven Emotionen überschwemmt werden. Sie versuchen dann, diese Intensität mit Verstand und logischem Denken unter Kontrolle zu bringen. Die anderen meinen dann vielleicht, dass ihre Logik kaltherzig sei. Das ist dann so, als erwidere eine Mutter oder ein Vater auf die Ängste ihres Kindes: „Darüber musst du einfach hinwegkommen." Die Mutter oder der Vater sagen damit dem Kind einfach nur, was sie sich die ganze Zeit selbst sagen, wenn sie Momente der Angst oder der Schwäche haben.

Richard Rohr, der ein typischer Bauch-Mensch ist, hat darauf hingewiesen, dass Bauchmenschen ihr Urteil in ihrem Körper lagern. Rohr sagt, ihre Reaktionen auf Situationen des Richtig-oder-Falsch im Leben lösten Schockwellen durch ihren Körper hindurch aus, „wie kraftvolle Schläge auf den Körper".[9]

Bauchmenschen verabscheuen Schwäche oder Verletzlichkeit. In einem Ausbildungskurs im Enneagramm, an dem ich teilnahm, war unter meinen Mitschülern eine Frau, der eine Lastkraftwagen-Firma gehörte. Sie war voller Tätowierungen und ihr ganzes Wesen strahlte die Stärke eines Menschen in der Bauchtriade aus. Der Ausbilder schrieb an die Tafel eine Liste von Eigenschaften, die ein ACHTer nicht mag, zum Beispiel Schwachsein, mangelnde Fairness, Überempfindlichkeit und Abhängigkeit. Die Besitzerin der Lastkraftwagen-Firma streckte die Hand aus, wandte sich ab und schrie geradezu: „Ach, solche Sachen *hasse ich*!" Ihre Reaktion war für viele Bauchmenschen typisch.

Wenn das falsche Selbst bei Bauchmenschen das Ruder übernimmt, können sie einfach nicht gewinnen. Ihr Überleben hängt davon ab, dass sie beschäftigt und nicht verletzlich sind und ihre Schwächen anderen nicht zeigen wollen. Stattdessen setzen sie auf ihre Wut, die ihnen das Gefühl der Stärke und Kraft geben soll. Sie fixieren sich auf das Urteil anderer und ihrer selbst und auf die Umstände. Das bringt sie so weit, dass sie die Realität einer Situation oder Beziehung nicht mehr wahrnehmen können, weil sie sich nur noch auf ihre eigenen Meinungen und Urteile verlassen. Mir fällt dazu eine Freundin ein, die der Bauchtriade angehörte und derart oft ihre Arbeitsplätze wechselte, dass ich das gar nicht mehr mitzählen konnte. Der Grund dafür war immer irgendetwas, das mit der Firma, ihrem Chef oder ihrer Aufgabenbeschreibung nicht stimmte. Ein Außenstehender hätte sich angesichts dessen die Frage gestellt, ob sie ihre Aufmerksamkeit nicht auf die falsche Stelle richtete.

Mein Vater gehörte der Bauchtriade an. Und genau wie das Enneagramm mir persönlich und in meiner Ehe geholfen hat, wird mir im Rückblick auf meine Eltern klar, dass auch er mir geholfen hat. (Ich hoffe, das wird auch meinen Töchtern helfen, wenn sie über ihre Eltern nachdenken!) Mein Vater vertrat strenge Überzeugungen, oft negative. Seine Art und Weise, mir zu „helfen" bestand darin, mir aufzuzeigen, was ich falsch anpackte. Da ich in der Herztriade lebe, war ich geneigt, die meisten seiner Überzeugungen persönlich zu nehmen. Als ich dann das Enneagramm kennenlernte, hat mir das geholfen, ihm seine negative Kontrolle zu vergeben und mit mir selbst und meinen Verletzungen barmherzig zu sein. Das Enneagramm hat mir zudem auch geholfen, alles das wertzuschätzen, was mein Vater mir an guten Fähigkeiten und Anregungen dafür, mein Leben gut zu meistern, mitgegeben hat. Sogar seine felsenfesten Überzeugungen haben mein Leben bereichert.

Die Verkleidungen des falschen Selbsts bei Bauchmenschen sind Übertreibungen der Gaben des wahren Selbsts, genau wie auch bei den Herz- und Kopfmenschen. Bauchmenschen sind starke Menschen. Aber wenn sie in ihrem falschen Selbst leben, setzen sie ihre Stärke zum Verurteilen ein. Sie konzentrieren sich auf ihr Urteil über andere Menschen, ihre Ideen und Umstände und zuweilen auch über sich selbst. Das Überleben des falschen

Selbsts hängt in dieser Triade davon ab, dass man alles unter Kontrolle hat und stark ist, nicht schwach.

Das Gefühl, in der emotionalen Intensität des Augenblicks unterzugehen, verführt das falsche Selbst zur Flucht, indem es versucht, alles mit Vernunft und Logik im Griff zu behalten. Dann macht es ihm nichts mehr aus, die Gefühle anderer oder sogar seine eigenen Gefühle zu missachten. Das falsche Selbst sagt, am besten sei es, die Realität zu ignorieren und sich stattdessen seinen eigenen Verhaltens- und Handlungsplan zu entwerfen.

An das falsche Selbst in dieser Triade heftet sich die Wut. Das verschafft ihm die Illusion, es sei stark und hätte die MACHT. Für das falsche Selbst bei Menschen in dieser Triade ist das besser, statt schwach und wütend zu sein.

Wenn Bauchmenschen sich in Richtung des wahren Selbsts bewegen, werden sie merken, dass sie dem Leben mit weniger Urteilen begegnen. Das Leben ist gewöhnlich keine Erfahrung des Entweder-oder. Das wahre Selbst kann sowohl stark als auch schwach sein. Das wahre Selbst kann das Leben offen aufnehmen, statt einfach auf es zu reagieren.

Gott lädt die Menschen in dieser Triade ein, wahrzunehmen, dass sie nicht die ganze Zeit alles unter Kontrolle haben müssen. Im Leben geht es nicht um Schwach- oder Starksein, Gewinnen oder Verlieren, Macht oder Abhängigkeit. Hier gibt es kein Entweder-oder, sondern ein Sowohl-als-auch. Der Apostel Paulus musste das den frühen Christen sagen: „Seid so gesinnt, wie es dem Leben in Christus Jesus entspricht: Er war Gott gleich, hielt aber nicht daran fest, Gott zu sein, sondern er entäußerte sich und wurde wie ein Sklave und wurde den Menschen gleich.“ (Philipper 2,5–7) Wir alle sind dazu eingeladen, das Beispiel Jesu vor Augen zu haben, denn wir alle – mögen wir in der Bauchtriade sein oder nicht – sind darauf aus, unser Leben mehr als notwendig unter Kontrolle zu halten.

Wenn Menschen in der Bauchtriade ein wenig loslassen, stellen sie fest, dass die Auslieferung an Gott sie nicht ihres Daseins beraubt, sondern ihnen das wahre Leben schenkt. Gott lädt sie dazu ein, sich selbst als sowohl schwach als auch stark zu fühlen, und er erinnert sie daran, dass Jesus am Kreuz alle Macht abgab und es um unser aller willen zuließ, schwach zu sein. Gott lädt die Bauchmenschen dazu ein, das Leben mit weniger Urteilssucht zu betrachten und er erinnert sie daran, dass Jesus die Sünder heilte, ohne sie zu richten. Wenn sie die Ansprüche ihres falschen Selbsts auf Kontrolle, Urteilen und Vollkommenheit loslassen, beginnen Bauchmenschen Frieden, Gelassenheit und gesunde Autorität in ihrem Leben zu erfahren.

Mit dem Enneagramm leben

In Tabelle 1 wird aufgezeigt, wie die Unterschiede zwischen den drei Triaden die Art und Weise unseres Lebens beeinflussen und wie wir uns gegenüber anderen Menschen verhalten. Das ist zwar sicher sehr vereinfacht. Aber es fasst die Erfahrungen, die wir tagtäglich machen, in Begriffe.

	Herz	**Kopf**	**Bauch**
Motiviert von	Bild („Was werden andere von mir denken?")	Strategien („Wie kann ich das lösen?")	Widerstreben („Was stimmt hier nicht?")
Fokus der Aufmerksamkeit	Auf das schauen, was andere wollen	Blick nach innen auf das, was ich denke	Meine eigene Stimmung ausgraben
Lebensperspektive	Das Leben ist eine Aufgabe	Das Leben ist ein Problem	Das Leben ist ein Kampf
Absicht	Das Problem lösen	Das Thema verstehen	Menschen und Umstände in den Griff bekommen
Instinktive Reaktion	„Ja, das will ich tun, wenn du es von mir verlangst."	„Davon weiß ich nichts. Ich muss darüber nachdenken."	„Nein."
Bewegungsrichtung	Auf Menschen zu	Vom Menschen weg	Gegen Menschen
Zugrundeliegendes Gefühl	Scham	Angst	Wut
Suchen	Aufmerksamkeit	Sicherheit	Autonomie

Tabelle 1: **Die unterschiedlichen Triaden**

Sollten die Angaben dieses Schemas zu negativ klingen, so sei daran erinnert, dass es beim Enneagramm nicht darum geht, Komplimente auszusprechen. Nachdem wir etwas über unsere Gaben erfahren haben, lernen wir jetzt eine Menge über die Probleme, die sie mit sich bringen. Wenn Herzmenschen Verbindungen mit anderen knüpfen möchten, ist es kein Wunder, dass sie sich gewaltig darum sorgen, was die anderen Menschen von ihnen denken. Wenn Kopfmenschen von ihrem Denken motiviert werden, ist es kein Wunder, dass sie sich mehr zu Strategien hingezogen fühlen als zum Handeln. Und wenn Bauchmenschen Kontrolle ausüben wollen, ist es kein Wunder, dass sie einen starken Widerwillen gegen alles haben, was sie für falsch halten.

Statt uns davon entmutigen zu lassen, dass dies alles eine ziemlich negative Sicht unserer Gaben zu sein scheint, finde ich, dass die Wahrheit Freiheit mit sich bringt. Wenn ich in meinem eigenen Leben nicht die Wahrheit sehe, werde ich zur Gefangenen meiner blinden Flecken. Sehe ich dagegen die Wahrheit, werde ich freier darin, mit dieser Wahrheit zu leben oder Gott zu bitten, mich zu verändern. Als Herzmensch mag ich es nicht, so viel Energie darauf zu verwenden, mir Sorgen darüber zu machen, was die anderen Menschen von mir denken. Ich vermute, dass Kopfmenschen ihre Ängste davor nicht mögen, etwas in die Tat umsetzen zu müssen. Und Bauchmenschen wünschen sich wahrscheinlich, dass sie weniger kontrollierend wären. Indem wir diese Charakterzüge zugeben, die wir nicht besonders mögen, lockern wir ihren Griff auf unser Leben. Zudem werden wir dann freier, andere Menschen mit ihrer Wahrheit zu akzeptieren. Philo von Alexandria sagte: „Seid gütig, denn jeder, dem ihr begegnet, hat einen großen Kampf zu bestehen."

Die Wahrheit über uns selbst lädt uns dazu ein, persönlich reifer zu werden. Und die Wahrheit über andere lädt uns dazu ein, mit ihren Schwächen gnädig umzugehen und ihre Stärken wertzuschätzen. Stellen Sie sich vor, wie sich das auf ein kirchliches Missionskomitee mit nur drei Mitgliedern auswirken würde, von denen jedes einer der drei Triaden zugehörig wäre. Der Kopfmensch würde dann wahrscheinlich auf alle Herausforderungen der Mission zu sprechen kommen, diese mit den Interessen und den verfügbaren Finanzen der Kirche vergleichen und vorschlagen, das Komitee solle gründliche Diskussionen über die verschiedenen Möglichkeiten abhalten, dieses Geld sinnvoll einzusetzen. Der Herzmensch würde vermutlich unverzüglich Medikamentenlieferungen an die Bedürftigen in Afrika organisieren wollen, eine (wenn möglich alle Generationen umfassende) Konferenz planen, um die Kirchenmitglieder für die Mission zu begeistern und einer Missionarsfamilie auf Heimaturlaub ein Auto zur Verfügung zu stellen. Der Bauchmensch würde sich daran stoßen, dass die Menschen in der Kirchengemeinde nicht mehr Geld spendeten, der Pastor in seinen Predigten nicht öfter auf die Mission zu sprechen käme und einige der von der Kirche unterstützte Missionare ihrem Auftrag nicht genügend gerecht würden. Falls das Komitee eine Versammlung einberufen würde, bei der das falsche Selbst jeder Triade aufträte, würde es den Großteil der Zeit mit der Diskussion darüber verbringen, um welche Aufgabe man sich am dringendsten kümmern müsse. Wenn sie andererseits wüssten, dass alle drei Komitee-Mitglieder etwas Wichtiges beizutragen hätten, kann jeder von ihnen seine Sichtweise sachlich vorstellen und seine Begabung zum Wohl der ganzen Gruppe einsetzen.

In den Spiegel blicken

Bevor wir mit dem Enneagramm fortfahren, ist es an der Zeit, langsamer zu tun und in den Spiegel zu blicken. Unsere Reise mit dem Enneagramm würde durch zu rasches Vorgehen ernsthaft behindert werden. Selbst wenn wir die Information brauchen, die uns das Enneagramm liefert, ist unser Ziel nicht die Information, sondern die Transformation, also die Verwandlung. Die Verwandlung bedarf jedoch der Stille und Ruhe in der Gegenwart des gnädigen Gottes. Zudem braucht man für die Verwandlung die Aufrichtigkeit einer authentischen Selbstwahrnehmung.

Halten Sie einige Minuten lang inne und fragen Sie sich: Was hat mir das Enneagramm bis jetzt darüber offenbart, wer ich bin? An welcher Stelle in den Triaden sehe ich mich selbst? Hier folgen jetzt einige Fragen, die Ihnen helfen sollen, in den Spiegel des Enneagramms zu blicken.

1. Wenn Sie die Charaktermerkmale jeder Triade durchgehen, achten Sie auf die Elemente, die am treffendsten beschreiben, wie Sie leben und zu anderen Menschen in Beziehung stehen. Stellen Sie eine Liste der Elemente auf, mit denen Sie sich identifizieren, selbst wenn diese in unterschiedlichen Triaden auftauchen. Lassen Sie diese Charaktermerkmale auf sich wirken. Welche von ihnen mögen Sie am liebsten? Welche sollten lieber anders sein?

2. Erstellen Sie jetzt eine Liste derjenigen Charaktermerkmale in den drei Triaden, die Sie überhaupt nicht widerspiegeln. Lassen Sie diese Merkmale auf sich wirken. Gibt es Hinweise auf irgendwelche dieser Charaktermerkmale in Ihrem Leben? Besteht die Möglichkeit, dass diese Liste einige blinde Flecken ans Licht bringt? Oder hilft Ihnen Ihre Liste dabei, eine Triade herauszufinden, die ganz eindeutig *nicht* Sie beschreibt?

3. Als Hilfe dafür, dass Sie bezüglich der Triaden mit sich selbst ehrlich sind, denken Sie an eine aktuelle stressige Beziehung. Widmen Sie einige Zeit den drei Triaden, um zu erkennen, welche Einsichten Ihnen das Enneagramm schenkt. Welche Eigenschaften in den einzelnen Triaden ärgern Sie am meisten? Von welchen Eigenschaften in Ihrer eigenen Triade (sofern Sie diese kennen) glauben Sie, dass sie die Ihnen nahen Menschen ärgern? Wie äußern sich diese ärgerlichen Züge in der Beziehung, über die Sie nachdenken? Verweilen Sie einige Minuten lang in aller Stille

und achten Sie darauf, ob Gott Sie womöglich dazu auffordert, sich selbst oder den anderen Menschen in dieser Beziehung auf andere Weise zu sehen.

Zum Nachdenken und für die Diskussion

1. *Die Herztriade.* Denken Sie, ohne Namen zu nennen, an jemanden, auf den Ihrer Meinung nach die Beschreibung der Herztriade passt. Was gefällt Ihnen an diesem Menschen?

   „Die Menschen in dieser Triade stoßen in ihrem Leben und auf ihrem spirituellen Weg auf Widerstände, wenn sie anfangen, sich für die sie umgebende Welt verantwortlich zu fühlen. Sie fühlen sich nicht nur für ihre eigenen Schwächen verantwortlich, sondern auch für die Probleme anderer. Diese Fixierung stürzt sie in Ängste und Geschäftigkeit." Wenn Sie ein Mensch sind, der sich für die Probleme anderer Menschen verantwortlich fühlt – wie fühlt sich das für Sie an? Wie erleben Sie angstvolles Geschäftigsein?

   „Wenn bei Herzmenschen das falsche Selbst das Kommando übernimmt, wird das *Image* ganz wichtig. Sie fragen sich: Was werden die Leute von mir denken? Wie bin ich im Vergleich zu anderen?" Selbst wenn Sie sich nicht als Herzmensch verstehen: Wann ist es am wahrscheinlichsten, dass Sie sich mit anderen vergleichen?

   Wann ist die Wahrscheinlichkeit am größten, dass Sie sich hinter dem Image verbergen, das Sie am liebsten hätten? Was hilft Ihnen, wenn das Image zu wichtig wird?

2. *Die Kopftriade.* Denken Sie, ohne Namen zu nennen, an jemanden, auf den Ihrer Meinung nach die Kopftriade passt. Inwiefern ist dieser Mensch für Sie hilfreich?

„Kopfmenschen stoßen auf ihrem Weg auf Straßensperren, wenn sie immer mehr und noch mehr Informationen sammeln und es ihrer Angst erlauben, sie davon abzuhalten, diese Informationen in die praktische Tat umzusetzen. Sie sind auf Sicherheit aus, indem sie ihre Innenwelt ständig in Ordnung halten. Auch wenn sie vielleicht davon reden, dass sie künftig etwas anpacken wollen, fällt es ihnen schwer, so weit zu kommen."

Wann ist es am wahrscheinlichsten, dass Sie mehr Information, Leitfäden oder Erfahrungen sammeln wollen? Wie hilft Ihnen das? Inwiefern ist es für Sie ungesund?

„Wenn die Blockaden übermächtig werden, tritt das falsche Selbst auf den Plan. Bei Kopfmenschen führt das zu einer emotionalen Lähmung. Sie ziehen sich auf ihre mentalen Strategien zurück. Bei jemandem in der Kopftriade heißt das, dass er endlos Informationen sammelt." Denken Sie an eine Zeit, in der sie sich gefürchtet und zugleich versucht haben, mittels Denken und Strategien damit zurechtzukommen. War das hilfreich oder nicht? Wie haben Sie gemerkt, dass es nicht mehr hilfreich war?

3. *Die Bauchtriade.* Denken Sie – wiederum ohne Namen zu nennen – an jemanden, den Sie kennen und der in dieser Triade zu leben scheint. Inwiefern hat Ihnen Ihre Beziehung zu diesem Menschen geholfen?

   „Bauchmenschen sind von klarer Entschiedenheit, sprechen aus Überzeugung und betrachten das Leben als Kampf, den es zu gewinnen gilt, und sie bieten da, wo Not am Mann ist, ihre Dienste an. Da es nicht jedermann gefällt, in einen Kampf geführt zu werden, stoßen Bauchmenschen mit ihren Bemühungen, andere Menschen und Umstände unter Kontrolle zu halten, oft auf Widerstand. Das führt sie in eine Zorn-Blockade."

Auch wenn Sie sich nicht selbst in der Bauchtriade sehen, können Sie vermutlich das Gefühl nachempfinden, wenn man bei anderen auf Widerstand stößt, obwohl man sicher ist, Recht zu haben. Denken Sie an eine Zeit, zu der Sie das erlebt haben. Wie haben Sie sich da gefühlt?

„Wenn das falsche Selbst bei Bauchmenschen das Ruder übernimmt, können sie einfach nicht gewinnen. Ihr Überleben hängt davon ab, dass sie beschäftigt und nicht verletzlich sind und ihre Schwächen anderen nicht zeigen wollen. Stattdessen setzen sie auf ihre Wut, die ihnen das Gefühl der Stärke und Kraft geben soll. Sie fixieren sich auf das Urteil anderer und ihrer selbst und auf die Umstände. Das bringt sie so weit, dass sie die Realität einer Situation oder Beziehung nicht mehr wahrnehmen können, weil sie sich nur noch auf ihre eigenen Meinungen und Urteile verlassen."

Seine Verletzlichkeit, sein ständiges Urteilen und seinen Ärger zu vermeiden – das alles sind vertraute Verkleidungen des falschen Selbsts der Bauchmenschen, aber wir alle machen die Erfahrung dieser Versuchungen in kleinerem oder größerem Ausmaß. Haben sie das in Ihrem eigenen Leben und in der Beziehung zu anderen auch schon erfahren?

4. „Das Enneagramm mit seinen Triaden und Räumen ist beschreibend, nicht vorschreibend. Es bietet Beobachtungen über Menschen in unterschiedlichen Kategorien. Aber es wäre falsch, wollte man annehmen, wir könnten voraussagen, wie in jeder Triade oder jedem Raum die Menschen auf das Leben reagieren würden."

   In welcher Hinsicht verstehen Sie das Enneagramm als eher vorschreibend als beschreibend?

5. Inwieweit waren die Beschreibungen der Enneagramm-Triaden bislang für Sie hilfreich?

Anregung zu einer persönlichen Meditation

Jesus im Boot (Markus 4,35–41)

Am Abend dieses Tages sagte Jesus zu seinen Jüngern: Wir wollen ans andere Ufer hinüberfahren. Sie schickten die Leute fort und fuhren mit ihm in dem Boot, in dem er saß, weg; einige andere Boote begleiteten ihn. Plötzlich erhob sich ein heftiger Wirbelsturm, und die Wellen schlugen in das Boot, so dass es sich mit Wasser zu füllen begann. Er aber lag hinten im Boot auf einem Kissen und schlief. Sie weckten ihn auf und riefen: Meister, kümmert es dich nicht, dass wir zugrunde gehen? Da stand er auf, drohte dem Wind und sagte zu dem See: Schweig, sei still! Und der Wind legte sich, und es trat völlige Stille ein. Er sagte zu ihnen: Warum habt ihr solche Angst? Habt ihr noch keinen Glauben? Da ergriff sie große Furcht und sie sagten zueinander: Was ist das für ein Mensch, dass ihm sogar der Wind und der See gehorchen?

Um dieses Bild deutlich vor Augen zu haben, können Sie im Internet die Darstellung des großartigen Bildes Rembrandts „Jesus stillt den Sturm" aufrufen.

1. Wenn Sie mit Jesus im Boot gewesen wären: Was hätten Sie wohl während dieses Sturms getan? Wie hätten Ihre Gefühle und Handlungen eine der Triaden des Enneagramms widergespiegelt?
2. Wie wirkt auf Sie die Vorstellung, dass Jesus im Boot schläft?
3. Nehmen Sie sich einige Minuten Zeit, die Worte Jesu „Warum habt ihr solche Angst? Habt ihr noch keinen Glauben?" auf sich wirken zu lassen. Manchen (insbesondere Herzmenschen) können sie vielleicht hart vorkommen. Sprechen Sie diese Worte genau auf die Art und in dem Ton nach, wie Sie sie am wirksamsten halten würden.
4. Spielt sich in Ihrem Leben etwas ab, das wie ein bedrohlicher Sturm wirkt? Wie reagieren Sie auf diesen Sturm? Wie empfinden Sie den Vergleich, dass hier und jetzt ja auch Gott „bei Ihnen im Boot" ist?

4 Die Herztriade

Der Helfer, der Erfolgreiche, der Individualist

Bei der Fortsetzung unseres Weges bewegen wir uns immer tiefer in die Einsichten des Enneagramms hinein, indem wir uns jetzt die Räume jeder Triade genauer ansehen. Das führt zu groben Skizzen, die nicht dazu gedacht sind, irgendeine Person vollständig zu beschreiben. Verschiedene Autoren bieten dafür unterschiedliche Skizzen. Die folgenden Beschreibungen sollen uns zunächst erst einmal als Anfang dienen.

Das Enneagramm liefert Formulierungen, die uns helfen, sowohl unser wahres als auch unser falsches Selbst deutlicher zu beschreiben. Zudem liefert es uns Hinweise auf das Hin und Her beider, und es stellt uns die Gnade vor, die Gott uns schenkt, um diese Bewegung mitzumachen. Wir wollen mit der Herztriade beginnen, das heißt also zunächst mit der ZWEI. (Das gefällt vermutlich denjenigen in Raum EINS nicht so ganz, weil sie es lieber haben, in sauberer chronologischer Reihenfolge vorzugehen, aber das ist für viele Annäherungen ans Enneagramm typisch.) Denken Sie immer daran, dass das Folgende nicht vorschreibend, sondern beschreibend ist. Das Enneagramm beschreibt, wie die betreffenden Menschen in den jeweiligen Räumen vermutlich aussehen. Es ist insofern nicht vorschreibend, als das Enneagramm sich nicht anmaßt, ein bestimmtes Verhalten vorauszusagen. Selbst wenn wir notwendigerweise über Verhaltensmöglichkeiten reden, besteht der tiefste Wert des Enneagramms darin, dass es einfach nur die Motivation des falschen Selbsts beschreibt, die hinter unseren Verhaltensweisen steckt.

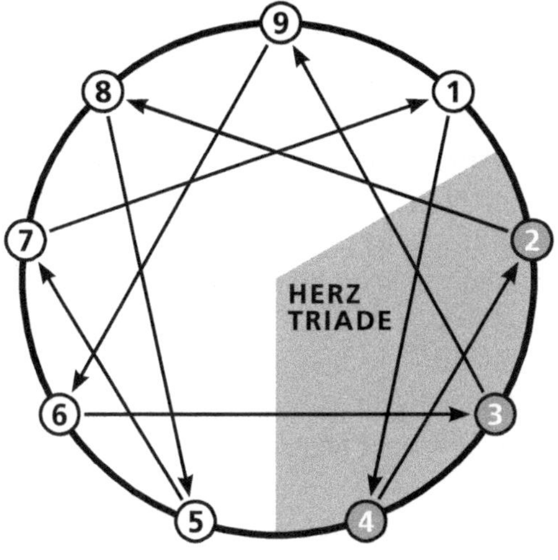

Abbildung 3: **Die Herztriade**

Sie werden vermutlich bei jeder Triade merken, dass die Räume ganz ähnlich klingen, aber die Menschen im jeweiligen Raum diese Ähnlichkeiten auf unterschiedliche Weisen zum Ausdruck bringen. So kümmern sich zum Beispiel alle Herzmenschen gründlich um Beziehungen zu anderen, aber jede Nummer gestaltet ihre Konzentration auf die Beziehung auf eine einmalige Weise. Jeder Raum ist eine nuancierte Version der beiden anderen Räume in der Triade. Diese Nuancen machen das Enneagramm so hilfreich. Er liefert die Begriffe für die Merkmale, bei denen wir ähnlich sind, und zeigt zugleich, wo wir unterschiedlich sind.

Der Helfer: Die ZWEI

Der Raum ZWEI bringt die Charaktermerkmale der Herztriade mit lebendigen Farben zum Ausdruck. ZWEIer sind auf Beziehungen aus, und zwar insbesondere auf solche, die ihnen die Möglichkeit bieten, anderen zu helfen. In ihrer Bestform sind die Menschen in diesem Raum großzügig und selbstlos. Sie sorgen für eine heilende Präsenz in unserem Leben und spiegeln wider, dass Gott die Liebe ist. ZWEIer sind mit ihrem Wunsch und ihrer Fähigkeit, anderen zu helfen, bewundernswert. Sie lieben es, hingebungsvoll mit anderen verbunden zu sein. Meine Tochter ist eine ZWEI und war schon mit zwölf Jahren eine hingebungsvolle „Helferin" im kirchlichen Kindergarten. (Heute ist sie im Kirchengemeinderat – zuständig für den Kindergarten.) ZWEIer sind oft in helfenden Berufen, aber selbst die, die nicht in solchen sind, finden immer wieder Möglichkeiten, im Alltagsleben anderen zu helfen.

Vielleicht weil sie auf persönliche Beziehung so großen Wert legen, sind ZWEIer besonders verletzlich, wenn sie auf Ablehnung stoßen. Wenn sie das Gefühl haben, dass man von ihnen enttäuscht ist, oder noch schlimmer, dass man ihre Hilfe nicht annehmen will, tun ZWEIer alles nur Erdenkliche, um diese Ablehnung zu überwinden. Sie überschlagen sich geradezu, um anderen gegenüber die Liebe ihres wahren Selbsts zum Ausdruck zu bringen. Vielleicht fangen sie sogar an, mehr über das zu reden, was sie alles können und für andere tun wollen, statt ihnen tatsächlich praktische Hilfe zu erweisen. Womöglich werden sie überbesorgt und beginnen denen zu schmeicheln, welchen sie helfen oder auf die sie Eindruck machen wollen. In einer aufrichtigen Anwandlung geben sie vielleicht sogar selbst zu, dass sie es brauchen, gebraucht zu werden, um sich wichtig zu fühlen.

Oder noch mehr: Vielleicht glauben sie sogar, dass Gott sie braucht, um seine Liebe und Sorge an andere Menschen weiterzugeben. Das kann sie dann zu der Vorstellung führen, Gott liebe sie umso mehr, je mehr sie ihm seine Liebe verteilen helfen. Dies alles ist nur einen Schritt weit davon entfernt, dass sie zu glauben anfangen, es sei nicht in Ordnung, wenn auch sie selbst Bedürfnisse haben. Aber wie kann ich anderen helfen, wenn ich doch eigentlich auch mir selbst helfen sollte? Die ZWEI steht vor der Wahl: „Übe ich aktive Liebe, weil ich zum Lieben erschaffen bin, oder glaube ich, ich müsse lieben, um in Ordnung zu sein?" Anders gesagt: Um wessentwillen tue ich das?

Unter Stress beginnen ZWEIer zu retten statt zu helfen und ihr falsches Selbst kommt hoch. Falls ihre Bemühungen an diesem Punkt abgelehnt werden, können ZWEIer zu Opfern derer werden, denen sie helfen wollen. Sie sagen sich dann vielleicht: *Der mag mich einfach nicht! Ich versuche alles, aber anscheinend kann ich ihm nie genug tun! ... Wie kann sie mir nach allem, was ich für sie getan habe, das antun!* (Das falsche Selbst liebt die vielen Ausrufezeichen!)

Wenn ihr falsches Selbst ans Ruder kommt, werden ZWEIer aufdringlich und manipulierend. Sie können im Namen der Liebe den anderen Menschen ständig überwachen, sich bei ihm in alles einmischen und ihn ständig kontrollieren. Das kann eventuell übermäßig zudringlich und übergriffig werden. Vielleicht erwarten sie eine Belohnung für das, was sie geben, oder sie verhalten sich wie Märtyrer. Sie steigern ihre Hilfsaktivität, fühlen sich jedoch nicht wertgeschätzt. An diesem Punkt laufen sie Gefahr, den Kontakt mit ihrer natürlichen Freundlichkeit zu verlieren und streng und hart zu werden. ZWEIer empfinden gegenüber denen, die sie lieben möchten, oft Wut. Diese Wut erschreckt sie, aber sie merken nicht, dass diese Wut ihrer eigenen Unfähigkeit entstammt, sich genau auf diese Menschen zu konzentrieren und ihnen zu helfen. Aber nach Auffassung eines ZWEIers scheint die Wut der Liebe zu widersprechen, und so können sie sie nicht zugeben. Nur wenn sie voll und ganz zu ihrer Wut stehen, können sie so weit kommen, in aller Freiheit zur Liebe fähig zu werden.

Der Begriff, der im Enneagramm zur Beschreibung der Zwanghaftigkeit (oder Leidenschaft oder Sünde) des falschen Selbsts des ZWEIers verwendet wird, ist das Wort *Stolz.* ZWEIer können stolz darauf sein, dass sie wissen, was Sie brauchen, aber sie wissen nicht, was sie selbst brauchen. Sie mögen derart stolz auf ihre angebliche Fähigkeit sein, Ihr Problem zu lösen, dass sie nicht sehen können, dass Sie Ihr Problem selbst lösen möchten. Oder sie sind einfach nur stolz auf alles das, was sie tun und was wirkt. *Wie käme die Welt ohne mich zurecht?* Natürlich wagen sie nicht, ihren Stolz zuzugeben oder offen zu zeigen, denn das wäre nicht liebevoll.

Die so liebevollen ZWEIer machen Schweres durch, wenn sie merken, dass die anderen ihre Liebesbemühungen nicht als selbstlose Liebe verstehen. Vor vielen Jahren, als ich das Enneagramm noch gar nicht kannte, arbeitete ich mit einer Frau zusammen, die eine ZWEI gewesen sein muss. Sooft wir eine gemeinsame Veranstaltung hatten, war sie in irgendjemandes Küche tätig. Das ging so lange gut, bis sie in *meine* Küche kam. Mir passte es nicht, dass sie darin herumwerkelte, ständig etwas saubermachte und das Geschirr irgendwo hineinräumte und ich es dann nicht mehr finden konnte. Dieselbe Frau war bei den christlichen Studenten an unserer örtlichen Universität recht beliebt, weil sie sie immer an der Bushaltestelle mitnahm und bis zur Uni brachte. An einem bitterkalten Tag konnte das eine große Hilfe sein. Aber sobald jemand bei ihr im Auto war und nicht mehr entkommen konnte, begann sie ihn nach Strich und Faden auszuquetschen: „Hast du heute schon in der Bibel gelesen? Was hat dich da angesprochen? Hältst du regelmäßig eine stille Zeit? Was tust du für dein spirituelles Leben?" Auch wenn meine Freundin vermutlich der Auffassung war, sie stelle diese Fragen, weil sie den Studenten, welchen sie half, von Herzen zugetan sei, war es in Wirklichkeit so, dass diese lieber draußen in der Kälte auf den Bus gewartet hätten.

Eine sehr liebenswürdige und selbstbewusste ZWEIer-

Freundin erklärte mir: „Meine größte Herausforderung ist, nicht ständig mit Leuten Kontakt zu knüpfen oder nicht auf sie einzugehen, wenn sie zu mir sagen: ‚Gehen wir doch ein Stück miteinander.‘ Mir fällt es recht schwer, nicht zu versuchen, immer den Erwartungen anderer zu entsprechen."

Im Verlauf ihrer Verwandlung lernen ZWEIer die *Demut.* Das ist der Begriff, der im Enneagramm dafür verwendet wird, die Gnade auszumachen, die Gott den ZWEIern anbietet. Sie beginnen dann zuzugeben, dass auch sie Bedürfnisse haben und dass ihre eigenen Bedürfnisse genauso wichtig sein können wie die Bedürfnisse der anderen. Sie sagen dann Ja zu ihren Gaben und Grenzen und lernen, sich in Demut zu sagen: „Vielleicht kann ich das auch jemand anderen tun lassen", oder „Vielleicht ist mir dieser Mensch auf seine Weise in Liebe zugetan", oder „Vielleicht könnte ich auch einmal mir selbst etwas Gutes tun."

Ein sehr aufrichtiger ZWEIer sagte mir einmal: „Meine größte Herausforderung ist die, anderen gegenüber offen zu sein und mich ihnen mitzuteilen. Ich neige eher dazu, ihnen zuzuhören und ihre Last mitzutragen, als ihnen meine eigenen Gefühle zu offenbaren." Wenn sie demütig sind, können ZWEIer merken, dass der Geist Gottes durch sie andere Menschen liebt, aber sie erinnern sich auch an die Aussage des heiligen Paulus: „Diesen Schatz tragen wir in zerbrechlichen Gefäßen, so wird deutlich, dass das Übermaß der Kraft von Gott und nicht von uns kommt." (2 Korinther 4,7)

Ich stellte einmal einer ZWEIer-Freundin die Frage, was sie gern anderen darüber erzählen würde, wie es sich anfühlt, eine ZWEI zu sein. Sie erklärte mir: „Ich möchte sie gern wissen lassen, dass wir uns bewusst um die Liebe bemühen und uns um andere Menschen kümmern, aber es auch gernhaben, geliebt und umsorgt zu werden. Erst, wenn wir fähig sind, vorbehaltlos Liebe und Sorge entgegenzunehmen, sind wir in unserer Bestform."

ZWEIer sind von Gottes Gnade dazu eingeladen, die Ergebnisse ihrer Liebesbemühungen lockerer zu nehmen. Sie sollen ihre Liebe anderen nicht aufdrängen. Zudem sind sie aufgefordert, ihre Liebe zu verschenken, ohne dafür auf Bestätigung zu warten, und das besonders dann, wenn die anderen sie nicht in dem Maß wertschätzen, wie sie sich das wünschen. ZWEIer sind eingeladen zu glauben, dass die anderen auch für sie sorgen können, genau wie sie sich um andere sorgen. Gott lädt die ZWEIer ein, „voll Zuversicht zum Thron der Gnade hinzutreten, damit wir Erbarmen und Gnade finden und so Hilfe erlangen zur rechten Zeit“ (Hebräer 4,16) – Barmherzigkeit wegen ihres Stolzes und Gnade, um sich selbst und andere lieben zu können.

Der Macher: Die DREI

Die Menschen im Raum DREI sind gewöhnlich recht erfolgreich. Sie können andere gut motivieren und sind von Natur aus Führungspersönlichkeiten. Sie sind zuversichtlich und fleißig und haben den Ehrgeiz, so gut wie möglich zu sein. Sie wollen auch Moden und Trends entsprechen, auf dem Laufenden und beliebt sein. Sie verfügen über einen gesunden Antrieb, etwas in Gang zu bringen und es auch dann noch am Laufen zu halten, wenn es etwas mühsamer wird. Sie möchten bestimmte Dinge fertigstellen und anderen helfen, das auch zu tun. Als Ebenbilder Gottes erschaffen, erinnern sie uns daran, dass auch Gott vieles zustande bringt und der Menschheit wirksam helfen kann.

DREIer motivieren sich selbst und andere. Ein Freund, der eine DREI ist, bat mich einmal, für eine Zeitschrift einen Beitrag zu schreiben. Ich sagte halbherzig zu und ließ den Auftrag liegen, weil ich damals zu beschäftigt war. Als ich dann Wochen später an meinem Computer saß und den Beitrag schrieb, staunte ich, dass ich plötzlich dazu in der Lage war. Mein Freund hatte mich nicht gedrängt. Aber irgendwie hatte mich seine DREIer-Fähigkeit motiviert, diesen Auftrag im Kopf zu behalten. Ich brachte den Beitrag fertig und war froh darüber.

Die Frage, die Herzmenschen bewusst oder unbewusst immer stellen, lautet: *Was denken die Anderen von mir?* ZWEIer möchten von anderen als hilfreiche, liebevolle Menschen erlebt werden. DREIer möchten von anderen als erfolgreiche Menschen gesehen werden. Eine DREIer-Freundin sagte mir, ihr starker Wunsch nach Erfolg rege sich in einigen Bereichen ihres Lebens, in anderen dagegen nicht. Im Sport zu versagen mache ihr nichts aus, aber wenn sie in einem Arbeitsprojekt versage, setze ihr das sehr zu. Und falls sie in einer Beziehung versage, dann, ja dann tue ihr das sehr weh.

Im Aufwachsen werden DREIer mehr für das belohnt, was sie tun, als dafür, wer sie sind. Wenn eine DREI (offen oder behutsam) die Frage stellt: „Wie findest du mich?", dann meint sie vermutlich: „Findest du, dass ich gute Leistung erbringe?" Und tatsächlich bringen DREIer gewöhnlich gute Leistungen! Das Problem dabei ist, dass sie sich allzu sehr mit ihren Leistungen identifizieren, damit anfangen, sich selbst hervorzutun und die Größe ihrer Leistungen zu übertreiben. Sie fühlen sich im Allgemeinen nicht zu Tätigkeiten hingezogen, die sich äußerlich nicht lohnen. Womöglich unterdrücken sie aus Angst zu scheitern, ihre eigenen Gefühle. Eine Freundin von mir, die eine DREI ist, sagt, sie überschreite oft ihre Grenzen und laufe Gefahr, sich physisch, emotional und spirituell zu erschöpfen. Sie sei im Multitasking sehr gut, könne jedoch angesichts aller dieser Aufgaben zwanghaft werden und müsse sich immer wieder bewusst machen, dass sie regelmäßig eine Pause einlegen sollte. Sehr wichtig sei ihr die Sabbatruhe, während der sie ihren Computer ausschalte.

Diesem Getriebensein der DREIer liegt eine persönliche Eitelkeit zugrunde. DREIer glauben genau wie die ZWEIer, sie müssten dringend Gott helfen, alles richtig hinzubringen, aber sie empfinden das so: „Alles geht immer nicht schnell genug. Wenn ich da etwas mehr Schwung hineinbringe, werde ich vor Gottes Augen erfolgreich sein." DREIer sind der Überzeugung: „Ich bin, also handle ich." Das verlagert sich dann leicht um auf „Ich handle, also bin ich."

Meine Mutter war eine DREI und ich machte als ihre Tochter die Erfahrung der positiven und negativen Seiten dieses Raums. Ich war stolz auf alles das, was meine Mutter fertigbrachte. Ich erinnere mich noch daran, mit welchem Eifer sie Geld zusammensparte, damit unsere ganze Familie nach Williamsburg ziehen konnte. Ich war ihr auch dankbar dafür, dass sie eine Anstellung fand, damit sie meine College-Ausbildung finanzieren konnte. Aber ich bekam auch die Auswirkungen ihrer zwanghaften Beschäftigung und ihres Getriebenseins zu spüren. An recht vielen Tagen kam ich von der Schule in die leere Wohnung heim und setzte mich allein an den Mittagstisch, weil meine Mutter geschäftlich unterwegs war. Ich bekam auch gründlich ihre Versuche zu spüren, mir ihre festen Vorstellungen beizubringen, was und wie ich alles anpacken sollte. Das war insofern für mich schädlich, als dies meine eigene Zwanghaftigkeit nährte, mich in Selbstzweifel hineinzusteigern. Weder meine Mutter noch ich taten irgendetwas davon absichtlich. Aber ich frage mich, wie anders unsere Beziehung gewesen wäre, wenn wir beide etwas selbstbewusster gewesen wären.

Wenn DREIer meinen, andere reagierten nicht auf ihre Bemühungen, so drängeln und hetzen sie und wollen damit den Eindruck erwecken, sie hätten alles unter Kontrolle. Sie setzen eine Maske auf, von der sie glauben, dass sie am ehesten dazu tauge, andere soweit zu bringen, sie besonders zu bewundern. Eine DREIer-Freundin sagte mir, wenn sie den Eindruck habe, sie versage auf einem Gebiet irgendwie, setze sie immer „ihr Smiley-Gesicht auf". Solche Menschen verleugnen nach und nach ihre eigenen Gefühle oder lassen diesen ihren Lauf. Für die DREIer wird das äußere Erscheinungsbild zu ihrer Realität. Unter Stress bemühen DREIer sich verzweifelt darum, ihr Versagen zu vermeiden. Es kann sein, dass sie dann zur *Täuschung* neigen, die im Enneagramm als typischer Impuls der DREI bezeichnet wird.

Sie erfinden dann womöglich irgendetwas, um die Wahrheit zu verdrehen und damit wieder gut dazustehen. Wenn sie bei ihrem Schwindeln den Kontakt mit der Realität verlieren, können DREIer ausbeuterisch und opportunistisch werden. Dann können sie ganz selbstvergessen andere imitieren. Wenn sie von ihrer Neigung, mit anderen zu konkurrieren, überwältigt werden, brechen DREIer womöglich zusammen. Sind sie dann noch genügend ihrer selbst bewusst, so wissen sie, dass es an der Zeit ist, einen Tag freizunehmen und in Kontakt mit sich selbst zu kommen.

Eine andere DREIer-Freundin erzählte mir, während einer Krise in ihrem Leben sei ihr klar geworden, dass sie jahrelang eine Maske getragen habe. „Das war mit ziemlichem Schmerz verbunden, als mir aufging, wie ungemein stark ich mich darum bemüht hatte, mein äußeres Erscheinungsbild zu wahren. Ich lebte auf der ungesunden Seite der DREI." So schmerzlich es war, das zuzugeben, erschloss ihr ihre Selbstwahrnehmung ein neues Leben. Gott lud sie zum Freiwerden ein.

Wenn DREIer sich in Richtung Verwandlung bewegen, fangen sie an, die Wahrheit über sich selbst, ihre Fähigkeiten und Schwächen sowie ihre Emotionen anzunehmen. Schritt für Schritt lassen sie ihre Angst los, unfähig oder vom Scheitern bedroht zu sein. Sie beginnen zu merken, wenn sie um Aufmerksamkeit heischen und den Versuch anstellen, auf andere Eindruck zu machen. Die Gnade, die das Enneagramm der DREI schenkt, damit sie in die Freiheit hineinwächst, ist die *Wahrheit.* Gott lädt sie dazu ein, sich dem Griff der Meinung zu entziehen, die andere über sie haben, indem sie ehrlich dazu steht, über welche Gaben sie verfügt oder auch nicht. Sie lernt, sich zu sagen: „Vielleicht ist es überhaupt nicht so wichtig, was andere über mich sagen." Sie wird gnädig mit sich selbst und nicht nur mit ihren Projekten. Sie wird bei ihrer Arbeit kooperativ und setzt sich für das Gemeinwohl ein, statt nur persönlich erfolgreich zu sein.

Wenn DREIer sich aufmachen, dem Beispiel Jesu zu folgen, wird ihnen klar, dass er ein Mensch war, der litt und große Schmerzen erfuhr. „Er wurde verachtet und von den Menschen gemieden, ein Mann voller Schmerzen, mit Krankheit vertraut." (Jesaja 53,3). Das ist ganz gewiss eine Beschreibung, die dem falschen Selbst einer DREI nicht gefallen würde. Aber in spiritueller Hinsicht ist Jesus der „erfolgreichste" Mensch gewesen, der je gelebt hat. Wir können es so sehen: Sein Erfolg bestand in seinem Sterben und Auferstehen. Es ist tatsächlich so, dass nur dann, wenn ihr falsches Selbst stirbt, die DREI (und auch alle wir andern) zum Leben und zur Freiheit finden kann.

Der Individualist: Die VIER

Die Menschen im Raum VIER sind kreativ, selbstbewusst, einfühlsam und sensibel. Sie legen Wert auf Authentizität und Aufrichtigkeit. Sie sehen und suchen die Schönheit im Alltagsleben. Sie betrachten jeden Menschen als einmalig und etwas Besonderes und haben den Wunsch, dass andere sie auch so sehen. VIERer gestalten wunderschöne Räume, in Hinblick auf ihre Beziehungen und auch physisch. Als Ebenbilder Gottes geschaffen, erinnert die VIER uns daran, dass Gott sehr kreativ ist.

Die Kreativität der VIERer ist grenzenlos. Sie kommt zum Beispiel in der Kunst zum Ausdruck. (Van Gogh war bestimmt eine VIER.) Aber sie kann sich auch darin äußern, dass man seinen Arbeitsplatz schön gestaltet oder eine schöne Inneneinrichtung oder Landschaft entwirft. Ich habe einen VIERer-Freund, der Professor ist und seiner Kreativität mit den Kursen Ausdruck verleiht, die er seinen Studierenden gibt. Die geistlichen Leiter unter meinen Freunden, die VIERer sind, erschaffen einmalig sichere Beziehungsräume, damit andere darin in aller Freiheit von ihren geistlichen Reisen erzählen können. VIERer sind gern Originale.

VIERer stellen auch die Frage der Herztriade: Was hältst du von mir? Die Antwort, die sie sich wünschen, unterscheidet sich ein wenig von der Antwort, auf die ZWEIer oder DREIer warten. VIERer möchten als außerordentlich angesehen werden: als außer der Ordnung. Sie kleiden sich gern etwas eigenwillig. Sie üben ganz gewöhnliche Berufe auf ungewöhnliche Art und Weise aus. Sie halten sich für anders als andere Menschen.

Weil VIERer motiviert sind, sich etwas Besonderes oder Schöneres zu wünschen, konzentrieren sie sich auf das, was ihnen in ihrem Leben und in ihren Beziehungen abgeht. Das heißt, dass bei VIERern die Melancholie ein häufiger Gemütszustand ist. Sie sind empfindlich dafür, missverstanden zu werden, was immer wieder einmal passiert, weil sie immer darauf aus sind, etwas anders als alle anderen zu sein. Sie nehmen alles zu ernst und zu persönlich. Oft ringen sie mit Selbstzweifeln. Vielleicht sind sie sogar der Ansicht, es sei nicht richtig, allzu glücklich zu sein.

VIERer fühlen sich magnetisch zu dem hingezogen, was fehlt, oder andere würden sagen, zum Negativen. Fragt man eine VIER, wie ihr Urlaub gewesen sei, so bekommt man womöglich die Antwort, er sei ganz anders gewesen als der Urlaub anderer Leute. Oder es ist noch wahrscheinlicher, dass sie einem alles aufzählt, was in ihrem Urlaub schiefgelaufen ist. Das habe auch ich schon getan. In einem Sommer unternahmen wir mit unseren Kindern und Enkelkindern eine großartige Bahnfahrt durch die Rocky Mountains. Die Landschaft war atemberaubend, die Mahlzeiten waren köstlich, die Enkelkinder hatten Freude daran und die Unterbringung war hervorragend. Woran erinnere ich mich besonders? Dass der Zug zu spät dran war und dann unterwegs stehenblieb, weil ein Güterwagen eine Panne hatte. In der Stadt, in der wir einquartiert wurden, war es sehr heiß. Ich konnte kaum schlafen. Als wir schließlich heimkamen, war ich völlig erschöpft. Ich wäre sicher ein völlig unfähiger Reiseführer!

Wenn das falsche Selbst das Kommando übernimmt, ziehen VIERer sich womöglich zurück und fangen an, um sich selbst zu kreisen. Sie haben das Gefühl, dass niemand sie versteht. Gott bleibt ihnen verborgen oder sogar abwesend. Vielleicht kommt das daher, dass sie sich wohler fühlen, wenn sie Gott suchen als wenn sie ihn erfahren würden. Gelegentlich sagt mein Mann zu mir, ich scheine ihn mehr zu lieben, wenn er auf Reisen sei als wenn er daheim sei. So möchte ich eigentlich nicht sein, aber es sieht öfter so aus, als genieße ich die Sehnsucht nach ihm mehr als seine tatsächliche Anwesenheit. Mit Gott halte ich es genauso.

Wenn VIERer aus dem falschen Selbst leben, sehen sie die dunkle Seite des Lebens. Willens zu sein, die Dunkelheit auszuloten, ist eine Gabe, die VIERer anderen schenken. Aber das ist eine bittersüße Gabe. Die Finsternis ist ein Teil der Wahrheit unseres Menschseins. Aber wenn das falsche Selbst die Oberhand gewinnt, sieht eine VIER nur noch Finsternis. Die VIER hat Angst davor, sich auf das Gute zu konzentrieren, das ebenfalls Teil unseres Menschseins ist. Was geschieht, wenn ich damit aufhöre, auf das Gute zu blicken und dann von hinten her unversehens etwas Schlechtes über mich kommt? VIERer können endlos auf ihre negativen Erfahrungen zurückblicken oder derart emotional solchen Erfahrungen entgegenschauen, dass sie ihre Fähigkeit schwächen, sich all dem zu stellen, was womöglich auf sie zukommen könnte. Dazu passt recht gut der Ausspruch von Mark Twain: „Ich bin jetzt ein alter Mann und habe schon recht viele Sorgen gehabt, aber die meisten von ihnen haben sich nicht erfüllt."

Aus eigener Erfahrung weiß ich, dass VIERer sich mit dem Negativen sicherer fühlen. Das kann ihnen die Illusion verschaffen, es im Griff zu haben. Sie blicken zurück und sagen: „Ich *wusste* doch, dass das passieren würde!" Oder sie schauen voraus und sagen: „Wenn ich das Schlimmste erwarte, wird es schon nicht ganz so schlimm werden." Aber wenn die Träume und Erwartungen der Menschen in diesem Raum unerfüllt bleiben, fühlen sie sich unzulänglich und mangelhaft. Dann können sie auf sich selbst wütend werden, sodann deprimiert sein und das

Gefühl haben, sich von den anderen entfremdet zu haben. Diese Beschämung kann Formen des Selbsthasses und der Selbstverachtung annehmen.
Im Enneagramm wird dieser Zwang der VIER als *Eifersucht* oder *Neid* bezeichnet. Eifersüchtig sein heißt, etwas haben zu wollen, das jemand anderes hat. Neidisch sein heißt, nicht zu wollen, dass jemand anderes etwas hat, das man selbst haben möchte. Das ist eine leichte Unterscheidung, aber eine aufrichtige, ihrer selbst bewusste VIER wird beide Gefühle bei sich erkennen. Riso und Hudson[10] sagen, dass „der Neid VIERer dazu bewegt, alle anderen als stabil und normal anzusehen, während sie das Gefühl haben, dass sie schwach oder bestenfalls unvollendet seien." Grundsätzlich ist es so, dass VIERer der Auffassung sind, ihnen fehle fundamental etwas, das alle andern haben."[11]

Die Gabe, die Gott der VIER anbietet, damit sie aus dieser Melancholie herauskommt, ist der *Gleichmut*. Gleichmut ist eine Verhaltensweise unter Stress. Oder wie Russ Hudson auf einer Konferenz über das Enneagramm sagte, „Gleichmut ist eine Weiträumigkeit des Herzens, die mich empfinden lässt, was immer ich empfinden muss, ohne dieses Gefühl abzulehnen oder mich an es zu hängen, es beiseite zu schieben oder in ihm hängenzubleiben."[12] So ist also die VIER dazu aufgefordert, Gefühle der Unzulänglichkeit, des Missverstandenwerdens oder der Eifersucht auf all das, was andere haben, wahrzunehmen und sodann lange genug innezuhalten, um diese Gefühle loslassen zu können. Das ist viel leichter gesagt als getan, aber es ist ein Ausgangspunkt. Zuweilen sage ich zu mir selbst: *Also gut, mein Selbst, leg halt los, eine VIER zu sein. Ich muss derweil weiterleben!*

Bei einem Workshop, an dem ich teilnahm, nannte uns eine weise VIER zwei Zitate, die ich mir gleich aufschreiben musste. Das erste ist ein Ausspruch, den ich noch nie gehört hatte: „Daran ist weniger, als das Auge sieht." Das zweite ist ein Zitat aus *The Hiding Place* von Robert Shaw: „Die Lage ist hoffnungslos, aber nicht ernst." Beide Zitate sollte ich mir gründlich merken. (Mir ist klar, dass Menschen, die keine VIERer sind, diese Zitate für nicht besonders geistreich halten, aber fragen Sie im Zweifelsfall eine VIER!)

Jesus sagte: „Wer sich selbst erhöht, wird erniedrigt, wer sich aber selbst erniedrigt, wird erhöht werden.“ (Lukas 18,14)[13] Das ist eine Einladung für alle in der Herztriade, aber ich glaube, sie gilt ganz besonders für VIERer. Wenn VIERer sich in Richtung Verwandlung auf den Weg machen, erleben sie, dass sie bereits originell sind und es gar nicht nötig haben, noch besser, noch authentischer und noch einmaliger zu werden. Sie lernen, sich mit dem zu begnügen, was sie haben und wer sie sind. Sie beginnen eine Ruhe und Ausgeglichenheit zu erfahren, die sich aus ihrem Gleichmut ergibt. Sie merken zu ihrer Überraschung, dass sie – zumindest zeitweise – glücklich sein können.

Zum Nachdenken und für die Diskussion

1. *Der Helfer: Die ZWEI*

Skizzieren Sie die Sichtweise der Menschen im ZWEIer-Raum. Was motiviert sie am meisten?

Welche besonderen Versuchungen erlebt das falsche Selbst der Menschen in diesem Raum?

Beschreiben Sie die Gnade, die der ZWEI angeboten wird. Welche Form könnte diese Gnade annehmen, wenn man mit ihr im Alltag lebt?

Auf welche Weise haben Sie die Charaktermerkmale dieses Raums in Ihrem eigenen Leben oder im Leben der Menschen, die Sie kennen und lieben, erfahren?

2. *Der Macher: Die DREI*

Fassen Sie die Möglichkeiten der Menschen im DREIer-Raum zusammen. Was motiviert sie am meisten?

Welche besonderen Versuchungen erlebt das falsche Selbst der Menschen in diesem Raum?

Beschreiben Sie die Gnade, die der DREI angeboten wird. Welche Form könnte diese Gnade annehmen, wenn man mit ihr im Alltag lebt?

Auf welche Weise haben Sie die Charaktermerkmale dieses Raums in Ihrem eigenen Leben oder im Leben derjenigen, die Sie kennen und lieben, erfahren?

3. *Der Individualist: Die VIER*

Fassen Sie die Möglichkeiten derjenigen im VIERer-Raum zusammen. Was motiviert sie am meisten?

Welche besonderen Versuchungen erlebt das falsche Selbst der Menschen in diesem Raum?

Beschreiben Sie die Gnade, die der VIER angeboten wird. Welche Form könnte diese Gnade annehmen, wenn man mit ihr im Alltag lebt?

Auf welche Weise haben Sie die Charaktermerkmale dieses Raums in Ihrem eigenen Leben oder im Leben derjenigen, die Sie kennen und lieben, erfahren?

Anregung zu einer persönlichen Meditation

Jesus bedient bei Tisch (Lukas 12,35–37)

Dieses Gleichnis wird oft als künftiges Ereignis verstanden, aber wie in allen Erzählungen über Jesus steckt auch darin eine verborgene Wahrheit, die unser Leben unverzüglich bereichern kann. Nehmen Sie sich ein paar Minuten Zeit und lassen Sie dieses erstaunliche Ereignis auf sich wirken.

Legt euren Gürtel nicht ab und lasst eure Lampen brennen! Seid wie Menschen, die auf die Rückkehr ihres Herrn warten, der auf einer Hochzeit ist, und die ihm öffnen, sobald er kommt und anklopft. Selig die Knechte, die der Herr wach findet, wenn er kommt! Amen, ich sage euch: Er wird sich gürten, sie am Tisch Platz nehmen lassen und sie der Reihe nach bedienen.

1. Was meinen Sie, was Sie wohl getan hätten, wenn Sie einer dieser Knechte gewesen wären, der auf die Ankunft des Meisters wartet? Inwiefern verwandelt die Sichtweise Ihres Enneagramm-Raums Ihr Leben als Knecht Christi?
2. Was hätten Sie gedacht und empfunden, als der Meister eintrat und Sie einlud, sich zu Tisch zu setzen, damit er Sie bedienen konnte? Verweilen Sie einigen Moment dabei, sich diese Begebenheit anschaulich vorzustellen.
3. Stellen Sie sich den Tisch vor Ihnen als Metapher dafür vor, was Jesus Ihnen heute alles auftischen möchte. Was bietet Jesus Ihnen an? (Möchten Sie ein Glas Liebe bekommen? Oder versuchen Sie doch diesen köstlichen Frieden. Oder probieren Sie das hier – ich habe es eigens für Sie zubereitet.)
4. Verbringen Sie etwas Zeit mit Gott im Gespräch über dieses Ereignis. Wie empfinden Sie es, dass Jesus Sie bedient? In welcher Form wäre es Ihnen recht, dass Gott in Ihnen am Wirken wäre, um Ihnen zu helfen, dieses Geschenk empfangen zu können? Was möchten Sie Gott über dieses Gleichnis sagen?

   Werden Sie jetzt still und horchen Sie einfach nur auf die Einflüsterung Gottes in Ihr Herz und Ihren Verstand.

5 Die Kopftriade

Der Beobachter, der Loyale und der Begeisterte

Kopfmenschen wundern sich, wenn sie feststellen, dass nicht alle anderen denselben Zugang zum Leben haben wie sie. Sie fragen sich: „Warum wollen *nicht* alle ihr Leben, ihre Entscheidungen und ihre Beziehungen auf das gründen, was sie *denken*?

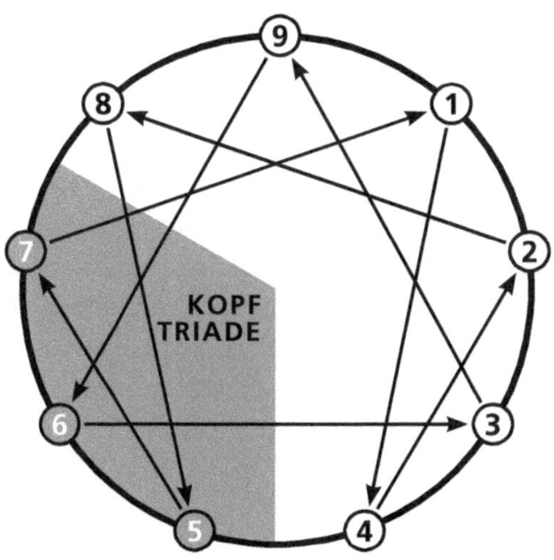

Abbildung 4: **Die Kopftriade**

Ganz gewiss ist doch das, was wir vom Leben halten, das Allerwichtigste." Diejenigen von uns, die anderen Triaden angehören, könnten ihnen vielleicht erklären, dass das, was da in ihrem Kopf vorgeht, nicht die Welt umtreibt. Aber unsere Erklärungen würden ihnen nicht genügen. Und wie wir gleich sehen werden, haben die Menschen in den einzelnen Kopftriaden ganz unterschiedliche Vorstellungen von den Dingen, die sie wertschätzen.

Der Beobachter: Die FÜNF

Als Ebenbild Gottes erschaffen, erinnert die FÜNF uns daran, dass Gott weise ist und die Weisheit eine der Schöpfung geschenkte Gabe Gottes ist. FÜNFer verfügen über eine bewundernswerte Wahrnehmungsfähigkeit und Einsicht. Mit ihrem Verständnis der Welt sind sie oft visionär begabt. Sie neigen zur Ernsthaftigkeit und schätzen ihre Privatsphäre, aber in ihrer Bestform verfügen sie über eine Weisheit, die sie ihrer Welterfahrung verdanken. (Wenn sie sich nicht mehr engagieren, wird ihre „Weisheit" theoretischer Natur.) FÜNFer möchten das Wesen der Dinge ergründen. Wenn mein Mann und ich dasselbe Buch lesen, achtet er besonders auf die Begriffe und Grundsätze darin. Ich dagegen achte mehr auf die persönlichen Beispiele.

Wie hilfreich Bobs Weisheit sein kann, erfuhr ich in unserer Ehe schon recht früh. Wir waren in der Studentenseelsorge tätig und stellten fest, dass junge Menschen im College nicht nur den Unterricht besuchen, sondern sich auch ineinander verlieben und einander heiraten wollen. Viele dieser neu entstandenen Paare fanden sich bei uns ein und erbaten unseren Rat. Allerdings hatten auch wir erst ein Jahr zuvor geheiratet. Wir empfingen die Paare für ihre Ehevorbereitung in unserem Wohnzimmer. Ich kam immer recht schnell mit ihnen ins Gespräch, schüttete ihnen mein Herz aus und versuchte ihnen die Stärken und Schwächen ihrer Beziehung genauer zu erklären. Bob saß auf dem Stuhl mir gegenüber und hörte sich das Gespräch mit an, das wir miteinander führten. Immer wenn ich gerade dachte, dass er mich wieder allein reden lasse, begann Bob sich einzuschalten. Er fing immer an mit „Also, ich sehe das so ...", und dann nahm er Bezug auf das, was er aus dem Gespräch herausgehört hatte. Wenn das Paar dann aufstand, um wieder zu gehen, sagten beide fast immer: „Haben Sie ganz herzlichen Dank! Das alles war für uns sehr hilfreich, aber was Bob zum Schluss noch gesagt hat, hat uns am meisten geholfen!" Auch wenn ich mich dann ganz zurückhielt, wurde ich mir in meinen besseren Momenten bewusst, dass Bob seine Schlussworte nicht so hervorragend hätte vorbringen können, wenn ich nicht das Paar über seine Vorgeschichte befragt hätte. Bob war dabei gewesen, hatte aber abgewartet, bis die Geschichten erzählt waren und er sein Talent zum Zug lassen konnte, noch einige „Themen" anzusprechen. Und dann hatte er losgelegt.

Menschen im Raum FÜNF müssen sich besondere Mühe geben. Tun sie das nicht, so können FÜNFer sich zurückziehen und ihre Gedanken für sich behalten. Sie beobachten dann alles sozusagen von einem sicheren Versteck aus. Ihr Körper mag anwesend sein, aber ihr Geist ist woanders. Wenn unsere Töchter im Teenager-Alter bei Tisch über alles Mögliche plapperten, das ihm ganz unwichtig vorkam, konnte ich merken, dass Bob einfach abschaltete. Zuweilen half dann ein sanfter Fußtritt unter dem Tisch, ihn wieder mit einzubeziehen.

FÜNFer neigen also dazu, sich ins Heiligtum ihres Denkens zurückzuziehen. Es kann sein, dass sie im Bemühen, eine Art Gefühl der inneren Leere zu überwinden, eine Menge Wissen anhäufen. Sie beschäftigen sich dann mit ihren eigenen Interpretationen der Wirklichkeit und es kann ihnen schwerfallen, sich auf das Leben einzulassen. Sie sind oft der Meinung, dass sie erst dann zur Tat schreiten können, wenn sie zunächst sorgfältig darüber nachgedacht haben, was sie tun und sagen könnten. Derweil sind die anderen schon auf andere Ideen gekommen, und das zum Verdruss der FÜNF.

Eine der verwirrenden Auswirkungen des Umstands, dass FÜNFer Wissen horten, besteht darin, dass sie zuweilen gereizt wirken und einen Anflug von Überheblichkeit an den Tag legen, auch wenn sie sich selbst als recht liebenswürdige Menschen geben. Sie scheinen zu glauben: „Ich muss mit Beobachten, Analysieren und Theoretisieren alles über Gott und das Leben erfahren. Dann werden mich Gott und alle andern für klug und anziehend halten."

Dabei setzt natürlich das falsche Selbst seinen Fuß in die Tür. Wenn dieses falsche Selbst das Kommando übernimmt, beginnen FÜNFer eine ablehnende und kritische Einstellung gegenüber allem einzunehmen, was ihrer Innenwelt und persönlichen Sicht in den Weg kommt. Eine Angst vor der Ohnmacht kann sie dazu bringen, dass sie sich auf Themen konzentrieren, von denen sie glauben, dass sie sie denkerisch bewältigen können. Dann werden sie womöglich einsiedlerisch und isolieren sich. Gott kommt ihnen eher als Idee vor statt als Person. Sich selbst empfinden sie als unzulänglich, weshalb sie sich dann vormachen, dass Wissen, Alleinsein und persönliche Ansichten ihre Schwächen ausgleichen. Wenn sie ihr Wissen anhäufen, verlegen sie sich damit auf *Geiz* oder *Habgier*, also das im Enneagramm in Raum FÜNF angesiedelte Zwangsverhalten. Bei der FÜNF führt das Gefühl der Habgier auf dem Gebiet des Wissens zur Habgier auch in anderen Lebensbereichen, zum Beispiel bezüglich Zeit, Geld und Energie. An diesem Punkt bemühen sich FÜNFer um möglichst viel Weisheit (und Leben), wollen aber nichts davon hergeben.

Im Enneagramm wird die der FÜNF verliehene Gabe der Fähigkeit, aus diesem Dilemma herauszukommen, als *Loslassenkönnen* bezeichnet. Das mag der FÜNF seltsam vorkommen, die gerade erst gemerkt hat, dass es problematisch wird, wenn sie sich von anderen Menschen lösen soll. Aber bei der Art des Loslassens, um die es im Enneagramm geht, handelt es sich um das Loslassen der Ideen, die FÜNFer ansammeln. Das Loslassen auf diesem Gebiet bedeutet, mit seiner Weisheit und seinen

Wahrnehmungen locker und leicht umzugehen. Dabei lässt man die Befürchtung los, andere würden sich diese zu ihrem eigenen Nutzen aneignen. Es ist ein Loslassen der Flucht ins Nachdenken und von dem Glauben, sie müssten zuerst einmal alles wissen, ehe sie zur Tat schreiten können, also ein Loslassen des Nachdenkens darüber, was sie erst noch alles brauchen, statt einfach nur nach dem Leben zu greifen. Das ist die Art von Loslassen, dessen Erfahrung das Enneagramm der FÜNF ans Herz legt.

Wenn FÜNFer auf gesunde Weise loslassen, werden sie gegenüber ihren eigenen emotionalen Bedürfnissen freier, was ihnen aber schwerfällt. Bei einem Workshop, an dem ich teilnahm, regte der Leiter, der selbst eine FÜNF war, an, die in diesen Raum gehörigen Menschen sollten es locker nehmen, wenn sie ihre Empfindungen ansähen. Bin ich froh, traurig, verärgert oder ängstlich? (Das ist ziemlich anders als die Liste von hundert verschiedenen Emotionen, die ich mir gern ansehe.) Gesunde FÜNFer können es riskieren, bezüglich ihrer Gefühle transparenter zu sein. Sie lernen, sich auf andere Menschen einzulassen, selbst wenn sie die augenblicklichen Umstände gar nicht alle genau kennen. Sie lassen vorgefasste Meinungen über andere Menschen los und lernen, für das vor ihnen Stehende offen zu sein und auf ihre eigenen spontanen Reaktionen zu vertrauen.

Zuweilen wirken FÜNFer mit ihrer weitreichenden Weisheit und ihren festen Überzeugungen auf andere Menschen abstoßend. Aber mir haben FÜNFer gesagt, dass es für sie schmerzlich sei, wenn andere nicht hören wollen, was sie dächten und wahrnähmen. Das ist ja genau das, was sie zu bieten haben. Sie haben das Gefühl, etwas aufs Tapet zu bringen, das der Rede wert sei, aber niemand wolle ihnen zuhören. Das kann dazu führen, dass sie sich entweder noch mehr zurückziehen oder ihre Gedanken und Meinungen ihren Mitmenschen aufdrängen. Beide Möglichkeiten taugen nichts. Für FÜNFer gilt dasselbe wie auch für alle in den anderen Enneagramm-Räumen: Sie sind dazu eingeladen, das vorzustellen, was sie anzubieten haben und sodann darauf zu achten, ob das für die Menschen in den anderen Räumen hilfreich ist. Wenn sie sich auf andere einlassen, sind sie freier darin, ihre Weisheit wirksam und liebevoll mitzuteilen.

FÜNFer sind von der Gnade Gottes dazu eingeladen, der Wahrheit zu vertrauen, die im Jakobusbrief der Frühkirche zugesprochen wurde: „Fehlt es aber einem von euch an Weisheit, dann soll er sie von Gott erbitten; Gott wird sie ihm geben, denn er gibt allen gern und macht niemandem einen Vorwurf." (Jakobus 1,5) Laut Jakobus schenkt Gott nicht nur Weisheit, sondern tadelt uns auch nicht, wenn wir nicht alles wissen und verstehen. Das ist echte Gnade.

Der Loyale: Die SECHS

Ihr Name sagt schon alles: SECHSer sind loyale Menschen. In ihrer Bestform sind sie mutig und positiv. Sie vertrauen sich selbst und anderen, übernehmen Verantwortung und sind freundlich. Sie erinnern uns daran, dass Gott treu ist und die Treue eine der Früchte des Heiligen Geistes ist.

Meine Schwiegermutter war sicher eine SECHS. Im Rückblick frage ich mich, was sie wohl gedacht hat, als Bob sich eine Frau auswählte, die so ganz anders als seine Eltern war. Ich brachte neue Sichtweisen und neue Möglichkeiten in die Familie ein. Heute weiß ich, dass das für sie sehr schwierig gewesen sein muss. Aber Bobs Mutter mochte mich sehr. Sie schätzte mich. Sie stand loyal zu mir. Mit ihrer Loyalität und Liebe lud sie mich dazu ein, mich auch auf eine liebevollere Beziehung zu Gott einzulassen.

Wenn SECHSer aus ihrem wahren Selbst heraus leben, also von einem gesunden Standpunkt aus, glauben sie daran, dass die Welt da draußen darauf angelegt ist, ihnen gut zu tun. Sie glauben, dass sich in ihrem Inneren Gottes Wille entfaltet. Dank dieses Glaubens wächst ihr Mut. Wenn SECHSer dagegen aus der Sicht ihres falschen Selbsts leben, haben sie das Gefühl, dass sie der

Welt oder sich selbst nicht mehr länger trauen können. Sie glauben, dass sie Gott auf ihre Seite bringen müssten, weil sie sonst verletzt würden. In Augenblicken gesunder Selbstwahrnehmung pflegen manche SECHSer zu sagen, sie hätten den Kontakt mit ihrer inneren Autorität derart stark verloren, dass sie überhaupt keine „Richtung" mehr hätten. Sie suchen dann nach jemandem, der ihnen sagen könnte, was sie tun, denken und beschließen sollten. Wenn das passiert, verdrängt die Angst den Mut. Richard Rohr sagt, alle Menschen bekämen es mit der Angst zu tun, aber SECHSer „machten daraus eine Form der Kunst".

Eine SECHSer-Freundin beschrieb mir die Angst, die sie empfindet, wenn ihr ein neuer Gedanke kommt. Falls dieser Gedanke sich ganz von dem unterscheide, was sie bereits glaube, befürchte sie, total aus dem Gleis zu geraten. Sie fühle sich dann davon bedroht, dass eine neue, ganz andere Vorstellung allem anderen, woran sie glaube, seinen Wert nehme. Über diese Angst hatte sie mit ihrem geistlichen Begleiter gesprochen. Er hatte ihr einfach geraten: „Na ja, diesem neuen Gedanken brauchen Sie ja nicht zu glauben." Es war nicht so, als hätte sie diese offensichtliche Wahrheit noch überhaupt nie gehört. Aber dieses Mal durchbrach die Wahrheit die negative Seite ihrer Enneagramm-Einstellung, mit der sie zwanghaft auf die Autorität anderer aus war. Stattdessen hätte sie ihre eigene Autorität sein sollen. Sie hatte die freie Wahl, der neuen Vorstellung zuzustimmen oder sie abzulehnen. Dank Gottes Gnade konnte sie ihrem eigenen Urteil trauen. Diese Möglichkeit veränderte das Leben meiner Freundin.

Das Enneagramm bezeichnet als Zwang der SECHS die *Furcht*. Das Vertrauen, das SECHSer aufbringen, wurzelt in der Angst, ohne die Hilfe auskommen zu müssen, von der sie meinen, sie zu brauchen. SECHSer leben zudem mit einer gewissen Feigheit bezüglich des Lebens. Sie glauben, dass sie für jede mögliche Gefahr gerüstet sein müssten. Das Szenario des schlimmsten Falls lauert für sie gleich um die nächste Ecke. Sie glauben nicht, dass sie über die innere Stärke oder die Ressourcen verfügen, um mit dem Leben zu Streich zu kommen, und deshalb suchen SECHSer in ihrer äußeren Umgebung nach Sicherheit – in Regeln, Traditionen, Organisationen und sogar in der Theologie. Ohne es recht zu merken, glauben sie, dass Gott immer auf Seiten der Autoritätspersonen stehe und er den Status quo erhalten wolle. SECHSer glauben, dass es ihre Aufgabe sei, Gott dabei zu helfen.

Wenn sie sich darauf verlegen, sich zu sehr auf die Autorität außerhalb ihrer selbst zu verlassen, bekommen SECHSer Schwierigkeiten damit, eigene Entscheidungen zu treffen. Ich hatte in der geistlichen Begleitung einmal mit einer Frau zu tun, die sich selbst als SECHS bezeichnete. Sie rang mit einem Entschluss, der ihr Leben stark verändern würde. Sie sprach monatelang über alle Für und Wider und untersuchte und analysierte alle möglichen Folgen, wozu ja Kopfmenschen gern neigen. Schließlich stellte ich ihr die Frage: „Weshalb scheuen Sie sich vor dieser Entscheidung?“ Daraufhin ging unser Gespräch von ihren Szenarien des schlimmsten Falls auf die Erörterung ihrer Ängste über. Das stellte sich als hilfreiche Veränderung heraus. Sie kam auf das zu sprechen, wovor sie Angst hatte, und das ermöglichte ihr, über all das zu sprechen, was sie am Treffen einer Entscheidung hinderte. Es gelang ihr, einen Schritt vorwärts zu tun und einen hilfreichen Entschluss zu fassen.

Ein interessanter und verwirrender Zug an den Menschen in diesem Raum ist, dass die meisten SECHSer sich allzu sehr Autoritäten unterwerfen. Aber manche geben ihrer Fixierung auf die Autorität dadurch Ausdruck, dass sie aufbegehren und genau das Gegenteil dessen tun, was die Autorität anraten könnte. So könnten zum Beispiel zwei verschiedene SECHSer auf der Autobahn fahren und der eine könnte bei einem Tempo-Limit von 100 Stundenkilometern mit 95 Stundenkilometern fahren und der andere mit 130 Stundenkilometern, der Autorität zum Trotz, die 100 Stundenkilometer vorschreibt. Beide lassen sich für ihr Verhalten von der Autorität motivieren.

Gehorsame SECHSer werden als ängstliche SECHSer bezeichnet und rebellische SECHSer als Draufgänger. Sowohl die Ängstlichen als auch die Draufgänger leben mit der chronischen Angst, aber auf je unterschiedliche Weise. Ängstliche SECHSer empfinden es einigermaßen deutlich, dass die Angst ihr Verhalten motiviert. Rebellische SECHSer sind sich weniger ihrer Angst bewusst. Wenn sie aggressiv das Gegenteil von dem tun, was die Autorität vorschreibt, überrennen sie lieber die Regeln, als dass sie ihre heimliche Angst davor zugeben, sie könnten von der Autorität überwältigt werden. Für diejenigen unter uns, die nicht in diesem Raum leben, bleibt das ein geheimnisvolles Phänomen. Ängstliche SECHSer gibt es statistisch mehr, aber draufgängerische SECHSer sagen mir, dass auch sie berücksichtigt werden müssen.

Ich habe einen SECHSer-Freund gefragt, wie das Enneagramm ihm geholfen habe. Er erklärte mir: „Meine Tendenz zur Angst ist fast unbewusst, aber das Enneagramm hilft mir, sie mir deutlicher bewusst zu machen. Zudem hilft mir das Enneagramm, mir bewusst zu werden, wenn der Mut die Angst überwindet und ich Menschen und Gruppen Führungsstärke anbieten und beim Managen von Projekten helfen kann." Eine Freundin erklärte mir, sie habe vom Enneagramm gelernt, dass die Wurzel ihres Wunsches nach Kontrolle die Angst sei. Sie versuche ihr eigenes Leben und auch das anderer unter Kontrolle zu halten, um Missbilligung zu vermeiden und sich sicher zu fühlen. Diese Selbstwahrnehmung habe ihr geholfen, sich für das, was sie brauche, an Gott zu wenden, statt es von ihrer Familie und ihren Freunden zu erwarten.

SECHSer fürchten sich oft vor dem Glauben, dass man sie liebt. Vielleicht sind sie derart eifrig mit der Ausschau nach Gefahren beschäftigt, dass sie nicht lange genug innehalten können, um Liebe zu empfangen. Oder sie glauben, dass die Liebe genau wie die Autorität mit Fesseln daherkomme und Gehorsam erwarte.

Ich stellte meinen SECHSer-Freunden die Frage, was sie anderen gern darüber erzählen würden, wie man sich als SECHS fühle. Eine Freundin sagte: „Bitte tu meine Ängste und mein Ringen um Gottvertrauen nicht mit irgendetwas ab, besonders wenn dieses es dir leicht macht, auf Gott zu vertrauen." Das heißt, dass es im Gespräch mit SECHSern vermutlich nicht hilfreich ist, sie daran zu erinnern, dass Jesus „Fürchte dich nicht!" gesagt hat, auch wenn das ja so ist. SECHSer können wir lieben, indem wir uns ihre Ängste anhören, sie mit ihrem Ringen annehmen und es Gottes Liebe überlassen, sie zu heilen, oft auch auf dem Weg, dass wir ihnen geduldig zuhören.

Wenn SECHSer sich in Richtung Verwandlung bewegen, empfangen sie die Gnade des *Mutes*. Sie lernen, sich selbst und anderen zu vertrauen. Sie haben keine Angst davor, zu glauben, dass sie geliebt werden. Sie lernen, auf sich selbst genauso aufmerksam zu achten, wie sie das auch gegenüber Einflüssen von außen tun. Sie entdecken, dass ihre Ängste womöglich gar nicht real begründet sind. SECHSer lernen im Lauf ihrer Verwandlung, sich von der Strömung mitnehmen zu lassen, auf den Prozess zu vertrauen und sich statt auf den Buchstaben des Gesetzes auf den Geist des Gesetzes zu verlassen. In verwandelnden Momenten kommt ihnen der Mut zum Selbstvertrauen und sie merken, dass sie tatsächlich an Gottes Wirken in ihrem eigenen Inneren und auch in demjenigen anderer glauben können. In solchen Momenten können sie mit dem Psalmisten zu sich selbst sagen: „Euer Herz sei stark und unverzagt, ihr alle, die ihr wartet auf den Herrn!" (Psalm 31,25)

Der Enthusiast: Die SIEBEN

Die Menschen im Raum SIEBEN freuen sich ihres Lebens und genießen es. Sie sind optimistisch und sehen bei allem auf die Schokoladenseite. In ihrer Bestform machen sie uns darauf aufmerksam, dass Gott ein Gott der Freude ist. Tatsächlich ist ja die Freude eine Gabe des Heiligen Geistes.

Die Frau einer SIEBEN erzählte mir von der Reaktion ihres Mannes, nachdem ihre Gegend von einem gewaltigen Schneesturm heimgesucht worden war. Er war handwerklich sehr geschickt und außerdem Großvater und sie fand ihn im ganzen Haus nicht mehr. Um nachzusehen, ob er vielleicht hinausgegangen sei, um die Einfahrt freizuschaufeln, warf sie einen Blick aus dem Fenster und sah ihn draußen am Boden knien und Schneemänner bauen. Jede selbstbewusste SIEBEN wäre überzeugt, um Spaß zu haben, brauche man nicht unbedingt Enkelkinder.

Eine SIEBEN erzählte mir von ihrer Zeit, als sie immer mit ihren Freundinnen zum Essen ausgegangen war. Damals habe sie immer alle Nachtisch-Angebote bestellt, aber natürlich nicht alle selbst gegessen, sondern alle verkostet, um zu erfahren, wie sie schmeckten. Dann habe sie sie immer ihren Freundinnen zugeschoben. Das sei eine großartige süße Erfahrung gewesen.

Für die meisten SIEBENer ist der Spaß wichtiger als alles andere. Meine Freundin Carol arbeitet mit einer SIEBEN zusammen. Die spaßige Seite an ihm gefällt ihr sehr, aber sie stößt auch auf die negativen Züge ihres SIEBENer-Kollegen. (Oft ist es ja der Fall, dass wir die zwanghaften Züge bei jemand anderem viel deutlicher sehen als bei uns selbst.) Carol erzählte: „Er hat mir zum Beispiel gesagt, dass er bald kündigen werde, weil die Firma es ihm nicht gestatte, immer wieder einmal einen Tag freizunehmen, obwohl er sich darauf beschränke, nur die Anzahl von Tagen auszusetzen, die ihm laut Tarif zustünden. Wir konnten ihn nur im Personal halten, indem wir ihm erlaubten, freizunehmen, wann er wollte." Meine Freundin fügte an, dass ihr Kollege „sein Leben randvoll stopft und zu allem Ja sagt, was er gut findet. In all den Jahren, seit ich ihn kenne, habe ich ihn nur ein einziges Mal ‚Nein' sagen hören."

Mich überraschte es zunächst, als ich sah, welchen Namen Don Riso in seinem Buch *Enneagram Transformations* dem

Raum SIEBEN gegeben hat. Er bezeichnete ihn als den Raum „des Generalisten: des hyperaktiven, hemmungslosen Typs“[14]. Das kam mir nicht sehr fröhlich oder nett vor, aber dann erinnerte ich mich wieder daran, dass es beim Enneagramm nicht darum geht, Komplimente zu machen. Riso sagt zudem, dass SIEBENer „versuchen, ihrer Angst, ohnmächtig dazustehen, dadurch zu entkommen, dass sie sich in ständiges Tätigsein hineinsteigern.“ Er sagt weiter: „Falls sie keinen Anreiz mehr haben – etwas zu haben oder zu tun – passiert etwas ganz Schlimmes.“[15] Auch das veranschaulicht deutlich die Lehre des Enneagramms. Die Gaben unseres wahren Selbsts werden von den Ängsten unseres falschen Selbsts bedroht und alle Menschen laufen Gefahr, angesichts solcher Ängste zwanghaft zu werden. SIEBENer sind fröhliche Menschen, aber wenn sie auf ihr falsches Selbst hören, unterstellen sie, dass sie eigens dazu angestachelt werden müssten, diese Freude aufrechtzuerhalten.

Für die SIEBEN ist es effizienter, statt pessimistisch optimistisch zu sein. Das gilt für viele Situationen, aber wenn SIEBENer das Positive übertreiben, können sie zwanghaft optimistisch werden und verkennen, dass möglicherweise etwas Negatives auftritt. Zudem neigen SIEBENer leicht zu Langeweile. Sie sind gut darin, etwas ins Laufen zu bringen, aber wenn dann alles gut klappt, lassen sie es links liegen und wenden sich ab. SIEBENer meiden das konkrete Leben, indem sie träumen und planen. Sie fühlen sich mit einer Traumvorstellung im Kopf wohler, als wenn sie sich auf etwas Tieferes einlassen.

Wenn das falsche Selbst das Ruder übernimmt, verleugnen SIEBENer Schmerz und Traurigkeit. Sie trauen der Finsternis einfach nicht. Sie tolerieren auch keinen Pessimismus. Mit ihrer Angst vor dem Finsteren flüchten SIEBENer in die *Unersättlichkeit*, diesen Zwang, den das Enneagramm ihnen zuschreibt. *Unersättlichkeit* ist eine unersättliche Sehnsucht nach mehr. In ihrem verzweifelten Bemühen darum, Schmerz zu vermeiden, lassen sich SIEBENer auf so viele Ablenkungen ein, wie sie nur können, indem sie alle möglichen Dinge und Erfahrungen sammeln. Sie geben sich mit nichts zufrieden, weil das ihr zwanghaftes Suchen nach mehr und immer noch mehr möglicher Unterhaltung verlangsamen könnte.

Ich habe einmal einen Freund, der eine SIEBEN ist, gefragt, was ihm am SIEBENer-Sein gefalle. Er erklärte mir unverzüglich, dass ihm seine Fähigkeit gefalle, in den meisten Umständen doch das Sahnestückchen zu finden. Das, so fügte er hinzu, habe ihm geholfen, Freunde zu gewinnen und zu behalten, obwohl er eigentlich ziemlich introvertiert sei. (Die meisten, aber nicht alle SIEBENer sind extrovertiert. Es war großartig, meinen Freund zu erleben, wie er seine SIEBENer-Gaben auf seine eigene introvertierte Weise zum Ausdruck brachte.) Dann stellte ich ihm die Frage, was ihn daran frustriere, dass er im Raum SIEBEN sei. Er erklärte, es sei frustrierend, so sehr auf künftige Pläne konzentriert zu sein, dass er für die ihn umgebenden Menschen nicht immer präsent genug sein könne. Zudem bemerkte er, dass er immer schnell damit sei, irgendetwas Neues haben zu wollen, ohne zuvor nachzudenken, ob er das wirklich brauche oder nicht. Bei diesen Beobachtungen setzt mein Freund seine Kenntnis des Enneagramms dazu ein, mehr seiner selbst bewusst zu werden und sowohl das Gute als auch das nicht so Gute in sich selbst zu erkennen. Seine Fähigkeit, sich sowohl auf das Gute als auch auf das Schlechte einzulassen, ist eine anspruchsvolle und Leben spendende Erfahrung.

Auf dem Weg zur Verwandlung lernt die SIEBEN die Gnade der *Nüchternheit* kennen. Nüchtern sein bedeutet, nur das zu nehmen, was man wirklich braucht. Aber zugleich ist das auch eine Haltung der Ernsthaftigkeit oder Würde. Beide Aspekte wirken auf SIEBENer einladend. Sie sehen sich dazu aufgefordert, das Gefühl loszulassen, dass sie nie genug haben und immer noch mehr brauchen. Sie sind dazu eingeladen, das, was sie bereits haben, einzusetzen und zu genießen. Zugleich sind sie auch zur Nüchternheit oder Ernsthaftigkeit des Lebens eingeladen, was es ihnen ermöglicht, mit Schmerz und Enttäuschung richtig umzugehen. Das Leben ist nicht immer reine Freude. Es ist auch nicht immer aufregend und zuweilen sogar langweilig. SIEBENer sind dazu eingeladen, in der Gegenwart zu bleiben und ihre Träume unverbindlich zu halten, so dass sie nicht allzu viel planen und dann nicht das zu Ende bringen, was sie alles geplant haben. Sie sind dazu aufgefordert, langsamer zu machen, damit sie genügend Zeit und Raum finden, um zu merken, was sie wirklich befriedigt und was sie bloß in Versuchung führt. Ich habe einmal eine ausgesprochene SIEBENer-Freundin gefragt, wie das Enneagramm ihr geholfen habe. Sie sagte mir: „Es hat mir die Fähigkeit verliehen, so zu leben, als sei von allem etwas da. Ich kann mich in Ruhe in den Sessel meines Geistes zurücklehnen, statt auf der Sesselkante zu sitzen und zu meinen, ich verpasste irgendetwas Wichtiges."

Riso sagt, SIEBENer „müssten lernen, bei jeder Erfahrung lange genug zu bleiben, um sie gründlich verdauen zu können."[16] Sodann, so fährt er fort, „geht ihnen schließlich auf, dass keine Erfahrung oder sonst etwas in der äußeren Welt sie letztlich ganz befriedigen oder von aller Angst frei machen kann." Das werde sie dazu führen, in sich selbst „eine Stille und Gelassenheit zu finden, die eine zuverlässige Quelle ungetrübter Freude ist."[17]

SIEBENern wird also die Gabe der Freude, mit der sie die Welt beschenken können, dann zuteil, wenn sie die zwanghafte Weise aufgeben, mit der sie versuchen, sich selbst glücklich zu machen. Ihnen ist die Freude bereits geschenkt und sie brauchen nicht noch mehr Freude, um sie an andere zu verschenken. Eugene Peterson bezeichnet die Freude als „überschäumendes Leben" (vgl. Galater 5,22). Dieses Überschäumen ist das, was meine SIEBENer-Freunde mir schenken. Ich bin ihnen dafür sehr dankbar.

Zum Nachdenken und für die Diskussion

1. *Der Beobachter: Die FÜNF*

   Skizziere die Sichtweise der Menschen im FÜNFer-Raum. Was motiviert sie am meisten?

   Welche besonderen Versuchungen erlebt das falsche Selbst der FÜNF?

   Beschreiben Sie die Gnade, die der FÜNF angeboten wird. Welche Form könnte diese Gnade annehmen, wenn man mit ihr im Alltag lebt?

   Auf welche Weise haben Sie die Charaktermerkmale dieses Raums in Ihrem eigenen Leben oder im Leben derjenigen, die Sie kennen und lieben, erfahren?

2. *Der Loyale: Die SECHS*

   Fassen Sie die Möglichkeiten der Menschen im SECHSer-Raum zusammen. Was motiviert sie am meisten?

   Welche besonderen Versuchungen erlebt das falsche Selbst der SECHS?

   Beschreiben Sie die Gnade, die der SECHS angeboten wird. Welche Form könnte diese Gnade annehmen, wenn man mit ihr im Alltag lebt?

   Auf welche Weise haben Sie die Charaktermerkmale dieses Raums in Ihrem eigenen Leben oder im Leben derjenigen, die Sie kennen und lieben, erfahren?

3. *Der Enthusiast: Die SIEBEN*

Fassen Sie die Möglichkeiten der Menschen im SIEBENer-Raum zusammen. Was motiviert sie am meisten?

Welche besonderen Versuchungen erlebt das falsche Selbst der SIEBEN?

Beschreiben Sie die Gnade, die der SIEBEN angeboten wird. Welche Form könnte diese Gnade annehmen, wenn man mit ihr im Alltag lebt?

Auf welche Weise haben die Charaktermerkmale dieses Raums in Ihrem eigenen Leben oder im Leben derjenigen, die Sie kennen und lieben, erfahren?

Anregung zu einer persönlichen Meditation

Jesus speist die Fünftausend (Markus 6,38–44)

Jesus sagte zu ihnen: Wie viele Brote habt ihr? Geht und seht nach! Sie sahen nach und berichteten: Fünf Brote und außerdem zwei Fische. Dann befahl er ihnen, den Leuten zu sagen, sie sollten sich in Gruppen ins grüne Gras setzen. Und sie setzten sich in Gruppen zu hundert und zu fünfzig. Darauf nahm er die fünf Brote und die zwei Fische, blickte zum Himmel auf, sprach den Lobpreis, brach die Brote und gab sie den Jüngern, damit sie sie an die Leute austeilten. Auch die zwei Fische ließ er unter allen verteilen. Und alle aßen und wurden satt. Als die Jünger die Reste der Brote und auch der Fische einsammelten, wurden zwölf Körbe voll. Es waren fünftausend Männer, die von den Broten gegessen hatten.

1. Wir leben in einer Gesellschaft, die sich vor der Knappheit fürchtet. Vor dem Verlust von was würden Sie sich am meisten fürchten: Geld, Zeit, Energie, Kraft oder etwas anderem?
2. Clarence Thomson schrieb, dass wir „eine Welt voraussetzen, in der nicht genug von dem ist, was immer ich haben möchte“, und er sagt dazu: „Mein Enneagramm-Stil ist so beschaffen, dass ich schrecklich hart arbeiten muss, um immer das zu bekommen, woran ich ganz schwer hänge.“[18] Wie spiegeln Ihre eigenen Ängste vor Verarmung die Haltung in Ihrer Enneagramm-Triade oder in Ihrem Raum?
3. Mit welcher Gruppe in diesem Abschnitt identifizieren Sie sich am stärksten? Mit den Jüngern, den Menschen in der Menge oder mit Jesus? Wie hätten Sie sich wohl gefühlt, wenn Sie bei diesem Ereignis dabei gewesen wären?
4. Wann haben Sie in der Vergangenheit tatsächlich schon einmal mehr als genug von etwas bekommen, wovon Sie am meisten befürchtet hatten, es werde ausgehen? Nehmen Sie sich etwas Zeit, um über die Möglichkeit nachzudenken, dass Sie bereits genug von allem haben, was Sie heute brauchen. Auf welche Bereiche Ihres Lebens könnte das zutreffen?
5. Setzen Sie sich ein paar Minuten still hin und stellen Sie sich selbst bei diesem Ereignis vor. Stellen Sie sich vor, dass Jesus Sie sieht und zu Ihnen kommt. Was würde Jesus zu Ihnen sagen?

6 Die Bauchtriade

Der Herausforderer, der Friedensstifter, der Perfektionist

Jetzt kommen wir zur besonders interessanten Bauchtriade. So wie sich die Menschen in der Kopftriade darüber wundern, dass andere Menschen sich nicht in erster Linie mittels ihres Denkens mit dem Leben beschäftigen, wundern sich die Menschen

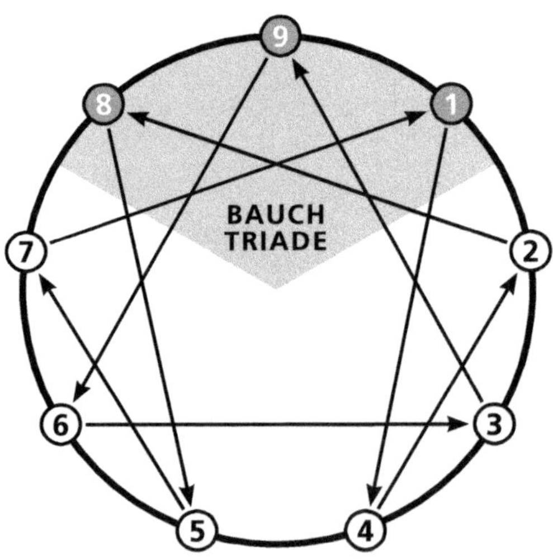

Abbildung 5: **Die Bauchtriade**

in der Bauchtriade, dass andere Menschen anscheinend die Liebe übersehen, die sie mit ihrer Stärke und ihren festen Überzeugungen an den Tag legen. Warum sollte jemand nicht ganz bewusst entscheiden, das Richtige zu tun? Wir werden sehen, dass jeder Raum in der Bauchtriade auf unterschiedliche Weise seine Stärke und seine Zuversicht zum Ausdruck bringt.

Der Herausforderer: Die ACHT

ACHTer sind als Ebenbilder Gottes erschaffen und spiegeln die Stärke ihres Schöpfers. In ihrer Bestform setzen sie ihre Kraft dazu ein, den Wehrlosen zu helfen. ACHTer sind bestimmend, voller Selbstvertrauen und unabhängig. Sie stehen für das ein, was sie wollen und brauchen, sowohl für sich selbst als auch für diejenigen, um die sie sich kümmern. Sie spiegeln die Wahrheit, dass Gott nicht bloß allmächtig ist, sondern auch gerecht.

ACHTer bieten unter vielen Umständen ihre Führungskraft an: im Büro, daheim, in der bürgerlichen und in der kirchlichen Gemeinschaft. Sie ziehen Schlussfolgerungen darüber, was es braucht, und reagieren stark und rasch. Zuweilen bieten sie ihr Führungstalent auch in ganz gewöhnlichen Lebensumständen an und oft setzen sie ihre Führungskraft dafür ein, bedürftigen Menschen zu helfen.

John hat mir von einer ACHT in seiner Kirchengemeinde erzählt, mit der er befreundet war. Dieser sehr erfolgreiche Geschäftsmann und Berater eines internationalen Unternehmens sei ein eigensinniger Mensch und habe eine Abneigung gegen die Eigenschaft von ACHTern, mit Vorliebe „gegen etwas“ zu sein, lege jedoch zugleich auch eine echte Sorge um zu kurz Gekommene an den Tag. Er habe sich sogar maßgeblich für die Gründung ihrer Kirchengemeinde eingesetzt, und zwar vor allem deshalb, weil er Missbrauch eines früheren Kirchenleiters miterlebt hatte. Nicht jeder ist imstande, sich in diesem Ausmaß für andere

Menschen einzusetzen, aber eine gesunde ACHT kann uns allen recht viel geben.

Eine andere Freundin, eine sehr selbstbewusste ACHT, erinnert sich daran, dass sie einen sehr starken Beschützerinstinkt für ihre jüngere Schwester entwickelt hat, die das Down-Syndrom hatte. „Ich entsinne mich, dass ich im Alter von ungefähr neun Jahren einen Jungen verprügelt habe, der älter und größer war als ich, weil er meine Schwester verspottet hatte." Sie versichert mir, dass sie als Erwachsene nicht mehr gewalttätig werde, jedoch immer noch dankbar für die Energie ihres ACHTer-Seins sei, die ihr die Kraft gebe, schwache Menschen vor anderen zu schützen. Die Menschen im ACHTer-Raum sagen oft, dass sie ihre Gaben recht gern dazu einsetzen, anderen zu helfen, die sich nicht selbst helfen können.

ACHTer sehen alles in Schwarz-Weiß-Manier. Sie schätzen Situationen recht schnell ein und kümmern sich unverzüglich um Lösungen. Das ist großartig, wenn es wirklich nötig ist. Aber es ist weniger hilfreich, wenn ACHTer zwanghaft werden. ACHTer sind versucht zu glauben, alles müsse genau so gehen, wie sie es sich vorstellen, oder es gehe überhaupt nicht. Wer mit den Menschen dieses Raums zusammenarbeitet, wird womöglich von deren mangelnder Bereitschaft frustriert, andere Lösungen ins Auge zu fassen als diejenige, die sie für die einzig richtige halten.

Wenn ACHTer in ihrem Leben in ausweglose Situationen geraten, neigen sie dazu, ihr eigenes Zartgefühl zu ignorieren und ihre eigene Verletzlichkeit zu leugnen. Frustrierte ACHTer ertragen das Schwachsein einfach nicht. Sie möchten nicht nachgeben. Deswegen können sie grob und streitlustig werden, denn sie sind herrschsüchtig und wollen gewinnen. In dieser Situation hören sie dann vermutlich auch nicht mehr genau hin. ACHTer halten sich für stark, fair, ehrlich und zäh. Sie glauben, dass andere Menschen sie brauchen. Das wird problematisch, wenn andere ihre Einschätzung nicht teilen.

Versucht man, sich mit einer ungesunden ACHT auf ein Machtspiel einzulassen, so kommt man in Schwierigkeiten. Sie wird das Recht ganz auf ihrer Seite sehen. Eine ACHT erklärte: „Ich bestimme alles und ziehe alles durch, bin eine Macherin." Sie liebe Herausforderungen, finde Lösungen für Probleme und habe damit recht viel Erfolg. Aber sie bemerke zugleich, dass das nicht immer funktioniere, zumal bei ihren Kindern. „Manches muss man gar nicht genau festlegen und man muss am Ende nicht immer Erfolg haben, und so ist es notwendig, diese Neigungen auszuklammern." Sie lerne, mit unbeantworteten Fragen zu leben. Das sei für eine ACHT zwar eine große Herausforderung, aber sie merke, dass ihr das Frieden bringe und sie daran erinnere, „dass ich nicht alles tun muss. Gott macht das schon."

Wenn ACHTer das vergessen und aus dem falschen Selbst leben, geben sie ihrer Gier nach immer noch mehr Macht nach. Im Enneagramm ist *Gier* die Leidenschaft der ACHTer. Sie können sich rücksichtslos überfordern und hartherzig werden, ja sogar unmoralisch und gewalttätig. Sie trauen niemandem und werden zu Platzhirschen. Sie fangen keinen Streit an, aber wenn man in ihr Territorium eindringt, werden sie recht streitbar.

In ihrer Bestform setzen ACHTer ihre Macht dazu ein, anderen zu dienen. In ihrer schlechtesten Form beginnen sie zu manipulieren und übergriffig zu werden. In ihrer Bestform denken sie zuerst nach, bevor sie sprechen oder handeln. In ihrem falschen Selbst werden sie womöglich ausfällig, wenn sie nicht das Gefühl haben, dass sie gewinnen können. (Man stelle sich einen mächtigen Menschen bei einem Geschäftstermin vor, der seinen Laptop zuklappt, sich zurücklehnt und sagt: „Wenn ihr das vorhabt, müsst ihr das allein machen! Ich will damit nichts mehr zu tun haben!")

Es überrascht nicht, dass das Gnadengeschenk der ACHT die *Unschuld* ist. Laut Dr. Jerry Wagner ist Unschuld die Fähigkeit des Kindes, „jeden Augenblick ganz frisch ohne Erwartungen und Vorurteile"[19] zu erleben. Das Leben in Unschuld anzusehen ist das Gegenteil der zwanghaften Lust der ACHT. Wagner sagt, Lust bedeute, „dass man alles bis zum Exzess tut. Dabei kann man besitzergreifend, übergriffig und fordernd sein.“[20] Wenn sich Menschen in diesem Raum auf dem Weg der Verwandlung vorwärtsbewegen, beginnen sie damit, nicht mehr so scharf zu urteilen und für die das Leben verändernden Möglichkeiten jedes Augenblicks empfänglich zu werden.

Menschen, die nicht dem ACHTer-Raum angehören, stellen sich vielleicht die Frage, wie es sich wohl anfühlen mag, mit einer derart starken Sicht das Leben anzugehen. Ich habe einigen meiner ACHTer-Freunde die Frage gestellt, was sie anderen gern über den Aufenthalt in diesem Raum mitteilen möchten. Einer gab mir zur Antwort: „Wenn du mit einer ACHT gut zusammenarbeiten willst, kritisiere sie nicht. Diese sich gegen ihn richtende Energie wird ihn nur aus der Reserve locken und seinen Kampfgeist wecken. Stell dich lieber ganz auf seine Seite. Stell dir vor, du bist mit ihm im gleichen Team und signalisiere ihm, dass du seiner Hilfe bedarfst, um etwas zu verändern, die Welt zu retten oder Schwache zu schützen.“

Eine Bekannte von mir verfügte über die Selbstwahrnehmung, zu wissen, dass sie zwar glaubte, beziehungsfähig und einfühlsam zu sein, aber die meisten Menschen sie als erdrückend, einschüchternd und sehr selbstsicher erlebten, und sie sagte: „Oft bin ich mir meiner Macht gegenüber anderen gar nicht bewusst.“ Sie schätze es, wenn jemand, der sie liebe und gut kenne, ihr dieses Feedback gebe. Nicht jeder kann das einer ACHT vermitteln, aber meine Freundin sagte mir, ihr Mann mache ihr dieses Geschenk.

In der Bibel heißt es, dass eines Tages der Panther und das Böcklein friedlich beieinander lagern würden (Jesaja 11,6). Schwäche und Stärke gehören zusammen (vgl. 2 Korinther 12,9–10). Wenn ACHTer für Gottes Gnade offen sind, beginnen sie, diese Wahrheit zu erfahren. Sie lernen zu sagen: „Vielleicht muss ich nicht dauernd aktiv sein. Vielleicht kann ich meine

Abwehrhaltung etwas lockern. Vielleicht kann ich es zulassen, dass mein Herz etwas tiefer berührt wird.“ Indem sie sich in diese Richtung weiterbewegen, machen sie die Erfahrung der Freiheit und Einfachheit der Unschuld. Und sie werden großartige Führungskräfte.

Der Friedensstifter: Die NEUN

Die Menschen im Raum NEUN sind ruhige Menschen und im Einklang mit ihrem Leben. In ihrer Bestform sind sie zufrieden, haben ein ausgeglichenes Gemüt und sie trauen anderen und sich selbst. Sie üben einen friedensstiftenden Einfluss aus und bringen Einzelne und Gruppen in Harmonie. Die NEUN erinnert uns daran, dass Gott friedvoll ist.

Eine NEUNer-Freundin sagte mir, sie bringe gern „eine friedvolle Energie in Gruppen, und das wirkt sich auf die mich umgebenden Menschen beruhigend aus.“ Ein anderer NEUNer sagte: „Ich mag es, Ruhe und Frieden auszustrahlen.“ Und noch ein anderer erklärte mir: „Ich nehme im Leben öfter gern eine langsamere Gangart ein, versuche beide Seiten eines Themas zu sehen und bin im Zuhören gut.“ Die NEUNer in meinem Leben haben mir alle diese Gaben geschenkt.

NEUNer können einem sagen: „Schieb den Fluss nicht an. Er fließt von allein.“ Bei unseren Freundschaften mit NEUNern stellen wir fest, dass sie es nicht mögen, angetrieben zu werden. Sie haben ein beschützendes Ich entwickelt, das überstark den Frieden betont. Wenn sie sich bedroht oder angetrieben fühlen, ziehen sie sich womöglich zurück. Sie können träge werden, was ein eindrucksvoller Ausdruck dafür ist, dass sie „es meiden, angetrieben zu werden“. Manche von uns machen aus Maulwurfshügeln Berge. NEUNer dagegen machen aus Bergen Maulwurfshügel. Und wenn sie auf Straßensperren stoßen, sind NEUNer versucht zu verstummen. Sie werden wie gelähmt und sind unfähig, zu einer Entscheidung zu schreiten, zumal wenn diese Entscheidung zu einem Konflikt führen könnte. Eine mir bekannte NEUN verzieht sich in ihr kleines Landhaus, wenn ihr etwas zu stressig oder kompliziert wird.

Während ihres Aufwachsens haben sich NEUNer vielleicht durch Erleben der Wut anderer missbraucht gefühlt und sie möchten jetzt keinem anderen Menschen Wut zumuten. Die Wut ist da, aber sie unterdrücken sie. Das erklärt den merkwürdigen Umstand, dass auf verwirrende Weise der friedvolle Raum NEUN direkt zwischen die Räume ACHT und EINS gesetzt ist, worin der Zorn offensichtlicher wird. Die friedvolle Stelle der NEUN wirkt in der Bauchtriade wie eine Anomalie. Jedoch sagen uns ihrer selbst bewusste NEUNer, dass sie durchaus Wut haben können. Manche werden womöglich sogar berichten, dass sie tief in ihrem Inneren eine Wut empfinden, die lediglich nicht zutage trete. Aber wenn man diese Wut verborgen hält, ist das für diejenigen in diesem Raum gewöhnlich nicht hilfreich. In Wirklichkeit sagen mir selbstbewusste NEUNer, dass es für sie Leben spendend ist, wenn sie ihre Wut zugeben und zum Ausdruck bringen. Eine Freundin sagte mir: „Ich bin in meinem Inneren nicht immer so ruhig, wie ich im Äußeren erscheine. Ich habe gelernt, dass die Wut für mich motivierend ist, und wenn ich wütend werde, ist das etwas Gutes (und Seltenes)."

Weil NEUNer sich so stark bemühen, Konflikte zu vermeiden, können sie das Gefühl bekommen, übersehen zu werden. Eine NEUN wird schweigen, wenn sie damit rechnen muss, beim Äußern ihrer Ansicht Meinungsverschiedenheiten und potenzielle Konflikte heraufzubeschwören. Wenn NEUNer sagen: „Ach, das ist unwichtig", meinen sie womöglich: „Ich bin unwichtig." Dann fühlen NEUNer sich auch tatsächlich unwichtig, merken aber gar nicht, dass sie sich selbst ganz klein gemacht haben.

Wenn NEUNer dem falschen Selbst nachgeben und jeglichen Konflikt meiden, so kapitulieren sie vor dem Antrieb der *Trägheit*. Mit der wenig schmeichelhaften Umgangssprache ausgedrückt laufen sie dann Gefahr, zu „couch potatoes“ zu werden. Sie ignorieren potenzielle Probleme und konzentrieren sich auf ihre Sehnsucht nach Ruhe und Frieden, statt etwas zustande zu bringen. Damit verlieren sie den Anschluss an das Empfinden, geliebt zu werden, weil sie das Gefühl haben, sowieso nichts zu taugen. Dann sagen sie vielleicht zu sich selbst: „Ich lasse das gar nicht an mich heran“, damit ihnen Schmerz/Trauer/Wut gar nicht so sehr zusetzen.

Manche Enneagramm-Lehrer haben auf eine Ähnlichkeit zwischen der NEUN und der ZWEI hingewiesen. NEUNer und ZWEIer vergessen sich selbst, indem sie den Bedürfnissen und Anfragen anderer nachkommen. Der Unterschied ist, dass ZWEIer für ihr Opfer Anerkennung und Wertschätzung erwarten, während es NEUNern unangenehm ist, bemerkt und anerkannt zu werden.

Wenn NEUNer den Weg der Verwandlung beschreiten, beginnen sie sich aufs *Aktivsein* hinzubewegen. Indem sie ihre eigene Wut spüren, finden sie womöglich die Energie dazu, von ihrem Sofa der Unentschlossenheit und der Untätigkeit aufzustehen. Dadurch, dass sie beginnen, zuzulassen, dass sie bemerkt und geliebt werden, beginnen sie auf konstruktive Weise auch andere zu lieben. Und indem sie anfangen, ihrer eigenen Ansicht zu vertrauen, entwickeln sie ihre innerliche Zuversicht, statt die Energie anderer abzusaugen.

Eine NEUN formulierte das folgendermaßen: „Für mich führte die Bewegung hin zu Gesundheit und Freiheit dazu, mich selbst zu finden, wertzuschätzen und mir meiner Gedanken, Wünsche und Gefühle bewusst zu sein.“ Sie fügte hinzu: „Das war schwer, weil … es sicherer war, nichts zu wünschen, nichts zu fühlen und zu denken, dass nichts wirklich von Belang sei, sodass ich keine Enttäuschung verspüren musste.“ Aber, so sagte sie: „Dass ich bei anderen Unterstützung finde, die mich dazu ermutigen, meine Wünsche, Meinungen und Gefühle zum Ausdruck zu bringen, hat mir sehr viel Heilung verschafft.“

Wenn NEUNer sich in Richtung Verwandlung bewegen, stellen sie fest, dass nicht nur sie allein dafür verantwortlich sind, in der Welt den Frieden zu bewahren. Und sie stellen fest, dass der Friede womöglich über ihren eigenen Horizont hinausgeht. Sie erfahren, dass „der Friede Gottes, der alles Verstehen übersteigt", ihre Herzen und ihren Geist in Jesus Christus bewahrt (vgl. Philipper 4,7).

Diejenigen unter uns, die NEUNer kennen und lieben, werden sie zu diesem Weg ermutigen wollen. Ich fragte eine Freundin, was sie gern anderen Menschen darüber mitteilen möchte, wie es sich anfühle, eine NEUN zu sein. Sie sagte: „Die Menschen im Raum NEUN mögen sehr anders und zurückhaltend wirken; jedoch möchten sie vor allem so akzeptiert werden, wie sie sind, und dazu ermutigt werden. Wir können eine Menge dazu beitragen … NEUNer übergeht man leicht. Achten Sie auf sie und übersehen Sie sie nicht."

Das Geschenk des Friedens, das die NEUN in unsere Welt bringt, ist tatsächlich ein Geschenk, das wir annehmen möchten.

Der Perfektionist: Die EINS

Die Menschen im Raum EINS halten sich an sehr hohe Standards. In ihrer Bestform sind sie verantwortungsbewusst und ethisch ausgerichtet. Sie haben starke persönliche Überzeugungen, die den Wert widerspiegeln, den sie der Wahrheit und hervorragenden Leistung zumessen. Sie erinnern uns daran, dass Gott gut und das Gutsein eine der Früchte des Heiligen Geistes ist (Galater 5,22).

Für EINSer ist alles, was zu tun wertvoll ist, des hervorragenden Tuns wert. Sie fassen das vollkommen Gute ins Auge und sind nicht mit irgendetwas weniger Gutem zufrieden. Sie bemühen sich in ihrem gesamten Leben um hohe moralische Standards. Aber unglücklicherweise verlagern sich EINSer vom Wollen, alles besonders gut zu machen, auf den Glauben, sie müssten alles *besonders* gut machen. Das führt sie zum Entschluss, vollkommen sein zu müssen. Bei EINSern treibt der Perfektionismus sogar noch mehr als bei uns allen anderen ihr Leben an. Wenn EINSer in ihrem Leben auf schwere Hindernisse stoßen und feststellen müssen, dass sie nicht alles perfekt hinkriegen können, ärgern sie sich. Sie versuchen, alles zu verbessern und es zu dem zu machen, was es „sein sollte". Sie kritisieren sich selbst und andere, dass sie den gebotenen Standard nicht erreichen.

Mein Vater war eine EINS und ich wuchs mit seinen Vollkommenheits-Standards und seiner „liebevollen" Kritik auf. Oft stöhnte ich unter seinen Aussagen. Jetzt weiß ich, dass er, wenn er mich zurechtwies oder mir sagte, wie ich das, was ich gerade tat, besser machen könne, mich auf die Art eines EINSers liebte. Ich weiß jetzt auch, dass dieser Hang zum Kritisieren für selbstbewusste EINSer das Verhängnis ihres Daseins ist. Aber die Kritik, die sie anderen gegenüber äußern, ist nichts im Vergleich zu der Kritik, mit denen EINSer sich selbst einschätzen. EINSer erzählen mir, dass es sie frustriert, wenn sie immer wieder denken, dass sie niemals gut genug seien. Sie können immer auf irgendeine Weise denken, dass sie irgendetwas hätten besser machen können.

Tatsächlich führt dieser chronische Wunsch, besser zu sein, EINSer dazu, unzufrieden mit ihrem EINSer-Dasein zu sein. Als ich einige wenige EINSer befragte, was ihnen daran gefalle, im EINSer-Raum zu sein, gab mir jemand zur Antwort: „Diese Frage hat mich überrascht. Gewöhnlich denke ich mir, der Zustand, eine EINS zu sein, sei etwas, das abzulegen ich mir besonders große Mühe geben müsse." Jemand anderer sagte, daran gefalle ihm „gar nichts!" Offensichtlich können EINSer sich nicht einmal in ihrem eigenen Raum zuhause fühlen. Sie möchten immer noch besser werden.

Aber meine EINSer-Freunde sagten zudem auch, dass es ihnen gefalle, selbstdiszipliniert und in der Lage zu sein, Ungerechtigkeiten zu korrigieren. Menschen, die mit EINSern zusammenarbeiten, können die Vorzüge bezeugen, die es hat, wenn man solche Leute im Team hat, die bis in alle Einzelheiten sorgfältig sind und sich darum bemühen, alles möglichst gut zu machen.

Das falsche Selbst erscheint, wenn EINSer zur Überzeugung kommen, dass alles verbessert werden könne und nichts gut genug sei. Sie fangen dann an, sich zu ärgern, insbesondere über sich selbst, aber auch über andere. Wenn das falsche Selbst ans Ruder kommt, kann die EINS starr, anspruchsvoll und kritisch werden. Jemand hat mir erzählt, er sei in Folge seines dualistischen Entweder-oder-Ansatzes vom Leben frustriert. Das führe ihn dazu, allzu richtend und ausschließend zu sein. Eine andere EINS sagte mir, ihre Energie aus ihrem falschen Selbst heraus sei diejenige eines „Pharisäers der Pharisäer". Diese Freundin sagte zudem, sie sehe oft – wie im Neuen Testament die Pharisäer – allzu vieles in den Kategorien von richtig oder falsch, schwarz oder weiß. „Meine Überheblichkeit", so setzte sie hinzu, „kann mir in die ‚Ritzen' einsickern und ich kann sie zeitweise vergessen, bis sie mich wieder ganz überströmt. Ich denke dann voller Schrecken, dass ich jemandem das Gefühl geben könnte, ich behandelte ihn mit Herablassung und mangelnder Ehrfurcht." Das ist in meinen Augen eine wunderbare und hilfreiche Selbst-Bewusstheit.

Wenn EINSer versuchen, diese Abneigung und Wut geradewegs zu bekämpfen, verlegen sie sich oft darauf, ihr eigenes Handeln zu rationalisieren. Ein anderes Risiko besteht darin, dass sie ihre Wut gegen sich selbst richten und in Depression verfallen. Wenn sie es fertigbringen, ihre Wut abzulegen und festzustellen, dass ihre Urteile einen unrealistischen Perfektionismus widerspiegeln, können sie damit anfangen, mit ihren Vorwürfen gegenüber sich selbst und anderen aufzuhören.

Manche Menschen stellen fest, dass sowohl EINSer als auch SECHSer versuchen, zwanghaft bestimmte Dinge richtig oder korrekt zu machen. Der Unterschied ist der, dass SECHSer entscheiden, was richtig ist, weil es auf dem beruht, was eine äußere

Autorität sagt. EINSer entscheiden auf der Grundlage ihres eigenen Gespürs einer inneren Autorität, was richtig ist, das aber oft einen unrealistischen Standard hat.

EINSer meinen, sie müssten als erste die „richtige" Antwort haben, und eine solche bis hinab zum kleinsten Detail. Ich habe einmal von einer EINS gehört, die sogar darum kämpfte, ihre kleine Tochter ein Spiel gewinnen zu lassen. Sie kämpfte in der Welt der Erwachsenen darum, eine Lösung für jedwedes Thema zu finden, das jemand anschnitt, sei es bezüglich Computern, organisatorischen Maßnahmen oder der Frage, welche Methode man anwenden sollte, um das derzeitige Problem im Büro zu lösen. Wenn wir von außen her in den EINSer-Raum blicken, können wir uns kaum vorstellen, was für eine unerträgliche Last das ist.

Aus diesem Grund ist die der EINS angebotene Gnade die *Gelassenheit*. Die Gelassenheit ermöglicht es der EINS, das Leben einfach nur zu empfangen, statt immer gleich darauf zu reagieren. Das Leben ist, was es ist, nicht, wie es besser sein könnte. (Das ist für diejenigen im EINSer-Raum eine schockierende Möglichkeit!) Auf ihrem Weg in Richtung Verwandlung erleben sich EINSer als dazu imstande, das Leben mit mehr Geduld und Mitgefühl zu verbringen. Sie gehen das Leben lockerer, ja sogar spielerischer an.

Die EINS kreist um die Worte Jesu, die oft so übersetzt wurden: „Ihr sollt also vollkommen sein, wie es euer himmlischer Vater ist" (Matthäus 5,48). „Natürlich!", kann die EINS sagen. „Das habe ich euch ja schon die ganze Zeit gesagt." Aber andere übersetzen diese Worte mit etwas mehr Klarheit. In der *Common English Bible* lautet das (hier wörtlich ins Deutsche übersetzt): „Daher müsst auch ihr vollkommen sein, genau wie euer himmlischer Vater darin vollkommen ist, jedem Liebe zu erweisen." In *The Message* (einer anderen englischen Bibelausgabe) lautet das so: „Lebt großzügig und gütig gegenüber anderen, genauso, wie Gott mit euch umgeht."

Laut meinen Bibelkommentaren bedeutet das biblische Wort „vollkommen“ zugleich auch „vollständig“. Perfektion ist statisch. Gott ist nicht statisch, sondern Gott ist vollkommen. Wir verfügen heute über eine vollständige Offenbarung der Güte Gottes gegenüber uns Menschen. Aber Gottes Gnade offenbart sich immer neu im Ereignis jedes Lebens. Paulus sagte: „Wenn auch unser äußerer Mensch aufgerieben wird, der innere wird Tag für Tag erneuert.“ (2 Korinther 4,16) Die Art und Weise, in der wir heute seine Gnade erfahren, unterscheidet sich ein wenig von derjenigen, die wir gestern erfuhren. Je tiefer EINSer in Gottes Liebe eintauchen, desto mehr entdecken sie, dass sie für heute alles haben, was sie brauchen, um in seiner Gnade zu leben. Sie müssen nicht auf Vollkommenheit aus sein. Gottes Gnade wird sich ihnen auch morgen wieder offenbaren. Das ermöglicht ihnen, sich in Gelassenheit und Zuversicht auf ihr Leben einzulassen.

Ich habe meine EINSer-Freunde gefragt, was sie uns gern über diesen Weg zur Gnade und Gelassenheit wissen lassen möchten. Eine Freundin sagte daraufhin, weil sie auf diesem Weg sei, möchte sie andere gern wissen lassen, dass es ihr leid tue, immer so anspruchsvoll zu sein: „Wenn ich hochgeschraubte Erwartungen an euch habe, wisst bitte, dass ich an mich noch viel größere Erwartungen habe. Geht nicht von mir weg und lasst mich nicht mit all dieser Arbeit allein. Helft mir, über mich selbst zu lachen und darauf zu vertrauen, dass alles in Ordnung ist.“ Eine andere Freundin sagte mir, ihr geistlicher Begleiter helfe ihr, das Gute in ihrem Leben zu sehen, das sie von sich aus nicht sehen könne: „Wäre da nicht jemand, der mir diesen Spiegel vorhalten würde, damit ich mich sehen kann, würde ich es überhaupt nicht fertigbringen, das, was ist und in einem Wirbelwind von Urteilen herumschwirrt, zu akzeptieren … im niemals endenden Bemühen, mir selbst und anderen Halt zu geben.“

Wenn EINSer die Gabe ihrer hohen Standards für das Gute in der Welt einbringen, können wir ihnen ihre Gabe mit Dankbarkeit zurückschenken, während sie wie wir alle immer tiefer in die Großzügigkeit und Liebe Gottes hineinwandern.

Zum Nachdenken und für die Diskussion

1. *Der Herausforderer: Die ACHT*

   Skizzieren Sie die Sichtweise derjenigen im ACHTer-Raum. Was motiviert sie am meisten?

   Welche besonderen Versuchungen erlebt das falsche Selbst der ACHT?

   Beschreiben Sie die Gnade, die den Menschen in diesem Raum angeboten wird. Welche Form könnte diese Gnade annehmen, wenn man mit ihr im Alltag lebt?

   Wie haben Sie die Charaktermerkmale dieses Raums in Ihrem eigenen Leben oder im Leben derjenigen, die Sie kennen und lieben, schon erfahren?

2. *Der Friedensstifter: Die NEUN*

   Fassen Sie die Möglichkeiten derjenigen im NEUNer-Raum zusammen. Was motiviert sie am meisten?

   Welche besonderen Versuchungen erlebt das falsche Selbst der NEUN?

   Beschreiben Sie die Gnade, die den Menschen in diesem Raum angeboten wird. Welche Form könnte diese Gnade annehmen, wenn man mit ihr im Alltag lebt?

Wie haben Sie die Charaktermerkmale dieses Raums in Ihrem eigenen Leben oder im Leben der Menschen, die Sie kennen und lieben, erfahren?

3. *Der Perfektionist: Die EINS*

Fassen Sie die Möglichkeiten derjenigen im EINSer-Raum zusammen. Was motiviert sie am meisten?

Welche besonderen Versuchungen erlebt das falsche Selbst der EINS?

Beschreiben Sie die Gnade, die den Menschen in diesem Raum angeboten wird. Welche Form könnte diese Gnade annehmen, wenn man mit ihr im Alltag lebt?

Auf welche Weise haben Sie die Charaktermerkmale dieses Raums in Ihrem eigenen Leben oder im Leben der Menschen, die Sie kennen und lieben, erfahren?

Anregung zu einer persönlichen Meditation

Jesus stellt sich der Kritik (Markus 14,3–9)

Als Jesus in Bethanien im Haus Simons des Aussätzigen bei Tisch war, kam eine Frau mit einem Alabastergefäß voll echtem, kostbarem Nardenöl, zerbrach es und goss das Öl über sein Haar. Einige aber wurden unwillig und sagten zueinander: Wozu diese Verschwendung? Man hätte das Öl um mehr als dreihundert Denare verkaufen und das Geld den Armen geben können. Und sie machten der Frau heftige Vorwürfe. Jesus aber sagte: Hört auf! Warum lasst ihr sie nicht in Ruhe? Sie hat ein gutes Werk an mir getan. Denn die Armen habt ihr immer bei euch und ihr könnt ihnen Gutes tun, sooft ihr wollt; mich aber habt ihr nicht immer. Sie hat getan, was sie konnte. Sie hat im Voraus meinen Leib für das Begräbnis gesalbt. Amen, ich sage euch: Überall auf der Welt, wo das Evangelium verkündet wird, wird man sich an sie erinnern und erzählen, was sie getan hat.

1. Nehmen Sie sich etwas Zeit zum Stillwerden und stellen Sie sich vor, wie Sie sich gefühlt hätten, wenn Sie die Frau gewesen wären, die gekommen war, um Jesus mit dem Öl zu begießen. Was für ein Gefühl hätten Sie wohl gehabt, als Sie den Raum betraten, um Jesus Ihr Geschenk zu bringen?

2. Wie fühlen Sie sich, wenn Sie etwas tun, wovon Sie glauben, das sei eine gute Sache, Sie aber dann deswegen jemand kritisiert? Wie würden Sie sich fühlen, wenn jemand sagen würde, Sie seien ein „Verschwender"? Inwiefern spiegeln Ihre Gefühle beim Kritisiertwerden Neigungen Ihres Enneagramm-Raumes oder Ihrer Triade?

3. In welcher Form kritisieren Sie sich selbst? Regt sich Ihre innere Kritik am lautesten in Ihrem Herzen oder tut das die Kritik anderer Menschen? Wie verteidigte Jesus die Frau? Wie würde wohl Jesus Sie verteidigen, wenn Sie zu Unrecht kritisiert würdest?

4. Gibt es in Ihrem jetzigen Leben irgendeinen Bereich, der Ihnen Kritik einbringt?

   Jesus sagte, der Heilige Geist sei unser Anwalt und Tröster. Inwiefern könnten Sie heute die Erfahrung des Trostes oder der Anwaltschaft Gottes machen?

7 Die Suche nach Ihrem Heimat-Raum

Wie können wir unseren Raum herausfinden? Das ist ein weiteres großes Rätsel. Es gibt dazu viele Online-Tests und Nachschlagemöglichkeiten in Büchern, aber diese liefern oft fragwürdige Ergebnisse. Das liegt daran, dass es sehr schwierig ist, unsere

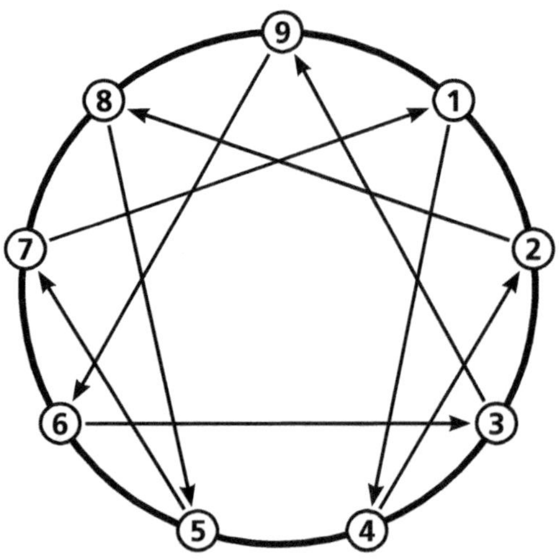

Abbildung 6: **Die Räume des Enneagramms**

blinden Flecken zu entdecken. Wir reagieren auf Persönlichkeitstests mit dem, was wir bereits über uns selbst wissen, und das ist oft ein unvollständiges Bild.

Das Enneagramm beschreibt eher die Motivation als das Verhalten, während die meisten Tests nach dem Verhalten fragen oder unsere Antworten unser Verhalten widerspiegeln. Eine weitere Enttäuschung bieten die Tests insofern, als sie uns die Erlaubnis geben, den Prozess zu umgehen. Wenn ein Test mir rasch meine Nummer liefert, verpasse ich die Wohltaten der Selbstwahrnehmung, die einer tieferen Erkundung des Enneagramms entstammt. Um diese Erkundung geht es im vorliegenden Buch. Je mehr wir dank des Prozesses der Erkundung unseres eigenen Raums erfahren, desto tiefer wird auf unserem geistlichen Weg unsere Erfahrung.

So schön es sein mag, dass man aus einem Test seine persönliche Nummer erfahren kann, bedarf es bei den meisten von ihnen eines gesunden Maßes an Selbstwahrnehmung – aber das mag unser falsches Selbst gar nicht so gern. Deshalb möchte ich vorschlagen, dass wir uns weniger mit Tests beschäftigen, sondern lieber etwas Zeit mit stillem Nachdenken über uns selbst und über das, was wir über das Enneagramm gelernt haben, verbringen. Werfen Sie Ihren Blick auf Stellen, an denen Sie sich bereits selbst sehen. Stellen Sie fest, wo sich bereits einige Wahrheiten darüber, wer Sie sind, gefunden haben. Seien Sie bei diesem Prozess geduldig. Sie können sich das so vorstellen, dass Sie sich mit dem Enneagramm „verabreden“. Sie brauchen nicht gleich den ersten Raum zu „heiraten“, von dem Sie glauben, dass er für Sie passe. Probieren Sie ihn aus. Leben Sie eine Zeitlang mit ihm. Aber geben Sie ihn wieder auf, wenn er nicht für Sie passt. Denken Sie daran, dass das Enneagramm Ihnen nicht diktieren will, sondern spiegeln soll, wer Sie sind. Das Enneagramm liefert Worte zur Beschreibung von Einsichten über uns selbst, die Ihnen womöglich bereits intuitiv vertraut sind, die Sie aber vielleicht in den Hintergrund geschoben haben.

Sehen Sie bei Ihrem Versuch, sich auf Ihre Nummer festzulegen, noch einmal die in diesem Buch und in zwei oder drei weiteren Büchern über das Enneagramm beschriebenen Räume durch. Suchen Sie nach kurzen Listen mit Beschreibungen der neun Räume (solche sind im Internet zu finden oder Sie erstellen eigene), oder bitten Sie jemanden, der oder die Sie gut kennt, Ihnen dabei zu helfen, Ihren Raum zu finden. Falls Sie sich tatsächlich eine Liste auswählen, gehen Sie sie sorgfältig zusammen mit einem zuverlässigen Menschen, der Sie mag, durch. Besprechen Sie mit ihm, was Sie auf dieser Liste anspricht und was Sie verwirrt. Besuchen Sie Workshops, bei denen Sie anderen zuhören können, wie sie ihre Räume beschreiben, und notieren Sie, worin Sie mit ihnen einig sind und worin nicht.

Wählen Sie die Nummer aus, von der Sie glauben, sie sei die Ihre, und leben Sie einige Wochen lang mit ihr. Während dieser Zeit wird es besonders hilfreich sein, wenn Sie darauf achten, was mit Ihnen passiert, wenn Sie unter Stress stehen. Prüfen Sie, ob das dem Muster der Nummer entspricht, die Sie ausgewählt haben. Manche Menschen entdecken ihre Nummer sofort. Andere brauchen dazu länger – aber im Lauf dieses Prozesses lernen sie eine Menge.

Nehmen Sie sich Zeit

Eine gute Freundin von mir brauchte ein ganzes Jahr, um ihren Heimat-Raum zu finden. Sie mochte das Enneagramm sehr, konnte sich aber nicht entscheiden, an welcher Stelle im Enneagramm-Symbol sie landen sollte. Zuerst hielt sie sich für eine ZWEI. Dann entschied sie sich dafür, eine EINS zu sein. Aber bei der Arbeit verhielt sie sich eindeutig wie eine DREI. Ihr machte das Lernen wirklich Spaß. Vielleicht war sie ja eine FÜNF. Nach einem Jahr des Arbeitens mit dem Enneagramm ging ihr schließlich auf, dass sie eine VIER sei. Diese Suche wäre vielleicht anhand eines Persönlichkeitstests kürzer verlaufen, aber meine Freundin würde sagen, es sei der Mühe wert gewesen, diesen Prozess so lange dauern zu lassen. Und, so fügte sie hinzu, das Ergebnis sei genauer geworden. Im Lauf ihrer Erkundung jedes möglichen Raums lernte sie viel über sich selbst und als sie schließlich in ihrem Heimat-Raum ankam, wirkte das für sie sehr belebend.

In der Zeit, bevor ich zu meinem ersten Vortrag über das Enneagramm ging, wäre ich nie darauf gekommen, dass ich eine VIER bin. Aber im Gegensatz zu meiner Freundin fand ich bei der Beschreibung in dem betreffenden Workshop meinen Heimat-Raum fast unverzüglich. (Beim Kennenlernspiel ergibt sich das wie Liebe auf den ersten Blick. Das geschieht nicht sehr oft.) Ich vermisste die Wohltat des Prozesses, aber ich war derart von der Passgenauigkeit meines Heimat-Raums fasziniert, dass ich mich daran machte, das gesamte Enneagramm-Symbol zu erkunden und mich nach Räumen umzusehen, die mir etwas über meine Gaben und blinden Flecken sagten.

Spirituelle Anleitung

Eine weitere gute Möglichkeit, seinen Enneagramm-Raum zu finden, ist, sich dabei von jemandem helfen zu lassen, der/die einen geistlich begleitet. Die geistliche Begleitung ist eine Beziehung, in der einem jemand (der/die Begleitende) als Gefährte beisteht, damit man lernt, sich von Gott führen zu lassen. Geistliche Begleiter/innen machen eine gründliche Ausbildung durch und lernen, anderen Menschen liebevoll zuzuhören. In der Beziehung der geistlichen Begleitung kann man Möglichkeiten ausloten, die man von sich aus nicht erkannt hätte, und man lernt dabei darauf zu hören, in welche Wahrheit einen Gott einlädt.

Das Enneagramm ist zu einem immer hilfreicheren Werkzeug dafür geworden, dass geistliche Begleiter/innen mit anderen zusammensitzen. In meinem eigenen Dienst der geistlichen Begleitung stoße ich immer wieder darauf, dass mir Einsichten aus dem Enneagramm aufgehen. Dabei ist es nicht so, dass das Enneagramm mir „Antworten" geben würde, sondern das Enneagramm hilft mir, Fragen zu stellen, die dem Menschen, mit dem ich zusammen bin, Wege eröffnen, weil ihm seine blinden Flecken aufgehen und er eine ganz neue Freiheit erfährt.

Erste Schritte in Richtung Heimat-Raum

Wenn Sie nicht genau wissen, wo Ihr Heimat-Raum ist und Sie das Enneagramm etwas genauer erkunden möchten, könnten die folgenden Vorschläge (eine Zusammenfassung dieses Kapitels) für Sie hilfreich sein.

1. Ein guter Ausgangspunkt ist, die Beschreibungen aller Räume in den Kapiteln 4, 5 und 6 durchzulesen. Achten Sie auf alles, was Sie an Sie selbst erinnert. Unterstreichen Sie diese Aussagen oder heben Sie sie hervor, oder fertigen Sie Ihre eigene Liste dieser Merkmale an und fügen Sie die jeweilige Nummer des Raumes hinzu, in dem Sie sie gefunden haben.

2. Nehmen Sie sich Zeit zum Nachdenken über die Räume, in denen Sie ganze Gruppen von Charaktermerkmalen sehen, die als Beschreibung auf Sie passen. Sehen Sie sich die Beschreibungen dieser Räume genauer an. Was scheint im jeweiligen Raum auf Sie zu passen? Was nicht?

3. Bitten Sie jemanden, der Sie gut kennt und liebt, sich Ihre Listen gut anzusehen und die Stellen zu markieren, die Sie am besten widerspiegeln. Besprechen Sie mit dieser Person Ihre eigenen Schlussfolgerungen.

4. Wenn Sie sich daran erinnern, wie Sie sich verhalten, wenn Sie unter Stress stehen, könnte Sie das auf einige verborgene Motivationen aufmerksam machen. Wenn Sie unter Stress sind: Welche Eigenschaftswörter beschreiben am besten, wie Sie sich fühlen und verhalten? In welchen Räumen sehen Sie diese negativen Eigenschaften?

5. In welchem Raum würden Sie am liebsten sein? Warum? In welchem Raum möchten Sie am liebsten nicht sein? Warum?

6. Welche Ihrer eigenen Motivationen finden Sie am wenigsten anziehend? Und von welchen Ihrer eigenen Motivationen meinen Sie, dass sie Ihre Gaben widerspiegeln?

7. Nehmen Sie sich Zeit, in Ruhe in sich nachwirken zu lassen, was Sie über sich gelernt haben. Bitten Sie den Heiligen Geist, Ihnen noch mehr zu offenbaren.

8. Wählen Sie sich einen Raum aus, den Sie am ehesten als Ihren heimatlichen Raum empfinden. Leben Sie mit diesem drei oder vier Wochen lang und achten Sie insbesondere darauf, wie Sie sind, wenn Sie Ihre Gaben einsetzen und wie Sie unter Stress agieren. Nehmen Sie sich sodann Zeit zum Nachdenken über diese Wochen und schauen Sie, ob Sie empfinden, dass Sie Ihren Heimat-Raum gefunden haben. Falls nicht, versuchen Sie es noch einmal!

Zum Nachdenken und für die Diskussion

Wenn Sie sich in einer Kleingruppe zur Diskussion über dieses Buch zusammengetan haben, ist jetzt für die Teilnehmer eine günstige Zeit, sich untereinander über ihr eigenes Sich-Einlassen auf das Enneagramm auszutauschen. Die folgenden Fragen werden den Beteiligten dabei helfen. Falls Sie dieses Buch nur für sich allein lesen, versuchen Sie, sich an einen vertrauenswürdigen Freund zu wenden, der bereit ist, mit Ihnen über Ihren inneren Weg zu sprechen.

1. Was haben Sie anhand des Enneagramms über sich selbst gelernt, das Sie überrascht?

2. Welche Gedanken kommen Ihnen an diesem Punkt Ihrer Reise zu dem, was Ihr Heimat-Raum werden könnte?

3. (Hier ist ein Gruppen-Feedback angebracht.) Haben andere das Empfinden, dass Sie die richtige Wahl getroffen haben? In welcher Hinsicht meinen sie, dass Ihre Entscheidung zu der Art und Weise passt, in der sie Sie erfahren haben? In welcher Hinsicht könnte sie nicht passen?

4. Was mögen Sie an dem Heimat-Raum, den Sie für sich gewählt haben, und was nicht?

5. Wie möchten Sie die Reise mit dem Enneagramm fortsetzen?

Anregung zu einer persönlichen Meditation

Zerbrechliche Gefäße: 2 Korinther 4,7–10

Diesen Schatz tragen wir in zerbrechlichen Gefäßen; so wird deutlich, dass das Übermaß der Kraft von Gott und nicht von uns kommt. Von allen Seiten werden wir in die Enge getrieben und finden doch noch Raum; wir wissen weder aus noch ein und verzweifeln dennoch nicht; wir werden gehetzt und sind doch nicht verlassen; wir werden niedergestreckt und doch nicht vernichtet. Wohin wir auch kommen, immer tragen wir das Todesleiden Jesu an unserem Leib, damit auch das Leben Jesu an unserem Leib sichtbar wird.

Wenn Sie sich nach Ihrem Heimat-Raum umsehen, kann es sein, dass Sie von dem enttäuscht sind, was Sie über sich gelernt haben. Das Bild von Paulus mit den zerbrechlichen Gefäßen kann dabei hilfreich sein.

1. Stellen Sie sich einen tönernen Topf oder irgendein anderes Gefäß vor, das nicht besonders eindrucksvoll ist, und daneben ein kunstvolles, wunderschönes Gefäß, womöglich aus herrlichem Porzellan. Wie würden Sie wohl als Gefäß aussehen? Welche Bilder kommen Ihnen dabei?

2. Was sagt das Enneagramm darüber, inwiefern Sie ein „Gefäß“ sind? Was halten Sie von der Bemerkung von Paulus, dass dabei der Brennpunkt auf Gott und nicht auf uns gerichtet ist? Sind Sie damit einverstanden? Gefällt Ihnen das?

3. Mit welchen Worten können Sie Ihr Gefühl beschreiben, wenn Sie Ihre Beschränkungen voll in Augenschein nehmen und dabei den Wunsch verspüren, mehr als nur ein „zerbrechliches Gefäß“ zu sein? Fühlen Sie sich hart bedrückt, perplex, verfolgt, niedergeschlagen oder irgendwie anders?

4. „Immer tragen wir das Todesleiden Jesu an unserem Leib, damit auch das Leben Jesu an unserem Leib sichtbar wird.“ (2 Korinther 4,10) Paulus sprach dabei vermutlich von der physischen Verfolgung. Aber bei unserem Versuch, Jesus nachzufolgen, können wir auch innerliche Leiden erfahren. Denken Sie zum Beispiel an eine Zeit, in der Sie darunter gelitten hatten, dass Sie Ihren Enneagramm-Zwängen nachgegeben hatten. Wie hat sich Ihnen oder anderen bei dieser Erfahrung die Gnade offenbart?

5. Welche Einladung Gottes entnehmen Sie diesem Abschnitt?

8 Die Flügel und die Pfeile verstehen

Ich habe eine gute Freundin, die sich in Raum ZWEI wohlfühlt. Sie ist eine der liebevollsten, hingebungsvollsten Menschen, die ich kenne. Aber im Lauf der Jahre unserer Freundschaft habe ich immer wieder mit ansehen müssen, wie sie sich immer wieder irgendwelchen Gruppen und Kirchen anschloss, immer mit der großen Hoffnung, sich darin großartig engagieren zu können, aber dann immer nur derart enttäuscht wurde, dass sie aus lauter Ärger wieder austrat. Eine andere Freundin, eine FÜNF, ist nicht nur voller Weisheit, sondern auch äußerst diszipliniert und immer darauf bedacht, ihr Leben sinnvoll zu gestalten. Aber überraschenderweise hängt sie dann oft vor dem Fernseher, löffelt nebenher eine Schüssel Eis oder knabbert eine Menge Popcorn. Woran liegt es nur, dass meine beiden Freundinnen immer wieder in einem solchen Verhalten landen, das so sehr im Widerspruch zu ihren besten Gaben steht?

Meine Freundinnen sind mit ihrer Verwunderung, die sie darüber empfinden, sich derart widersprüchlich zu verhalten, nicht allein. Selbst der Apostel Paulus sagte: „Ich stoße also auf das Gesetz, dass in mir das Böse vorhanden ist, obwohl ich das Gute tun will. Denn in meinem Inneren freue ich mich am Gesetz Gottes, ich sehe aber ein anderes Gesetz in meinen Gliedern, das mit dem Gesetz meiner Vernunft im Streit liegt (...) Ich unglücklicher Mensch!" (Römer 7,21–24) Wir können hier die Frage stellen, was das Enneagramm *dazu* sagen kann.

Das führt uns zu den Flügeln und Pfeilen des Enneagramms. Aber zunächst eine Warnung: Die Flügel und Pfeile sind nicht unbedingt etwas für Anfänger. Das ist eine tiefere Ebene des Enneagramms. Wenn ich Enneagramm-Workshops gebe, sind die Flügel und Pfeile ein Thema für Fortgeschrittene. Es ist ein Problem, dass die Flügel und Pfeile für Menschen, die immer noch nach ihrem heimatlichen Raum Ausschau halten, die ganze Geschichte etwas kompliziert machen. Ein noch riskanteres Problem ist, dass die Flügel und Pfeile Anfänger dazu verführen könnten, sich „selbst zu managen". Wenn ich zum Beispiel die Zwänge meines Heimat-Raums nicht mag, kann ich vielleicht der Meinung sein, ich könne sie einfach abtun, mich in einen Flügel- oder Pfeil-Raum begeben und darin froh und munter leben. Aber so einfach ist das nicht.

Nachdem das gesagt ist, kann die Sicht auf Flügel und Pfeile die Lage unseres Heimat-Raums auf recht hilfreiche Weise ergänzen. Die Flügel und die Pfeile verleihen Aspekten unserer Lebensanschauung Worte, die in unserem Heimat-Raum nicht ganz vorne oder im Mittelpunkt stehen. Das heißt, wenn wir anfangen, unsere Flügel- und Pfeil-Räume zu verstehen, nehmen wir an Selbstwahrnehmung zu. Und das Verständnis der Flügel und Pfeile verleiht Worte für Aspekte der Verwandlung, nach der wir uns wahrscheinlich sehnen.

Die Flügel des Enneagramms

Die – in der Enneagramm-Terminologie – „Flügel" sind die Nachbarräume Ihres Heimat-Raums. So sind die NEUN und die ZWEI die Flügel der EINS. Die Flügel der ZWEI sind die EINS und die DREI – und so weiter rund um das Diagramm.

HERZTRIADE		
ZWEIer-Flügel	→	EINS und DREI
DREIer-Flügel	→	ZWEI und VIER
VIERer-Flügel	→	DREI und FÜNF
KOPFTRIADE		
FÜNFer-Flügel	→	VIER und SECHS
SECHSer-Flügel	→	FÜNF und SIEBEN
SIEBENer-Flügel	→	SECHS und ACHT
HERZTRIADE		
ACHTer-Flügel	→	SIEBEN und NEUN
NEUNer-Flügel	→	ACHT und EINS
EINSer-Flügel	→	NEUN und ZWEI

Abbildung 7: **Die Flügel**

Loretta Brady sagt, sie stelle sich die Flügel gern als Nachbarn vor. „Ich ‚lebe' nicht in den Häusern auf beiden Seiten von mir", sagt sie, „aber sie sind mir sehr vertraut. Zuweilen mache ich dort einen kurzen Besuch."[21] Falls sie ihre Nachbarn gut kennt, kann sie während ihres Besuchs sogar so tun, als lebe sie dort.

Eine andere Möglichkeit, sich die Flügel vorzustellen, besteht darin, an einen Regenbogen zu denken. Die Farben fließen alle ineinander. Aber wenn ein Kind einen Regenbogen malt, würde es vermutlich mit roter Kreide einen Bogen zeichnen, sodann einen Bogen mit blauer Kreide, dann vielleicht einen mit gelber, und wenn es sehr kreativ ist, schließlich noch einen mit purpurfarbener. Ein echter Regenbogen sieht nicht so aus. Das ist auch der Fehler, den Anfänger auf dem Weg des Enneagramms machen können, weil sie meinen, dass die Räume starre Linien sind und sie dann das Enneagramm dazu verwenden, die Menschen in Schachteln zu sortieren. Die Wirklichkeit ist viel fließender. Genau wie die Farben eines Regenbogens ineinanderfließen, so fließen auch die Räume des Enneagramms vom einen zum nächsten. So wird zum Beispiel jemand in Raum FÜNF immer liebend gern Information und Weisheit ansammeln, aber eine Zeit lang auch gern den Raum SECHS „besuchen“ und sehr deutlich und sogar ängstlich den dortigen Einfluss der Autorität und der deutlichen Lebensregeln verspüren. Oder er besucht vielleicht den Raum VIER und lebt dort mit der Melancholie, die sich daraus ergibt, dass man sich auf das fokussiert, was einem im Leben fehlt.

Manche Enneagramm-Autoren lehren, dass jeder Raum einen dominierenden Flügel habe. Andere Enneagramm-Lehrer glauben, dass jeder Raum von beiden Flügeln beeinflusst werde. Wieder andere vertreten, dass wir unter manchen Umständen von einem Flügel beeinflusst werden und unter anderen Umständen vom anderen Flügel. Es ist auch möglich, dass in einem Lebensabschnitt ein Flügel dominanter ist und in einem darauffolgenden Abschnitt der andere Flügel. Ganz gleich, auf welche Weise sich der Einfluss der Flügel bemerkbar macht, wird es hilfreich sein, etwas Zeit damit zu verbringen, auf alle beiden Räume zu blicken. Das verschafft einem die Beschreibung von zwei weiteren Räumen und hilft, Perspektiven auf dem Lebensweg auszumachen, die einem bislang verborgen geblieben waren.

Eine gute Freundin von mir ist eine EINS. Sie fühlt sich im Raum EINS zuhause, obwohl sie zuweilen enttäuscht darüber ist, wenn sie erlebt, welche Turbulenzen dieser Raum in ihr Leben bringt. Sie ist sich auch ihres ZWEIer-Flügels bewusst. Es macht ihr viel Freude, sich in ihrer Kirchengemeinde hilfreich auf eine Weise zu betätigen, die die Sichtweise der ZWEI widerspiegelt, indem sie den Gottesdienst mitgestaltet, einen Gebetskreis leitet und Gastfreundschaft anbietet.

Aber dann stieß sie auf ein Thema, das sie besonders herausforderte. Sie konnte sich einfach nicht zu einem notwendigen Entschluss durchringen. Ihre Unfähigkeit, sich zu entscheiden, machte sie ganz krank. Weil wir gute Freundinnen sind und wir beide uns gern der Sprache des Enneagramms bedienen, fühlte ich mich imstande, ihr in aller Freiheit die Frage zu stellen, ob ihre Unentschlossenheit ihrem NEUNer-Flügel entstamme. Da blitzte etwas in ihr auf. „Das ist es! Mein NEUNer-Flügel hält mich davon ab, etwas zu unternehmen!“ Sie warf ihren Blick noch einmal auf die Sichtweise des NEUNer-Raums und war dann imstande, einen Schritt weiterzukommen, indem sie dessen Zwänge und Gaben annahm.

Eine weitere Weise des Flügel-Raums könnte für Menschen hilfreich sein, die in ihrem Heimat-Raum zwischen zwei Räumen hin- und hergerissen sind. Wenn diese beiden Räume von einem Raum getrennt werden, könnte dieser Raum den Heimat-Raum anzeigen. Das kann besonders dann hilfreich sein, wenn der betreffende Mensch einen Widerstand gegen die Wesensmerkmale seines Heimat-Raums empfindet. („Ich möchte nicht wie meine Mutter sein!“, oder: „Das ist mein Chef, aber ich bin ganz anders als er!“) Das Enneagramm deckt unsere blinden Flecken auf eine Weise auf, die zuweilen unbequem ist. Wenn wir die Wahrheiten unseres Heimat-Raums an uns heranlassen, kann das unser Leben verändern, und unsere Flügel können uns vielleicht helfen, diesen Raum auszumachen.

Wir können unsere Flügel auch auf die Weise mit Gewinn nutzen, indem wir aufmerksam auf die Gaben unserer Flügel-Räume achten. So könnte zum Beispiel eine DREI versuchen, aufmerksamer auf die Wichtigkeit der Authentizität des Raums VIER zu achten. Das ist dann hilfreich, wenn die DREI versucht ist, ins zwanghafte Verhalten des Täuschens und der Selbstverherrlichung zu verfallen. Oder die SECHS könnte sich dazu entschließen, die Einschränkungen der Autorität abzulegen und sich der Freude anzuschließen, die der SIEBENer-Flügel empfiehlt. Die Flügel können uns sozusagen helfen, von unserem Heimat-Raum wegzufliegen, zumindest für kurze Zeit.

Eine weitere Informationsquelle seitens der Flügel ergibt sich aus der Triade, in der jeder Flügel ist. Falls ein Flügel nicht in Ihrer Heimat-Triade ist, können Sie eventuell auf die Weise Einsicht in sich selbst finden, dass Sie sich die Charaktermerkmale der Triade ansehen, in der dieser Flügel ist. Alles, was uns zu verstehen hilft, warum wir etwas tun, ist es wert, genauer verfolgt zu werden.

Es ist wichtig, alle diese Möglichkeiten, die die Flügel-Räume bieten, zu nutzen und sie im Licht Ihres eigenen Lebens und Temperaments zu betrachten. Von daher gesehen folgen hier einige Fragen, die Ihnen helfen sollen, sich gründlicher auf Ihre Flügel-Räume einzulassen.

Die Beschäftigung mit ihren Flügeln

1. Sehen Sie sich die Beschreibungen Ihrer Flügel-Räume in den vorigen Kapiteln an. Legen Sie eine Liste der Charaktermerkmale an, die Ihnen in diesen beiden Räumen am vertrautesten vorkommen.

2. Gehen Sie Ihre Liste in Ruhe durch und fragen Sie sich, welche Charaktermerkmale Ihnen zu einer gesunden Ausgewogenheit in Ihrem derzeitigen Leben verhelfen könnten.

3. Welche Aspekte Ihrer Flügel-Räume sind in Ihrem derzeitigen Lebensabschnitt für Sie nicht Leben spendend?

Die Pfeile des Enneagramms

Die Pfeile des Enneagramms können etwas verwirrend sein, aber es lohnt durchaus die Mühe, sie etwas genauer zu erforschen. Das wird dazu helfen, sich das Enneagramm-Symbol weiterhin vor Augen zu halten, wenn wir uns jetzt eine andere Schicht dieses erstaunlichen Paradigmas genauer ansehen.

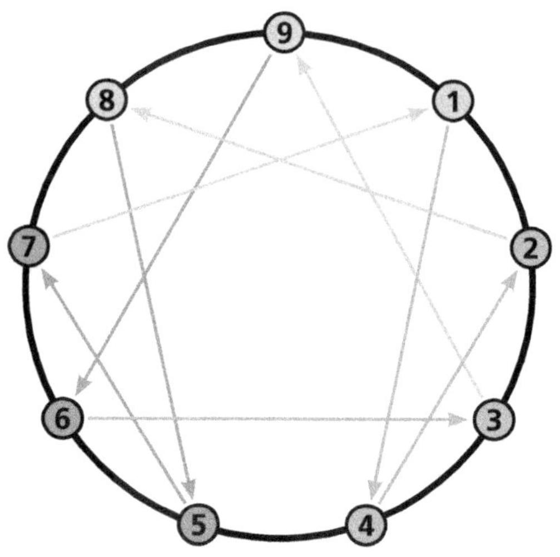

Abbildung 8: **Die Pfeile**

Fangen Sie so an, dass Sie zunächst auf Ihre Nummer auf dem Symbol blicken. Achten Sie auf den Pfeil, der von Ihrer Nummer weg zeigt. Auf welche Zahl zeigt er? Und schauen Sie jetzt auf den Pfeil, der auf Ihre Zahl zeigt. Von welcher Stelle her kommt er? Diese beiden mit Ihrem Heimat-Raum verbundenen Räume sind diejenigen, die wir genauer erörtern werden.

Die meisten Enneagramm-Lehrer verwenden zur Beschreibung der Einsichten, die uns die Pfeile geben, die Begriffe *consolation* („Trost") und *desolation* („Trostlosigkeit"). Laut der klassischen Enneagramm-Theorie weist der Pfeil, der von Ihrer Nummer *weg* führt, in die Richtung, in die wir uns bewegen, wenn wir unter Stress sind oder auf ungesunde Weise leben. Dieser Pfeil weist uns auf einen Platz der Trostlosigkeit. Mit dem alten Begriff der „Trostlosigkeit" wird beschrieben, wie wir uns fühlen, wenn wir traurig, unglücklich und erschöpft sind. Im Gegensatz dazu entspringt der Pfeil, der *zu* Ihrem Raum zeigt, dem Raum, der beschreibt, wie wir leben, wenn wir mit unserem Leben an einem gesunden Ort sind. Dieser Raum ist ein Ort des Trostes oder der Erholung, der Hilfe und der Unterstützung. Dazu mag uns die Vorstellung helfen, dass wir dann, wenn wir unter Stress sind, versucht sind, den „leichten" Ausweg zu nehmen – also mit dem Pfeil zu einem ungesunden Ort zu gleiten. Aber wenn wir selbst-bewusster und zielstrebiger sind, entscheiden wir uns vielleicht auch ausdrücklich dafür, gegen die Pfeilrichtung zu gehen (also stromaufwärts zu schwimmen), in den Raum, der uns zur Erleichterung verhelfen wird.

Lassen Sie mich jetzt beschreiben, wie das für eine VIER aussehen könnte, den Raum, mit dem ich selbst am vertrautesten bin. Wenn ich zufrieden in meinem eigenen Raum lebe, lebe ich mit vielen Möglichkeiten, kreativ zu sein – mit Worten, visuell und in Beziehungen. Ich kann mich auf Freundschaften einlassen, in denen ich authentisch ich selbst sein kann. Ich bin damit zufrieden, wer ich bin und wer ich nicht bin. Ich vergleiche mich nicht ständig mit anderen Menschen, nehme nichts persönlich und glaube auch nicht, dass mir etwas fehlt, was alle anderen haben. (Das Leben in tiefer Zufriedenheit ergibt sich gelegentlich und dauert oft nur ein bis zwei Minuten.) Wenn ich von Fristen, schwierigen Beziehungen oder meinen chronischen Selbstzweifeln gestresst bin, *gleite* ich in den Raum ZWEI. Unter Stress fühle ich mich Gott nicht nahe, und deswegen bringe ich mich dann auf Touren und bemühe mich um Kontakt mit anderen Menschen. Unglücklicherweise tue ich das, indem ich die Verantwortung für die Emotionen anderer Menschen übernehme und mir einbilde, dass ich weiß, was für diejenigen, die ich liebe, am besten ist. Ich verfalle der Lüge meines falschen VIERer-Selbsts, dass ich ein Schwächling bin und mein Leben nicht meistere. Ich muss alles in meinen Kräften Stehende tun, um dieses Image zu korrigieren. So beginne ich auf die negative Weise zu handeln, zu der auch Menschen im Raum ZWEI immer wieder verführt werden. Ich kann manipulieren und kontrollieren, alles im Namen der Liebe. Das hilft natürlich alles nichts, aber ich bin immer noch dabei, das zu lernen.

Die Pfeile zeigen, warum meine ZWEIer-Freundin oft voller Ärger eine Beziehung aufgibt und warum meine FÜNFer-Freundin sich in ungesundem Maß auf Fernsehen und Essen einlässt. Beide rutschen unter Stress den glitschigen Abhang ihrer Pfeile an Orte hinunter, die für sie nicht gesund sind. Die ZWEIer-Freundin rutscht in das Kontrollverhalten und die Wut einer ungesunden ACHT. Meine FÜNFer-Freundin rutscht in die Essgier einer ungesunden SIEBEN. Zur Erholung von diesen ungesunden Räumen können sie beide auf die Räume blicken, die auf ihre eigenen Räume zeigen und mit den Perspektiven dieser anderen Räume experimentieren. Für die ZWEI wäre das der Raum VIER und für die FÜNF der Raum ACHT. Sich in Richtung des Pfeils der Tröstung zu bewegen, ist natürlich viel leichter gesagt als getan.

Wenn ich mitten in einer Stress-Situation einen Augenblick der Selbstwahrnehmung habe, kann ich als VIER beschließen, mich gegen meinen Pfeil in Richtung der Eigenschaften des Raums EINS zu bewegen. Die denjenigen im Raum EINS geschenkte Gnade ist die Gelassenheit – die Fähigkeit, sich ohne ständiges Urteilen auf das Leben einzulassen. Wenn ich mich an das erinnere und wenn ich mich beim ständigen Urteilen ertappe, kann ich zuweilen tief Luft holen und damit aufhören, aus meinen eigenen Selbstzweifeln heraus zu reagieren, die mir sagen, dass an allem nur möglichen Murks immer ich selbst schuld sei. Ich kann meine Gedanken hinterfragen, ob es wirklich stimmt, dass alle andern Menschen es besser hätten als ich. Ich kann auch meinen Anspruch loslassen, alles müsse immer so sein, wie ich es mir wünsche, und das Leben stattdessen so annehmen, wie es ist. Ganz ehrlich gesagt kommt mir diese Denkweise gewöhnlich ziemlich fremd vor. Aber wenn sich zuweilen der Augenblick des Trostes auf mehrere Minuten hinaus ausdehnt, kann ich die Erfahrung der Leichtigkeit machen, meinen Wunsch einfach loszulassen, dass alles absolut vollkommen sein müsse, immer ganz gemäß den besonderen Ansprüchen, die ich habe.

Ich will noch ein anderes Beispiel bringen. Ich hatte einmal einen E-Mail-Austausch mit einer SECHSer-Freundin, die darüber klagte, dass sie ein stark übertriebenes Verantwortungsbewusstsein habe, zwanghaft immer alles ganz richtig machen wolle und alles im Griff haben müsse. Ich erwähnte ihr gegenüber, dass dies ein Stück weit von ihrem DREIer-Pfeil herrühren könnte. Wenn eine SECHS unter Stress ist, treibt sie die Versuchung an, in den DREIer-Raum zu flüchten, worin gute Leistung, gutes Dastehen vor anderen Menschen und perfektes Erledigen aller Aufgaben ganz wichtig sind. „Puh!", sagte sie. „Das trifft ja haarscharf auf mich zu! In den DREIer-Raum zu gehen finde ich ja ganz verlockend." Ich schrieb ihr zurück, dass im Gegensatz dazu die Sichtweise des NEUNer-Raums SECHSern helfen könne, mit dem Strom zu schwimmen und entspannter zu leben. Unser E-Mail-Austausch wurde ein wichtiger Enneagramm-Moment.

Mit den Pfeilen ist nicht gemeint, dass wir unseren Typ ändern. Wenn wir sehr gestresst oder sehr entspannt sind, sind wir nicht jedes Mal ein anderer Typ. Aber tatsächlich greifen wir einige Charakterzüge unserer Pfeil-Typen auf, und wenn wir wissen, was das für Charakterzüge sind, bereichert das unsere Selbstwahrnehmung.

Betrachten Sie Ihre Pfeile

Bevor wir die Theorie der Enneagramm-Pfeile noch genauer darstellen, nehmen Sie sich einige Minuten Zeit, um sich Ihre eigenen Pfeile genauer anzusehen. Beachten Sie, wie Ihnen einer von ihnen höchstwahrscheinlich Trost, Gesundheit und Hilfe bringt, während ein anderer Sie höchstwahrscheinlich an einen Ort der Trostlosigkeit oder Verzweiflung führt.

1. Mein Trostlosigkeits-Pfeil (derjenige, der von meiner Zahl weg zu einer anderen Zahl zeigt) ist die Nummer____.

   Schlagen Sie im Buch die Beschreibung dieser Zahl nach. Erstellen Sie eine Liste der Charaktermerkmale in diesem Raum, die Sie in tieferen Stress führen könnten.

2. Mein Trost-Pfeil (derjenige, der von einer anderen Zahl weg zu meiner Zahl hin zeigt) ist die Nummer____.

   Schlagen Sie im Buch die Beschreibung dieser Zahl nach. Erstellen Sie eine Liste der Charaktermerkmale in diesem Raum, die Sie aus Ihrem Stress herausführen könnten.

3. Vervollständigen Sie jetzt die folgenden Sätze:

   Wenn ich zufrieden damit bin, in meinem Heimat-Raum zu weilen, dann ______________________________

   ____

   ____

   Wenn ich in die negativen Merkmale des Raumes gerate, auf die mein Pfeil zeigt, dann ______________________________

   ____

   ____

   Wenn ich mich entscheide, die positiven Merkmale des Raumes zu erkunden, dessen Pfeil auf meinen Raum zeigt, dann

   ____

   ____

Ein zweiter Blick auf die Pfeile

Nachdem wir festgestellt haben, dass die Pfeile uns von einem Punkt der Integration und des Trostes weg- und stattdessen in Richtung eines Punkts der Trostlosigkeit und Verzweiflung verweisen, möchte ich vorschlagen, dass Sie zurückgehen und noch einmal Ihre beiden Pfeil-Räume aufsuchen. Es wäre ein Fehler, wollte man annehmen, dass ein Raum ganz und gar schlecht ist und die andern alle gut sind. Dafür ist das Leben viel zu kompliziert.

Enneagramm-Lehrer weisen oft darauf hin, dass beiden Räumen sowohl gute als auch negative Züge zueigen sind. Erinnern Sie sich daran, dass Jesus Satan als den großen Betrüger bezeichnet hat. Jede Lüge wird wirken. Unsere blinden Flecken wirken sich in jedem Raum aus. Das heißt, dass, selbst wenn das klassische, passendste Muster unseres Pfeils die meiste Zeit stimmen wird, es aber womöglich auch Charakterzüge beider Räume geben wird, die uns zu unerwarteten Schlussfolgerungen auffordern. Das würde erklären, weshalb ich mit dem Perfektionismus meine Mühe habe, selbst wenn ich vom Raum EINS meine, er sei für mich gut. Und das kann passieren, während ich mich ganz liebevoll und hilfreich mit Menschen in Not beschäftige, und sogar obwohl der Raum ZWEI viele Versuchungen für mich beschreibt. Für mich war es sehr hilfreich, nach den in meinen Pfeil-Räumen verborgenen Wahrheiten zu suchen.

Nehmen Sie sich einen Augenblick Zeit dafür, sich Ihren negativen Pfeil-Raum anzusehen, also denjenigen, der von Ihrem Heimat-Raum weg weist. Welche Charakterzüge in diesem Raum kommen Ihnen als Leben spendend für Sie vor, selbst wenn diese womöglich in Charakterzügen vergraben sind, die Sie auf ungesunde Weise in Versuchung bringen? Sehen Sie jetzt auf Ihren positiven Pfeil-Raum, nämlich denjenigen, der auf Ihren Heimat-Raum weist. Welche Charakterzüge dieses Raums kommen Ihnen eher als Zwänge statt als Gaben vor?

Überlegen Sie, wie sich das wohl auf die Räume ZWEI und ACHT auswirken würde, die durch einen Pfeil miteinander verbunden sind. Für die ZWEI würde die klassische Theorie besagen, dass dieser Mensch unter Stress die negativen Züge der ACHT annehmen würde. Und tatsächlich würde das wahrscheinlichste Szenario das sein, dass eine ZWEI unter Stress manipulierend und kontrollierend wird. Aber eine ZWEI spiegelt zugleich auch die dynamische Führungskraft der ACHT.

Wenn sich die Gelegenheit ergibt, kann eine ZWEI ein Team, eine Familie oder ein Kirchenkomitee auf die Weise leiten, dass die Beteiligten zur Liebe fähiger werden und denjenigen helfen, für die sie verantwortlich sind.

ACHTer haben mit ihrer Leidenschaft für soziale Gerechtigkeit Wunder gewirkt, indem sie weltweit bedürftigen Menschen geholfen haben. In ihrer Bestform setzen ACHTer ihre Macht dazu ein, andere zu lieben, und damit spiegeln sie den Raum ZWEI. Aber ACHTer können auch einige der negativen Züge des Raums ZWEI annehmen, indem sie ihre eigenen Bedürfnisse vor sich und anderen verbergen, sich überall einmischen und ihre eigene Agenda vorantreiben. Während die klassische Theorie der Pfeile vermutlich die wahrscheinlichste Erfahrung der ZWEI und der ACHT ist, können die Menschen in beiden Räumen davon profitieren, dass sie ihre Perspektiven ausweiten, um sowohl die positiven als auch die negativen Züge des anderen Raums zu erkennen.

Zu viele Räume?

Ich gebe zu, dass dies alles verwirrend sein kann; jedenfalls war es das für mich. Ich stellte mir die Frage: *Wozu taugt eigentlich das Enneagramm, wenn wir den Heimat-Raum, die Flügel und die Pfeile zusammensetzen und uns schließlich in fünf der neun Räume vorfinden?* Das ist keine große Statistik. Aber obwohl ich das meiste von meinem eigenen Heimat-Raum lerne, sind mir schließlich auch alle fünf Räume wertvoll geworden, die mir für mein Leben etwas sagen. Tatsächlich lässt mir dies das Enneagramm sogar noch authentischer erscheinen. Ich passe nicht ganz genau in einen einzigen kleinen Raum, sondern weite mich auch noch in andere Räume hinein aus. Jeder von ihnen sagt mir etwas über mich selbst, und zwar etwas, das ich wissen muss, um weiterwachsen zu können.

Es hilft mir, mich daran zu erinnern, dass das Enneagramm für mich wie ein Spiegel ist. Es spiegelt mir, wer ich bin, mit allen Fähigkeiten und Schwächen. Das erinnert mich an den Dreifach-Spiegel an meinem Kleiderschrank, den ich zur Zeit meines Aufwachsens hatte. Ich spielte liebend gern mit den beiden beweglichen Seitenspiegeln auf den beiden Seiten des Hauptspiegels herum, so dass ich viele Bilder sehen konnte, die sich hintereinander in vielfältigen Ansichten zeigten. Dasselbe bietet mir auch das Enneagramm. Die Hauptspiegelung sehe ich in meinem Heimat-Raum, und wenn ich das Symbol „herumdrehe“ und durch andere Räume hindurchblicke, tauchen noch viele andere Räume auf.

Dabei geht es hier nicht darum, alle diese Ansichten zu bewundern, auch wenn ich das als kleines Mädchen getan hatte. Das Ziel ist vielmehr das Wachsen an Selbstwahrnehmung, so dass wir mit allem, was gut an uns ist, zu Gott kommen können, und auch mit allem, was uns an uns selbst nicht gefällt. In Gottes Gegenwart wird uns Gnade zuteil.

Gott schenkt uns Gnade, ganz gleich, welcher Raum uns beeinflusst. Tatsächlich brauchen wir uns nicht einmal mehr die Pfeile vorzustellen, um Gottes Gnade zu erfahren. Die Pfeile mögen hilfreich sein, aber wenn sie das nicht sind, können wir eine Zeit lang von ihnen absehen. In Wirklichkeit ist es so, dass Gott immer darauf wartet, uns seine Gunst erweisen zu können und auch allezeit bereit ist, seine Gnade zu schenken (vgl. Jesaja 30,18). Die Kenntnis des Enneagramms, selbst mit seinen komplizierten Pfeilen, erinnert uns daran, dass wir dieser Gnade bedürfen.

Wenn Sie diese Pfeile faszinieren, widmen Sie sich eine Zeit lang diesen Fragen und sehen Sie, was Sie daraus lernen.

Ein weiterer Blick auf die Pfeile

1. Schauen Sie zurück auf Ihre Pfeil-Räume und fügen Sie Ihren Listen hinzu, was Sie im Stress und was in der Zufriedenheit beeinflusst. Fügen Sie die positiven Charaktermale des Raumes hinzu, der Sie oft in die Verzweiflung führt, sowie die negativen Charakterzüge des Raums, der Sie gewöhnlich tröstet.

2. Denken Sie an eine derzeitige Situation, die für Sie sehr stressig ist. Sehen Sie Ihre Liste durch. Markieren Sie die Beschreibungen, die am besten wiedergeben, wie Sie sich in dieser Situation selbst sehen. Was lernen Sie über sich selbst, wenn Sie sich mit diesen Listen beschäftigen?

3. Denken Sie an eine Zeit in Ihrem Leben, als Sie sich zufrieden und im Frieden mit sich selbst fühlten. Schauen Sie wiederum auf Ihre Listen und notieren Sie, welche Beschreibung am besten diesen Phasen der Zufriedenheit entspricht.

Zum Nachdenken und für die Diskussion

Wenn Sie Ihren Heimat-Raum kennen, so verbringen Sie etwas Zeit mit Nachdenken darüber, wie sich die Flügel und Pfeile auf Ihr Leben und Ihr Beziehungen auswirken.

1. Was sind Ihre *Flügel*-Räume?

   Welche zusätzliche Information bieten Ihnen die Beschreibungen dieser Räume, um Ihnen zu helfen, Ihre Selbstwahrnehmung zu steigern?

   Welche Fragen über das Leben in diesem Raum möchten Sie denen stellen, deren Heimat-Raum einer Ihrer Flügel-Räume ist?

2. Was ist Ihr *Pfeil der Trostlosigkeit* oder Verzweiflung – dem Sie sich vermutlich zuwenden, wenn Sie unter Stress sind?

   Welche Charaktermerkmale dieses Raums sehen Sie in Ihrem eigenen Leben, wenn Sie gestresst sind? Wie fühlen Sie sich mit diesen Charaktermerkmalen?

   Was möchten Sie diejenigen fragen, deren Heimat-Raum Ihr Raum der Trostlosigkeit ist?

3. Was ist Ihr *Pfeil des Trostes* oder der Integration – wo Sie um Hilfe nachsuchen könnten, wenn Sie sich angesichts Ihrer Gaben zwanghaft finden?

   Welche Charaktermerkmale dieses Raums sehen so aus, als könnten sie für Sie hilfreich sein?

   Wann haben Sie sich ganz absichtlich eines dieser Charaktermerkmale ausgesucht? Wie hat das auf Sie gewirkt?

   Welche Fragen möchten Sie gern denjenigen stellen, deren Heimat-Raum Ihr Raum des Trostes ist?

4. Welchen Eindruck machen auf Sie die Flügel und die Pfeile? Sind sie für Sie hilfreich? Inwiefern runden sie Ihr Verständnis vom Enneagramm ab?

Anregung zu einer persönlichen Meditation

Die Gnade der Stille und Ruhe: Jesaja 30,15.16.18

Denn so spricht der Herr, der Heilige Israels: Nur in Umkehr und Ruhe liegt eure Rettung, nur Stille und Vertrauen verleihen euch Kraft. Doch ihr habt nicht gewollt, sondern gesagt: Nein, auf Rossen wollen wir dahinfliegen. Darum sollt ihr jetzt fliehen (...) Darum wartet der Herr darauf, euch seine Gnade zu zeigen, darum erhebt er sich, um euch sein Erbarmen zu schenken.

Atmen Sie mehrere Male tief durch und entspannen Sie Ihren Körper, bis Geist und Herz langsam zur Ruhe kommen. Lassen Sie dann Geist und Herz langsam die folgenden Fragen durchgehen.

1. Denken Sie an einen Bereich Ihres Lebens, in dem Sie gern in die Ruhe, Stille und ins Vertrauen kommen möchten. Seien Sie jetzt mit sich selbst ehrlich und überlegen Sie, ob Sie sich in dieser Situation womöglich vor Gottes heilsamem Wirken zurückziehen möchten. In welcher Form sagen Sie vielleicht: „Nein, ich will zuerst noch dieses und jenes tun"? Inwiefern spiegelt dieses ausweichende Verhalten Ihren Pfeil-Raum der Trostlosigkeit?
2. Erwägen Sie die Möglichkeit, in Stille und Zuversicht Kraft zu finden. Wie fühlt es sich für Sie an, still zu sein? Wie fühlt es sich an, wenn Sie Ihr Vertrauen auf Gott setzen? Falls Sie sich auf einige der Perspektiven Ihres Pfeil-Raums der Tröstung einlassen: Wie könnten Sie wohl Ihrer Ansicht nach mehr Stille und Vertrauen empfinden?
3. Verweilen Sie einige Zeit mit der Wahrheit, dass Gott darauf wartet, Ihnen „seine Gnade zu zeigen", und „sich erhebt", um Ihnen „sein Erbarmen zu schenken". Schreiben Sie diese Wahrheit mit Ihren eigenen Worten auf.
4. Lesen Sie die Verse von Jesaja noch einmal. Welches Wort oder welche Formulierung spricht Sie besonders an? Haben Sie das Gefühl, dass Gott Sie heute einlädt, in seiner Gegenwart zu verweilen?

9 Biblische Wahrheiten, die das Enneagramm spiegelt

Viele Christen, die dem Enneagramm begegnen, stellen sich zuallererst die folgenden Fragen: Wie deckt sich das alles mit der Bibel? Ist die Sichtweise des Enneagramms biblisch? Wo finden wir in der Heiligen Schrift dieselben Wahrheiten, die uns im Enneagramm begegnen?

Die Bibel spricht nicht vom Enneagramm, aber das Enneagramm spiegelt die Wahrheiten der Heiligen Schrift. Was wir im Enneagramm sehen, wirkt so, als blickten wir durch ein ganz besonderes Fenster in die der Bibel zugrunde liegenden Vorstellungen. Wir erleben dieselben Wahrheiten mit anderen Worten ausgedrückt.

Mit dem Anfang beginnen

Im Buch Genesis erfahren wir etwas über die Erschaffung von Mann und Frau. Nachdem Gott Himmel und Erde, Licht und Finsternis, Wasser und Land, Tiere und Pflanzen erschaffen hatte, erschuf er Mann und Frau nach seinem Ebenbild. Das heißt, dass wir in unserer Bestform wie Gott aussehen. Gott freute sich darüber, Er fand alles „sehr gut“ (Genesis 1,31). Genauso fängt auch das Enneagramm mit dem Guten in uns an. Wir alle sind mit guten Gaben erschaffen. Tatsächlich merkte ich bei dem ersten Workshop, an dem ich teilnahm, unverzüglich, dass die Gaben, die das Enneagramm mir zeigt, die Früchte des Heiligen Geistes widerspiegeln, die der Apostel Paulus in seinem Brief an die Galater aufzählt: „Liebe, Freude, Friede, Langmut, Freundlichkeit, Güte, Treue, Sanftmut und Selbstbeherrschung (Galater 5,22–23). Diese Listen sind nicht ganz identisch, aber ihre große Ähnlichkeit hat mich fasziniert. Als Christ empfinde ich es nicht als großen Sprung, den ich machen müsste, um sehen zu können, dass das Enneagramm Gaben aufzählt, die mich daran erinnern, dass wir als Ebenbilder Gottes erschaffen sind und der Heilige Geist in meinem Leben Früchte trägt.

Zudem beschreiben sowohl die Bibel als auch das Enneagramm den Abstieg, auf den sich der Mensch begibt. Im ersten Kapitel des Buchs Genesis heißt es: „Gott sah, dass die ganze Schöpfung *gut* war." Ab dem dritten Kapitel sieht der menschliche Teil der Schöpfung nicht mehr so gut aus. Und auch in diesem ersten Workshop über das Enneagramm, an dem ich teilnahm, sahen die Verhältnisse für uns schon bald nicht mehr so gut aus. Hatte ich gerade noch in den im Enneagramm beschriebenen Gaben die Früchte des Heiligen Geistes erkannt, so stieß ich bald danach auch anhand der vom Enneagramm bezeichneten Leidenschaften oder Zwänge auf die sieben Todsünden: Zorn, Habgier, Trägheit, Stolz, Lust, Neid und Fressgier. Auch das ist keine völlig identische Liste, aber eine ganz ähnliche.

So bestätigt das Enneagramm, was in der Bibel gesagt wird: Die gute Nachricht, dass wir als Ebenbilder Gottes geschaffen sind, ist zur schlechten Nachricht geworden, weil wir dieses Bild getrübt haben. (Und wie wir noch sehen werden, bestätigt das Enneagramm zudem auch noch, dass die Gnade die gute Nachricht bringt, dass es einen Ausweg aus den schlechten Nachrichten gibt.)

Der erste große Fehler

Adam und Eva haben gleich am Anfang alles verdorben. Gott hatte ihnen alles gegeben, was sie brauchten. Aber sie wollten noch mehr. Sie hatten die Erlaubnis bekommen, von fast jedem Baum im Garten zu essen. Diese Bäume „waren verlockend anzusehen und mit köstlichen Früchten“ (Genesis 2,9). Das klingt wie eine perfekte Einrichtung. Aber es gab eine Einschränkung: Der Baum in der Mitte des Gartens war tabu. Es war der Baum der Erkenntnis von Gut und Böse. Gott sagte: „Vom Baum der Erkenntnis von Gut und Böse darfst du nicht essen; denn sobald du davon isst, wirst du sterben.“ (Genesis 2,17)

Es ist bekannt, was dann passierte. Die Schlange kam und stellte die Frage: „Hat Gott wirklich gesagt: Ihr dürft von keinem Baum des Gartens essen?“ (Genesis 3,1) Als Eva diese Frage beantwortete, schilderte sie interessanterweise Gottes Gebot sogar noch genauer. Sie sagte: „Von den Früchten der Bäume im Garten dürfen wir essen; nur von den Früchten des Baumes, der in der Mitte des Gartens steht, hat Gott gesagt: Davon dürft ihr nicht essen, und daran dürft ihr nicht rühren, sonst werdet ihr sterben.“ (Genesis 3,2–3) Gott hatte nichts davon gesagt, den Baum zu berühren. Das falsche, ego-zentrierte Selbst trat unverzüglich zutage, als Eva das Wort Gottes schwieriger machte als es war.

Aber dann kam die verhängnisvolle Schlange, die Gottes Gebot rundweg widersprach: Sie sagte: „Nein, ihr werdet nicht sterben. Gott weiß vielmehr: Sobald ihr davon esst, gehen euch die Augen auf; ihr werdet wie Gott und erkennt Gut und Böse.“ (Genesis 3,4–5) Mit Echos dieser allerersten Versuchung haben wir es tagtäglich zu tun. „Hat Gott das wirklich gesagt? ... Das kann nicht wahr sein.“ Das äußern wir mit unseren bewussten und unbewussten Fragen: Hat Gott wirklich gesagt, dass er mich so liebt, wie ich bin? Hat er wirklich gesagt, dass ich so, wie ich bin, gut bin? Gibt es etwas, das ich eigentlich tun – oder nicht tun – sollte?

Wir treten in die Fußstapfen von Adam und Eva und essen von diesem verbotenen Baum, wenn wir glauben, dass das, was Gott uns gegeben hat, nicht genügt. Kommentatoren sagen uns, dass der Baum in der Mitte des Gartens ein Symbol für unsere menschlichen Beschränkungen ist, mit denen wir erschaffen sind. Wir können nicht für alle alles sein. Wir können nicht einmal alles sein, was wir eigentlich sein möchten. Unsere Beschränkungen führen uns zu Gott. Von allem Anfang an hat Gott in unserem Menschsein etwas angelegt, das uns daran erinnern soll, dass Gott Gott ist und wir das nicht sind.

Jetzt kommt der Richter

Der Name des Baums erklärt einen weiteren Grund dafür, warum er verboten ist. Wenn wir von diesem Baum essen, beeinträchtigt das nicht nur die Art und Weise, wie wir uns selbst sehen, sondern auch, wie wir andere sehen. Den Unterschied zwischen Gut und Böse wollen wir nicht aus dem Grund sehen, weil wir besser lieben möchten. Zur Liebe sind wir ja bereits fähig, weil wir als Gottes Ebenbild erschaffen sind und über Gaben verfügen, die uns befähigen, Gottes Liebe mit anderen Menschen zu teilen. Das Problem ist, dass wir die Kenntnis von Gut und Böse erlangen wollen, weil wir uns selbst und andere beurteilen möchten. Wir möchten, dass sich unsere Augen dafür öffnen, das zu sehen, was Gott sieht, weil wir Gott sein wollen.

Gregor Boyd hat in seinem Buch *Repenting of Religion* dazu folgendes gesagt:

„Mit unserer Liebesfähigkeit geben wir uns nicht damit zufrieden, Gott-ähnlich zu sein; wir möchten auch mit unserem Urteilsvermögen Gott-ähnlich werden, also bestimmen können, was gut und was böse ist. Aber wenn wir das tun, verlieren wir unsere Liebesfähigkeit – denn im Unterschied zu Gott können wir nicht gleichzeitig urteilen und lieben. Das Wesen der Sünde ist, dass wir Gott spielen. (...) Wir bewerten und schätzen von unserer beschränkten, endlichen, gespaltenen Sicht her alles und jeden kritisch ein."[22]

Boyds Buch handelt nicht vom Enneagramm, aber dass es damit zu tun hat, ist klar. Im Enneagramm sehen wir neun Arten des Urteilens. Wir bewerten, der Himmel möge uns vergeben, alles entsprechend unserer Begabung. An erster Stelle bewerten wir uns selbst. Wenn zum Beispiel Erfolg gut ist, dann verurteilen wir uns, wenn wir bei uns ein Versagen feststellen. Wenn Frieden gut ist, verurteilen wir uns wegen allem, was uns in Konflikte bringt. Falls wir die Gabe der Macht und Führungskraft haben, empfinden wir alle Schwäche in uns als inakzeptabel. Wenn wir an die Freude glauben und die meiste Zeit fröhlich sind, ist für uns Schmerz etwas, das es um jeden Preis zu vermeiden gilt. Wenn wir auf diese Weise leben, ganz gleich in welchem Raum wir sind, konzentrieren wir unsere Aufmerksamkeit und Energie darauf, alles zu meiden, was wir als falsch einschätzen. Wir unterstellen, Gott könne uns nicht lieben, wenn wir das Maß unserer Begabung nicht einhalten. An erster Stelle verurteilen wir uns selbst. Dann verurteilen wir andere. Boyd sagt, wir könnten nicht zu ein- und derselben Zeit lieben und richten.

Jesus warnt vor dem Verurteilen

Jesus äußerte sich über das Verurteilen: „Richtet nicht, damit ihr nicht gerichtet werdet! Denn wie ihr richtet, so werdet ihr gerichtet werden, und nach dem Maß, mit dem ihr messt und zuteilt, wird euch zugeteilt werden." (Matthäus 7,1–2) Eugene Peterson hat die Worte Jesu über das Richten so übersetzt: „Dieser kritische Geist ist so etwas wie ein Bumerang." Im Enneagramm wird das mit anderen Worten genauso gesagt.

Das Bumerang-Spiel in der Enneagramm-Version veranstalten wir folgendermaßen: Wir verurteilen uns selbst, weil wir unsere Begabungen nicht so einsetzen, wie wir das unserer Ansicht nach tun sollten. Dann denken wir, dass andere uns gemäß denselben Maßstäben genauso bewerten. Das ärgert uns, und deshalb richten wir andere, weil sie uns richten. Das führt dazu, dass wir andere genauso einschätzen, wie wir uns selbst einschätzen, weil wir nicht den „Höchststand" unserer Gaben zur Schau stellen. Wer als Erster auf dem Richterstuhl Platz nimmt, ist der Sieger.

Wir alle bewerten uns selbst und andere so, wie es dem einzigartigen Stil unseres falschen Selbsts entspricht. Das Enneagramm kann uns Worte dafür verleihen, um das zum Ausdruck zu bringen. Horchen wir darauf, wie sich das Urteilen in den drei Triaden auswirken könnte. Da meint zum Beispiel eine Person in der Herztriade, sie könne jedermanns Probleme lösen. Eine gute Freundin hat Influenza. Die Herztriaden-Angehörige „weiß", dass sie ihre Freundin zum Arzt bringen „muss", ihr später an diesem Tag eine Suppe bringen und unaufhörlich um deren Genesung beten „muss". Aber das ist eine an Aufgaben reiche Woche. Sie ist ja schließlich auch noch für vieles andere verantwortlich. So beginnt sie sich unfähig zu fühlen. *Ich kann gar nicht alles das tun, was ich tun sollte! Was stimmt mit mir nicht? Warum kann ich mich nicht ein bisschen mehr anstrengen? Ich bin so eine Versagerin.* Zehn Sekunden nach dieser Selbsteinschätzung, derart unzureichend zu sein, wechselt diese Herztriaden-Angehörige ihre Stimmung. *Warum kann meine Freundin nicht besser auf sich selbst aufpassen? Sie hätte letzten Abend überhaupt nicht aus dem Haus gehen sollen, als es schon so offensichtlich war, dass bei ihr die Influenza im Anflug war. Warum erwartet sie von mir, dass ich das alles für sie tue? Was stimmt mit ihr nicht?*

Oder stellen Sie sich vor, wie jemand in der Kopftriade eine Zehn-Sekunden-Einschätzung erfährt. Dieser Mensch gibt zusammen mit einer Freundin an einer Erwachsenen-Sonntagsschule Unterricht. Die Freundin schlägt vor, in einem Kreis zu sitzen und sich untereinander „auszutauschen“, statt sich einen Vortrag anzuhören. Der Kopfmensch sagt sich: *„Hm – keine gute Idee. Das wäre Zeitverschwendung. Wir würden bloß gegenseitiges Unwissen untereinander austauschen. Im Übrigen bin ich nicht gut darin, meine Gefühle mit anderen zu teilen. Im Unterrichten bin ich viel besser. Da kann ich vieles von dem weitergeben, was ich gelernt habe. Aber niemand interessiert sich ja groß für all das Nachdenken, das ich schon für diese Runde aufgebracht habe. Warum sind alle in dieser Kirchengemeinde so oberflächlich? Warum interessieren sie sich für das, was ich zu sagen hätte, überhaupt nicht?*

Oder die Frau in der Bauchtriade: Ihre Firma wurde unlängst neu organisiert. Ach, was für ein Theater! Sie hätte ihnen schon vor Monaten sagen können, dass das nichts bringen würde. Ihr neuer Chef möchte, dass sie der Firma mehr Kunden bringt. Aber sie ist nicht gut darin, ihm Honig um den Bart zu schmieren. Sie kann sich einfach nicht bei bestimmten Leuten einschmeicheln. Aber auf sie hört ja sowieso niemand. Das sind alles Kasper. (Das dauerte nur etwa acht Sekunden.)

Bei jedem dieser Beispiele können wir sehen, dass alles, was wir wertschätzen (in diesen Szenarios: das Helfen, das Unterrichten und das Beeinflussen von Menschen), in unserem Leben zum Standard wird. Wenn wir es nicht fertigbringen, dem Standard zu entsprechen, beschämen und richten wir andere. In dieser Geschichte von der allerersten Sünde hat Adam sogar Eva die Schuld gegeben: „Die Frau, die du mir beigesellt hast, sie hat mir von dem Baum gegeben“, hat er zu Gott gesagt. Eva hat dann die Schuld auf die Schlange geschoben. Darauf ließ Gott sich nicht ein.

Die Erfahrung von Adam und Eva wirkt wie ein Vorgeschmack dessen, was wir in unseren Enneagramm-Räumen tun. Die Gaben, die Gott uns geschenkt hat, sind alles, was wir brauchen, um andere zu lieben, Gott zu dienen und uns unseres Lebens zu erfreuen. Aber wir möchten mehr. Wenn wir unter Stress sind, sind wir für Versuchungen reif. Wir übertreiben eifrig unsere

Gaben und setzen uns selbst und andere deshalb herab, weil wir versagen. Wir sind nicht mehr mit dem zufrieden, was Gott uns gegeben hat. Es genügt uns auch nicht mehr, gut zu sein. Wir wollen vollkommen sein. Es genügt uns auch nicht mehr, erfolgreich zu sein. Wir dürfen einfach nicht versagen. Oder wir sind nicht mehr länger damit zufrieden, eine einflussreiche Führungspersönlichkeit zu sein. Wir müssen für etwas verantwortlich sein. Wenn wir unsere Gaben übertreiben, sagen wir, dass wir wissen, was für uns und für alle anderen gut ist. Und wir wissen, was schlecht ist. Seien wir der Richter.

Ein Versteckspiel

Zurück zur Geschichte von Adam und Eva. Wir wissen, was anschließend passierte. Nachdem Adam und Eva genau das getan hatten, was zu tun Gott ihnen verboten hatte, versteckten sie sich „unter den Bäumen des Gartens" (Genesis 3,8). Wir brauchen uns nicht im Gebüsch zu verstecken. Wir haben ein viel interessanteres Versteck: unsere Begabungen. Wenn wir den im Enneagramm beschriebenen Weg der Desintegration weiterverfolgen, beginnen wir unsere Begabungen zu übertreiben und unsere Gaben so stark auszuspielen, dass wir uns hinter ihnen verstecken können. Die NEUN sagt sich: Wenn ich mich auf ganz, ganz friedliche Weise verhalte und mit niemandem Streit anfange, ärgert sich hoffentlich niemand über mich und widerspricht mir auch nicht. Die ZWEI sagt sich: Wenn ich viele Vorschläge mache und wirklich hilfreich bin, werden mich die Leute für so wunderbar halten, wie ich selbst denke, dass ich es bin. Und die SECHS sagt sich: Wenn ich alles tue, worum der Chef (oder Mama oder Papa) mich bittet, errege ich vielleicht nicht mehr so viel Furcht. Ganz gleich, in welchem Enneagramm-Raum wir uns befinden, wir tun genau das, was Adam und Eva taten: Wir verstecken uns.

Aber die Gnade war von Anfang an dabei. Gott „machte Adam und seiner Frau Röcke aus Fellen und bekleidete sie damit." (Genesis 3,21) Aber wenn wir zwanghaft leben, tragen wir „Röcke", die wir uns selbst zurechtgeschneidert haben. Wir kleiden uns so, dass wir wie die Menschen aussehen, die wir gern sein möchten. Wir nehmen die uns geschenkten Gaben in die Hand und nutzen sie für unsere eigenen Zwecke.

Das ist wirklich ziemlich genial. Wir sind zu der Überzeugung gekommen, dass das, was Gott uns gegeben hat, nicht genügt, und dass wir, um bessere Menschen zu werden, unsere Gaben aufputzen und andere mit deren Glanz beeindrucken müssen. In meinem Wesensinneren möchte ich wie Jesus sein. Aber stattdessen kleide und maskiere ich mich als jemand, der immer gut, hilfsbereit, erfolgreich, kreativ, weise, loyal, heiter, mächtig oder friedlich ist. Wenn wir diese Gaben als Wiederspiegelung von Gottes Liebe zum Ausdruck bringen, bieten wir sie kostenlos an. Meinen wir dagegen, wir müssten immer dafür bekannt sein, wie wunderbar unsere Gaben sind, übertreiben wir diese Gaben und spiegeln unser egoistisches und eitles falsches Selbst.

Da ich eine VIER bin, darf ich hier vielleicht einen Scherz anbringen. Die VIER möchte etwas Besonderes sein, besonders aussehen und zur Gesellschaft etwas Besonderes beitragen. Das tun wir tatsächlich auf künstlerische, kreative Weise. Aber was tun VIERer, wenn sie befürchten, sie seien gar nicht so einmalig, wie sie eigentlich sein möchten? Wir tun dann das, was die Menschen in allen dieser Räume tun: Wir versuchen gut auszusehen. Für VIERer kann eine der gnädigeren Ausdrucksweisen dieser Verkleidung buchstäblich ihr physisches Erscheinungsbild sein. Zu einem Enneagramm-Vortrag, an dem ich teilnahm, kam eine Frau mit einem großen rosafarbenen Federboa über der Schulter hereinspaziert. Ich dachte bei mir, *O, wunderbar, da kommt eine weitere VIER.* (Ich hatte Recht.)

Aber die Verkleidung nimmt bei VIERern eine dunklere Form an, sobald sie ihren Wunsch, etwas Besonderes zu sein, bis zu dem Punkt übertreiben, dass sie meinen, niemand könne sie wirklich verstehen. Wir sind ja so einmalig und schrauben uns bis auf die Stelle herunter, wo wir nur noch sehen können, dass wir völlig anders sind als alle anderen Menschen. Unser nächster Schritt ist dann der, zu glauben, uns fehle etwas, das alle anderen Menschen haben. Nachdem wir uns selbst wegen unserer Unzulänglichkeit gerichtet haben, verstecken wir uns wiederum, indem wir versuchen, anders zu sein, etwas Besonderes zu sein und Aufmerksamkeit zu erregen.

Gehe ich hier mit VIERern lieblos um? Wenn ja, dann nur deshalb, weil ich das selbst tagtäglich im Spiegel sehe. Und ich weiß, dass jeder Raum seine eigene Maskerade hat. Wenn Sie das in Frage stellen, wäre es hier tatsächlich angebracht, dass Sie anhalten und sich fragen: *Wo täusche ich lediglich etwas vor? Wo übertreibe ich, wer ich bin? Wo trage ich mit meinen Gaben dick auf, in der Hoffnung, dass die Menschen mich wahrnehmen, respektieren und lieben?* Wir alle haben unsere ganz eigenen Formen der Maskerade. Das Enneagramm sagt uns, wo wir hinsehen sollten.

Eine neutestamentliche Überlegung über dieses Dilemma

Das wird jetzt ein bisschen komplex. Wie können wir wissen, dass wir mit unseren Begabungen übertreiben? Wie können wir wissen, dass wir über andere urteilen? Wie können wir damit aufhören, das zu tun, was wir nicht tun wollen?

Der Apostel Paulus beschrieb seine Erfahrung unseres Dilemmas in seinem Brief an die Kirche in Rom so:

„Wenn ich aber das tue, was ich nicht will, erkenne ich an, dass das Gesetz gut ist. Dann aber bin nicht mehr ich es, der so handelt, sondern die in mir wohnende Sünde. Ich weiß, dass in mir, das heißt in meinem Fleisch, nichts Gutes wohnt; das Wollen ist bei mir vorhanden, aber ich vermag das Gute nicht zu verwirklichen. Denn ich tue nicht das Gute, das ich will, sondern das Böse, das ich nicht will. Wenn ich aber das tue, was ich nicht will, dann bin nicht mehr ich es, der so handelt, sondern die in mir wohnende Sünde. Ich stoße also auf das Gesetz, dass in mir das Böse vorhanden ist, obwohl ich das Gute tun will." (Römer 7,16–21)

Paulus beschrieb sein eigenes Dilemma mit den Begriffen von Gesetz und Sünde. Das Enneagramm verwendet zur Beschreibung dessen, wie wir unseren Wunsch sabotieren, Jesus nachzufolgen, etwas andere Begriffe. Wir haben uns gemäß der Gaben unseres Enneagramm-Raums selbst beigebracht, dass es eine Weise gibt, Gott zu gehorchen. Wir haben uns auch beigebracht, dass unsere Gaben das Wichtigste für uns sind und dass, falls wir unsere Gaben nicht gut zum Ausdruck bringen, wir Gott, andere und uns selbst enttäuschen. So verstärken wir den Einsatz, raffen unsere Gaben zusammen und werden von uns selbst besessen. Um noch einmal Paulus zu zitieren: „Wir stoßen also auf das Gesetz, dass in uns das Böse vorhanden ist, obwohl wir das Gute wollen."

Ein Mensch im Raum EINS könnte es so formulieren: Ich möchte wirklich ein guter Mensch sein. Aber es macht mich ganz wütend, wenn ich das nicht kann. Und wenn ich daran denke, dass andere Menschen keine solche Last tragen, weil sie alles richtig machen, lässt mich das richtig wütend werden. Meine Wut greift um sich und schließlich kommt es so weit, dass ich die Menschen verletze, die ich liebe.

Oder ein Mensch in Raum DREI könnte sagen: „Ich möchte in meinen Beziehungen und auch in meinem Job wirklich erfolgreich sein. Wir sind erst vor Kurzem hierher in diese Stadt gezogen. Ich kenne wirklich noch niemanden. Und schlimmer noch, die Menschen hier kennen auch mich nicht. Eine Dame, die in einem der nettesten Häuser in unserer Straße wohnt, hat mich auf einen Drink an einem Gartentisch mit einigen anderen Nachbarn eingeladen. Solche Dinge hasse ich. Aber ich wollte auf sie nicht den Eindruck machen, ich sei asozial, und so ging ich hin. Das Ergebnis ist, dass ich jetzt im Nachbarschafts-Lesekreis bin. Aber ich hasse Lesen. Was soll ich jetzt tun? Es wird jetzt von mir erwartet, dass ich meine Nachbarn gern habe, aber das macht mich ganz verrückt!

Oder hören Sie einen Menschen in Raum SECHS: Mir gefällt es, dass ich ein loyaler Mensch bin. Ich versuche gern zu tun, was diejenigen, die ich respektiere, mich gern tun sehen. Ich habe immer gemeint, Gott wolle mich als Missionar haben. Aber meine Eltern wollten mich in der Geschäftswelt sehen. Ich verdiene jetzt eine Menge Geld, aber glücklich bin ich nicht. Ich glaube nicht, dass ich noch Missionar werden kann. Die Vorstellung macht mir Angst, etwas Neues anfangen zu müssen. Zudem gibt es in dem Land, in das ich gehen wollte, eine Menge Terroristen. Ich wollte meine Eltern nicht enttäuschen, aber jetzt fürchte ich, dass ich Gott enttäusche.

In jedem dieser Szenarien wollte der betreffende Mensch den Weg Jesu einschlagen. Aber die Perspektive seines oder ihres Enneagramm-Raums sabotierte diesen Wunsch. Das Enneagramm bringt den jeweiligen Hang zu Schwierigkeiten, der mit jedem Raum verbunden ist und die wir alle kennen, zum Ausdruck. Das Enneagramm ist wie eine Landkarte für meinen spirituellen Weg, der mich zur Liebe führt. Ich stimme mit Paulus überein, dass nur Christus es ist, der mich aus allen Widersprüchen meines Daseins befreien kann. In der Heiligen Schrift erfahre ich, dass mir Gottes Liebe und Gnade zur Verfügung stehen und mir helfen. Mittels des Enneagramms eröffnen sich mir neue Wege zum Verständnis dieser wichtigen Wahrheit.

Das Enneagramm lässt sich mit vielerlei religiösen und säkularen Perspektiven lehren. Aber indem ich meine eigenen christlichen Werte in die Enneagramm-Lehre einbringe, bin ich der Überzeugung, dass ich dank des Enneagramms die Heilige

Schrift besser verstehe, diejenigen, die ich liebe, besser verstehe, und mich selber besser verstehe. Das ist eine Reise, die weiterzuführen Gott mich eingeladen hat.

Zum Nachdenken und für die Diskussion

1. Nach allem, was Sie jetzt über das Enneagramm gelernt haben: Warum halten Sie es für wichtig, dass wir bei unserer Begabung ansetzen sollten?

2. Welche Gedanken und Empfindungen kommen Ihnen beim Nachdenken über die Gaben, die Ihnen der Schöpfergott geschenkt hat?

3. „Wir treten in die Fußstapfen von Adam und Eva und essen von diesem verbotenen Baum, wenn wir glauben, dass das, was Gott uns gegeben hat, nicht genügt. (…) Von allem Anfang an hat Gott in unserem Menschsein etwas angelegt, das uns daran erinnern soll, dass Gott Gott ist und wir das nicht sind."

   Inwiefern erinnert uns das Enneagramm daran, dass Gott Gott ist und wir es nicht sind?

4. Inwiefern sind wir versucht, uns selbst und andere entsprechend unserer eigenen Begabungen einzuschätzen?

   Können Sie sich an eine Zeit erinnern, in der Sie das getan haben?

5. Wie zeigt sich die Neigung, andere zu beurteilen, in den einzelnen Triaden?

6. „Wenn wir den im Enneagramm beschriebenen Weg der Desintegration weiterverfolgen, beginnen wir, unsere Begabungen

zu übertreiben und unsere Gaben so stark auszuspielen, dass wir uns hinter ihnen verstecken können." Wie würde das bei Ihnen aussehen, wenn Sie Ihre gegebenen Gaben übertreiben würden?

Welche Auswirkung hätte das auf Ihre Beziehungen?

7. „Wir haben uns gemäß der Gaben unseres Enneagramm-Raums selbst beigebracht, dass es eine Weise gibt, Gott zu gehorchen. Wir haben uns auch beigebracht, dass unsere Gaben das Wichtigste für uns sind und dass, falls wir unsere Gaben nicht gut zum Ausdruck bringen, wir Gott, andere und uns selbst enttäuschen. So verstärken wir den Einsatz, raffen unsere Gaben zusammen und werden von uns selbst besessen."

   Denken Sie an eine nicht weit zurückliegende Zeit, als Sie Ihre Begabungen genossen haben. Was tun Sie, wenn Sie sich „maskieren"?

   Wie wirkt sich das auf andere und auf Sie selbst aus?

Eine persönliche Meditation

Jesu Vorstellung vom Gebet: Matthäus 6,5–8

Wenn ihr betet, macht es nicht wie die Heuchler. Sie stellen sich beim Gebet gern in die Synagogen und an die Straßenecken, damit sie von den Leuten gesehen werden. Amen, das sage ich euch: Sie haben ihren Lohn bereits erhalten. Du aber geh in deine Kammer, wenn du betest, und schließ die Tür zu; dann bete zu deinem Vater, der im Verborgenen ist. Dein Vater, der auch das Verborgene sieht, wird es dir vergelten.

Wenn ihr betet, sollt ihr nicht plappern wie die Heiden, die meinen, sie werden nur erhört, wenn sie viele Worte machen. Macht es nicht wie sie; denn euer Vater weiß, was ihr braucht, noch ehe ihr ihn bittet.

1. Jesus spricht hier über die Art und Weise des Betens. Aber seine Worte können auch für viele andere Bereiche unseres Lebens gelten. Auf welchem Gebiet Ihres geistlichen Lebens achten Sie besonders darauf, was andere Menschen von Ihnen denken? Was tun Sie, damit sie eine hohe Meinung von Ihnen haben? Wie empfinden Sie ihre Bewunderung?
2. Welchen „Lohn“ erwarten Sie dafür, dass Sie die Ihnen geschenkten Gaben zum Ausdruck bringen?
3. Wie reagieren Sie auf die Lehre Jesu, dass wir im Verborgenen beten sollten? Befriedigt Sie das Beten im Verborgenen genauso wie das Beten, bei dem Sie jemand anderer hören kann? Und wie steht es bei Ihnen mit dem „Plappern“? Wann neigen Sie im Gebet zum Plappern?
4. Schauen Sie noch einmal auf Ihre Antworten auf diese Fragen zurück und überlegen Sie, inwiefern Ihre Gedanken Ihrer Enneagramm-Triade oder Ihrem Enneagramm-Raum entsprechen.
5. Wie reagieren Sie auf die Lehre Jesu, dass Gott „weiß, was du brauchst, noch ehe du ihn bittest“? Versuchen Sie, diese Wahrheit zum Ausdruck zu bringen, und verwenden Sie dabei die Terminologie Ihres Enneagramm-Raums.
6. Welcher Teil dieser Lehre ist für Sie heute am stärksten Leben spendend?

10 Unsere Selbstsucht

An diesem Punkt unserer Reise in das Enneagramm neigen viele Menschen dazu, zu sagen: „Wozu ist das jetzt nützlich? Es ist interessant. Die Anregung ist ja wahrscheinlich ganz gut, dass ich mir meine Zwänge genauer ansehen soll. Und sicher macht es Spaß, mit dem Finger auf die Zwänge anderer zu zeigen. (Was keine gute Idee ist!) Aber wie soll sich das auf meine Beziehung zu Gott auswirken?"

Meine eigene Erfahrung mit dem Enneagramm ist die, dass sie nicht nur das große Rätsel anspricht, wer ich eigentlich bin, sondern auch das Geheimnis, weshalb mich zuweilen das Gefühl überkommt, ich sei von meinem Schöpfergott entfremdet, und ich mich frage, warum ich mich zuweilen von den Menschen entfremde, die ich liebe. Die Kenntnis des Enneagramms hat mir eine authentischere Selbstwahrnehmung verschafft, liebevollere Beziehungen zu anderen Menschen ermöglicht und tiefere Stellen in meiner Seele zugänglich gemacht, an denen ich Gott in Wahrheit und Gnade anbeten kann. Aber dieser Prozess war oft recht schmerzlich. Der einzige Grund dafür, dass ich weitermache, ist der, dass das schmerzhafte Eingreifen des Enneagramms in mein Leben dazu führt, dass ich von der Gnade Gottes verwandelt werde.

Wie verläuft die Verwandlung?

Verwandlung ist etwas, das geschieht, aber sie kann nicht ohne uns geschehen. Gott lädt uns ein, uns zu verwandeln. Er zwingt uns das nie auf. Das bedeutet, dass nachhaltige Verwandlung erst dann stattfinden kann, wenn wir mit Gott darin übereinstimmen, dass wir in unserem Leben seiner verwandelnden Gnade bedürfen. Gott wendet viele Mittel dazu an, uns zur Verwandlung einzuladen: bestimmte Umstände, andere Menschen, die persönliche Meditation, die Heilige Schrift, die Natur, Predigten und vielfältige Möglichkeiten, anderen Dienste zu erweisen. Diese Liste geht endlos weiter. Eines der Mittel dafür ist die Kenntnis des Enneagramms. Das Enneagramm verleiht uns Worte, die uns helfen, in die Gegenwart von Gottes Liebe und verwandelnder Gnade einzutauchen.

Ich habe festgestellt, dass das Enneagramm die Beobachtung ernst nimmt, die Seele sei scheu wie ein wildes Tier. Parker Palmer äußerte: „Wenn wir ein wildes Tier sehen wollen, dürfen wir auf keinen Fall laut durch die Wälder lärmen und nach dem Tier rufen, es solle herauskommen“, sondern wir müssten „still und leise in den Wald gehen und uns schweigend hinsetzen, um einen kurzen Blick auf die kostbare Wildnis, die wir suchen, erhaschen zu können.“[23] Palmer schreibt nicht über das Enneagramm, aber damit macht er uns darauf aufmerksam, dass wir nicht lärmend die Wälder des Enneagramms durchstreifen und nach unserer Seele schreien sollten, sie solle herauskommen. Das Enneagramm ist eher dazu angetan, uns „kurze Einblicke“ in unsere Seelen zu gewähren. Dieser Prozess mag schmerzlich sein, aber er geht sanft vor sich.

Als unsere Familie vor vielen Jahren durch den Yellowstone National Park fuhr, war mein Mann ganz scharf darauf, wilde Tiere zu sehen. Zuweilen halfen uns dabei Schilder wie: „Büffel kreuzen. Im Auto bleiben.“ Mein Mann stieg natürlich aus dem Auto, um Fotos zu machen. Ich rief ihm natürlich zu: „KOMM

INS AUTO ZURÜCK!“ Wenn wir nach dem wilden Tier in unserem Inneren Ausschau halten, sind wir ebenfalls versucht, auszusteigen und uns draußen umzusehen. Aber wenn wir still sitzenbleiben, wird uns wahrscheinlich eine bessere Ansicht der Szenerie zuteil und auch der wilden Tiere, nach denen wir Ausschau halten.

Vorsicht, Sucht!

Wenn wir mit dem Enneagramm „sitzen“, kommt uns vielleicht auch ein Warnschild in den Weg, das uns jedoch nicht einen Büffel auf der Straße vor uns ankündigt, sondern die Warnung „Suchtgefahr im Anzug!“ Manche würden sagen, das Enneagramm helfe uns, unsere Sucht nach den Lügen des falschen Selbsts zu entdecken. Wenn wir an Sucht denken, verstehen wir das meistens als Missbrauch bestimmter Substanzen. Aber laut dem Psychiater und geistlichen Leiter Gerald May können wir auch auf die Art und Weise süchtig werden, mit der wir das Leben ansehen. Dr. May beschreibt zunächst, was im Körper des Menschen vorgeht, wenn er von Alkohol oder Drogen abhängig geworden ist, und sagt dann: „Die gleiche Art von zellularer (physikalischer) Dynamik gilt auch für substanzlose Süchte (genau wie auch für Drogen-Süchte). Die Sucht nach Geld, Macht oder Beziehungen und sogar die Sucht nach Bildern unserer selbst oder Gottes wirkt sich genauso auf unsere Nervenzellen aus wie das Alkohol oder Drogen tun.“ [24]

Das Phänomen, das Dr. May beschreibt, lässt sich auch im Enneagramm beobachten. Unsere Enneagramm-Süchte kommen in den zwanghaften Verhaltensweisen zum Ausdruck, die wir in Beziehungen einbringen, in unsere Einstellungen gegenüber unserer Arbeit und sogar in unser Engagement in der Kirche. Wir stehen ständig vor der Versuchung, uns auf unsere Gaben und unsere Bilder von uns selbst und von Gott zu fixieren. Wir stellen uns auf süchtige Weise als die Manifestation unserer Gaben vor, statt selbstlose Liebe zu manifestieren. Wir schützen uns vor allem, was unsere flatterhaften persönlichen Erwartungen trüben könnte. Kurz gesagt, wir sind süchtig nach uns selbst. Im Enneagramm zeigen wir dieses süchtige Denken und Verhalten und diese Motivation auf.

David Benner fügt der Sucht eine weitere Dimension zu. Er sagt: „Süchte sind Strategien zur Vermeidung des Verletzt- und Gefährdetwerdens des Menschen."[25] Diesen Gedanken zeigt das Enneagramm damit auf, dass es davon ausgeht, wir würden unsere Gaben übertreiben, um damit unsere Schwächen zu verbergen. Über Sucht sagt Benner: „Das, wonach wir am meisten süchtig sind, ist unser Versuch, den Beschränkungen des Menschseins zu entrinnen, indem wir Gott spielen."[26] Das sagt auch das Enneagramm. Wir sind nach all dem süchtig, was uns hilft, damit sich unser Selbst besser fühlt, selbst wenn das nicht stimmt.

Unsere Sucht nach uns selbst ist vielleicht weniger offensichtlich und subtiler als eine Drogensucht. Aber von Menschen, die Drogen missbrauchen, können wir viel lernen. Wie der Alkoholiker auf Entzug sein kann, können auch wir auf Entzug davon sein, eine EINS oder ZWEI oder DREI oder VIER oder FÜNF oder SECHS oder SIEBEN oder ACHT oder NEUN zu sein. Und genau wie der Alkoholiker hat auch jeder von uns nach seinem Entzug nie ganz vollständig seine Sucht überwunden. Die Kenntnis des Enneagramms wird unsere natürlichen, ausfälligen Reaktionen auf das Leben nicht ausbremsen, aber sie wird uns helfen, uns dieser Reaktionen bewusst zu bleiben und den Prozess zu verlangsamen. Wenn wir mit dem Enneagramm vertraut sind, hilft uns das, die Entscheidung zu treffen, ob wir so leben wollen, dass wir zwanghaft uns selbst dienen, oder ob wir liebevolle Menschen werden und unsere Gaben anderen Menschen zukommen lassen wollen, so wie das Gott vorhatte, als er sie uns schenkte.

Lassen Sie mich ein persönliches Beispiel bringen. Ich habe immer wieder einmal meine Freude daran, einen „Raum" schaffen zu können, sei es aus Pappkarton für die Puppe meiner kleinen Enkelin oder dank eines ruhigen Arbeitszimmers, in dem ich schreiben kann. Das spiegelt offensichtlich die Liebe zur Kreativität einer VIER. Als wir in unser derzeitiges Haus zogen, ging mir während meiner Zeiten des stillen Gebets auf, dass meine Berufung sei, einen physischen und emotionalen Raum zu schaffen, worin Menschen Gott näherkommen könnten. Das klingt etwas hochgeschraubt. Aber das war es, was mich antrieb und ich gab mir damit große Mühe. Es wurde mir zur lebendigen Erfahrung. Ich ging in ein großes Möbelhaus und sah mir die besten und schönsten Raumausstattungen an. Daraufhin kam mir mein eigenes Haus recht verlottert und schäbig vor und meine Sucht meldete sich. Zuerst verurteilte ich jeden, der recht viel Geld für eine Hauseinrichtung ausgab, wo doch in unserer Innenstadt Menschen vor Armut starben. Deswegen verbohrte ich mich in die Entmutigung und das Minderwertigkeitsgefühl der VIER. Wie hatte ich bloß auf die Idee kommen können, ich müsste ein Wohnzimmer unbedingt schön ausstatten, geschweige denn ein ganzes Haus! Mein Haus kam an alle die Häuser, die ich besichtigte, bei Weitem nicht heran. Während ich so von Haus zu Haus ging, hätte ich zu dem Entschluss kommen können, der einzige Ausweg aus meiner Enttäuschung und Beschämung angesichts meines eigenen Wohnzimmers bestehe darin, mehr Möbel, Bilder und Vasen zu kaufen, damit es mehr so aussehen würde wie die Einrichtungen im Möbelhaus. Aber meine Kenntnis des Enneagramms erinnerte mich daran, dass ich wie eine VIER handelte. Schon allein diese Wahrnehmung befreite mich von dem gewaltigen Eindruck, den diese wunderschönen Häuser auf mich gemacht hatten. Später legte sich nach und nach mein zwanghaftes Denken und in meine Seele zog das Gefühl ein, dass das, was ich zustande gebracht hatte, gut genug sei. Das von mir eingerichtete Haus spiegelte meine Gaben und spiegelte deshalb auch Gott. Die Menschen, die seit damals zu mir ins Haus gekommen sind, haben mir sogar gesagt, sie empfänden darin ein Gefühl der Liebe und des Friedens. Das hat mich dann zufrieden werden lassen.

Woher kommen unsere Süchte?

Bevor wir uns die potenziellen Süchte jedes Raums ansehen, wollen wir einen Blick darauf werfen, was die Bibel uns über die Quelle unseres süchtigen Verhaltens sagt. In der Heiligen Schrift wird der Begriff *Sucht* natürlich gar nicht verwendet. Aber sie bietet uns Hinweise darauf, woher diese Süchte herkommen. Greg Boyd bemerkte in *Repenting of Religion*: „Vom Baum der Erkenntnis des Guten und Bösen können wir nicht essen, ohne davon süchtig zu werden.“[27] Mit anderen Worten, wenn wir in die Fußstapfen von Adam und Eva treten, legen wir fest, was gut und was böse ist. Wir werden von der Illusion süchtig, dass wir wissen, was gut ist und was böse. Unsere Sucht wird in unserem Enneagramm-Raum mit lebendigen Farben beschrieben. Wir sind süchtig nach allem, wovon wir bestimmt haben, dass es gut oder richtig sei. Auf ähnliche Weise glauben wir süchtig, dass alles, was immer im Gegensatz zu unserer Wahl des „Guten“ steht, seiner Definition nach „böse“ sei.

„Sucht“ ist ein starker Begriff. Wir möchten nicht hören, dass wir süchtige Menschen sind. Aber wir können nicht leugnen, dass wir uns an Adams und Evas Bemühungen beteiligt haben, eher Schöpfer zu sein als Geschöpfe. Hinweise auf unsere süchtigen Entscheidungen durchziehen das ganze Alte und Neue Testament.

Der Prophet Jeremia zitierte Gott mit den Worten: „Mein Volk hat doppeltes Unrecht verübt: Mich hat es verlassen, den Quell des lebendigen Wassers, um sich Zisternen zu graben, Zisternen mit Rissen, die das Wasser nicht halten.“ (Jeremia 2,13)

Jeremia beschrieb mit einem seiner Kultur entsprechenden Bild das, was wir als Sucht verstehen. Wir graben uns mit unserem süchtigen Verhalten unsere eigenen Zisternen und suchen Leben an Stätten, die kein Wasser halten. Jeder Enneagramm-Raum hat eine andere zerbrochene Zisterne.

Ein Stück weiter in seinem Buch schreibt Jeremia: „Überall Unterdrückung, nichts als Betrug! Sie weigern sich, mich zu kennen – Spruch des Herrn.“ (Jeremia 9,5) Das kommt uns ziemlich nahe: In jedem unserer Enneagramm-Räume haben wir unseren Zungen das Lügen über uns selbst und über Gott beigebracht. Wir sind nach diesen Lügen süchtig geworden.

Jesus griff dieses Thema „Lügen“ auf, als er auf den Teufel zu sprechen kam: „Wenn er lügt, sagt er das, was aus ihm selbst kommt; denn er ist ein Lügner und ist der Vater der Lüge.“ (Johannes 8,44) Zu meiner Zeit im College war unser Schul-Maskottchen ein Teufel. Aber der Teufel, von dem Jesus spricht, rennt nicht im roten Nachthemd über ein Fußballfeld. Dieser Teufel ist die Personifizierung des Bösen, der nur Lügen ausspricht. Und wir haben viele dieser Lügen von ihm übernommen. Sie wurden zur Muttersprache jedes unserer Enneagramm-Räume. Das Erlernen der Sprache der Wahrheit ist wie das Erlernen einer Zweitsprache. Es wird Jahre dauern, bis diese Sprache, wenn überhaupt jemals, ganz natürlich herauskommt.

Enneagramm-Süchte

Das Erkennen unserer Enneagramm-Süchte erfordert aufrichtiges Nachdenken und gewaltige Ausdauer. Alle Menschen erwarten auf irgendeiner Ebene Bestätigung, Kontrolle und Sicherheit. Das Problem ist, dass wir mit unserem Wunsch nach der Bewunderung und Bestätigung seitens anderer unsere Gaben übertreiben und dann unter den Folgen zu leiden haben. Wenn wir nach zu viel Macht und Kontrolle greifen, leiden unsere Beziehungen darunter. Und wenn wir unser Leben von unseren Ängsten beherrschen lassen, mindern wir das, was das Leben uns zu bieten hat. Unsere Sucht, uns selbst, andere und Gott beeindrucken und unter Kontrolle halten zu wollen, führt uns direkt in unsere Enneagramm-Zwänge: in Wut, Stolz, Täuschung, Neid, Habgier, Angst, Unersättlichkeit, Gier und Trägheit.

Alle diese Zwänge sind das Ergebnis des zwanghaften Ausdrucks unserer Gaben. Dabei verwirrt uns der Umstand, dass die Gaben als solche eigentlich gut sind. Was uns in Schwierigkeiten bringt, ist unser Fixiertsein auf sie und unser überstarker Gebrauch von ihnen. Es mag hier hilfreich sein, sich die „Overeaters Anonymous“ (die „Anonymen Fresssüchtigen“) vorzustellen, also die dazu gegründete Organisation, den Menschen zu helfen, die zwanghaft viel essen. Sicher ist, dass Essen nichts Schlechtes ist. Das, worum sich diese Organisation kümmert, ist das zwanghafte, abhängig machende Fixiertsein auf das Essen. Überträgt man diese Sichtweise auf die Enneagramm-Räume, so kann man sehen, dass nicht die Gabe jedes Raums für uns eine Gefahr ist. Die Gefahr liegt in unserer Reaktion auf diese Gabe und in unserer Abhängigkeit von dem, was sie uns bietet, sei es Bewunderung, Kontrolle oder Sicherheit.

Die folgende Liste ist – so gebe ich zu – eine sehr vereinfachte Beschreibung der Lügen, die zu Abhängigkeiten werden zu lassen die Menschen in jedem Raum versucht sind.

EINS: Der gute Mensch, der alles sehr gut macht, kann davon abhängig werden, sein Leben unter Kontrolle zu halten, um zu versuchen, alles perfekt zu machen, und als Folge davon wütend zu werden, wenn Menschen oder Dinge nicht perfekt sind.

ZWEI: Der liebevolle Mensch, der für die Bedürfnisse anderer sensibel ist, kann abhängig davon werden, gebraucht zu werden, und dann sehr stolz darauf sein.

DREI: Der erfolgreiche Mensch, der tatsächlich viel Erfolg hat, kann so abhängig davon werden, erfolgreich auszusehen, dass er oder sie gelegentlich lieber lügt, als einen Misserfolg zuzugeben.

VIER: Der kreative Mensch, der so lebt, dass er einzigartig ist, kann derart süchtig danach werden, „anders" als alle anderen zu sein, dass er beginnt zu glauben, alle anderen hätten ein besseres Leben als er.

FÜNF: Der weise Mensch, der vorausschaut und eine Vision schafft, der sich andere anschließen können, wird womöglich süchtig danach, Informationen für diese Vision zu sammeln, und dann hortet er diese Informationen, statt sie mit Liebe in die Praxis umzusetzen.

SECHS: Der loyale Mensch, der wegen seiner Treue und seines Gehorsams bewundert wird, bekommt womöglich zwanghaft Angst vor allem, was im Gegensatz zu Regeln und Autoritäten steht.

SIEBEN: Der fröhliche Mensch, den die anderen wegen seines Frohsinns und Optimismus wertschätzen, wird womöglich süchtig nach allem, was glücklich macht.

ACHT: Die starke Persönlichkeit, die von anderen als Führungsfigur geachtet wird, kann womöglich süchtig danach werden, das Leben gemäß ihrer eigenen Ansichten unter Kontrolle zu bringen.

NEUN: Der friedliche Mensch mit seinem gütigen und ausgeglichenen Temperament wird vielleicht süchtig nach Harmonie um jeden Preis, sodass er sogar hilfreiche Konflikte meidet.

Das Enneagramm ist für uns als „Intervention" hilfreich, und das auf dieselbe Weise, wie die Familie eines Alkoholikers interveniert, um den Süchtigen dazu zu ermutigen, sich nach Hilfe umzusehen. Das Enneagramm sagt uns, dass wir nicht wohlauf sind. Wir haben Süchte und bedürfen der Behandlung.

Entspannt mit unseren Gaben umgehen

Gerald May zitiert die Bemerkung des heiligen Augustinus, dass „Gott immer versucht, uns Gutes zu schenken, aber wir haben die Hände zu voll, um es annehmen zu können." May fügt hinzu, dass „unsere Süchte die Zwischenräume in uns ausfüllen, diese Räume, in die die Gnade einfließen könnte."[28] Das tat ich mit meiner Begabung zum Innendesign. Ich setzte sie mit vollen Händen ein. Weil ich mich mit meiner Begabung über Gottes Gnade hinwegsetzte, nahmen mich meine Gaben völlig in Beschlag. Es „musste" unbedingt so sein, dass meine Gaben die besten waren. Diese Versuchung blüht uns allen. Ganz unabhängig davon, in welchem Raum wir sind, werden wir dazu versucht, unsere Hände und unser Leben mit all dem zu beladen, wovon wir meinen, es müsse unsere Begabung unbedingt ans Licht bringen. Dann klammern wir uns ganz fest an unsere Gaben. Wir scheinen sie gar nicht mehr loslassen zu können. May sagt, dass „wir womöglich gar nicht fähig sind, unsere Hände ganz leer zu machen (...), aber wir können entscheiden, ob wir den Griff unserer Hände etwas lockern – oder ihn sogar noch verstärken wollen."[29] Uns nicht an unsere Gaben zu klammern, ist eine lebenslange Erfahrung. Aber wir sind damit in guter Gesellschaft. In der Bibel heißt es, Jesus sei „in allem wie wir in Versuchung geführt worden" (Hebräer 4,15). Die Versuchungen unserer Süchte gehen nicht über die Gnade Gottes hinaus.

Ein kurzer Einblick darin, wie Jesus in der Wüste in Versuchung geführt wurde, bietet sich uns in Lukas 4,1–13. Der Teufel forderte ihn auf: „Befiehl diesem Stein, Brot zu werden." (Könnte das nicht ganz ähnlich der Versuchung entsprechen, das Problem zu lösen, vor das sich Herzmenschen gestellt sehen?) Als nächstes sagte der Teufel: „All die Macht und Herrlichkeit dieser Reiche will ich dir geben“ (Das wäre bestimmt eine große Versuchung für Bauchmenschen!). Und schließlich versuchte der Teufel Jesus dazu, sich von der höchsten Zinne des Tempels herabzustürzen, denn in der Schrift heiße es ja: „Seinen Engeln befiehlt er, dich zu behüten und sie werden dich auf ihren Händen tragen, damit dein Fuß nicht an einen Stein stößt.“ (Da höre ich heraus, dass dies eine Versuchung für Kopfmenschen sein könnte: Ideen, sogar solche aus der Bibel, für egozentrierte Ziele zu nutzen.) Andere werden in den Versuchungen Jesu weitere Ähnlichkeiten unserer Enneagramm-Versuchungen erkennen. Aber das wichtigste dabei ist, darauf zu achten, wie Jesus auf diese Versuchungen reagierte. Jesus erwiderte jede von ihnen mit einem Schriftzitat, und das nicht, um sein Ego zu betonen, sondern um die Lügen des großen Verführers mit der Wahrheit zu widerlegen.

Mit Zitaten aus der Heiligen Schrift antworten

Wenn wir in unserem eigenen Leben Versuchungen erkennen, ist eine der besten Möglichkeiten, darauf zu reagieren, innezuhalten und zuzusehen, ob es irgendeine Stelle in der Heiligen Schrift gibt, die den Lügen des Teufels die Wahrheit entgegenstellt. Es wird ein ganzes Leben lang dauern, bis man sich die Heilige Schrift soweit angeeignet hat, dass sie immer gleich beim geringsten Anlass eine richtige Antwort aufzeigt, aber wir können gleich damit anfangen. Kommt uns angesichts einer bestimmten Versuchung gleich eine dazu passende Stelle aus der Heiligen Schrift? Steht in ihr etwas, das auf meine besondere Sucht passt? Kann ich irgendwelche Stellen im Alten Testament, in den Berichten über das Leben Jesu oder in den Briefen des Neuen Testaments entdecken, die etwas mit dem zu tun haben, was derzeit in meinem Leben vorgeht?

Die Erfahrung, seine Süchte mit Stellen aus der Heiligen Schrift anzugehen, wird bei jedem etwas anders aussehen. Die Menschen derselben Triade werden vermutlich ähnliche Versuchungen und Süchte haben, aber diejenigen, die in den unterschiedlichen Räumen der Triade leben, werden die Erfahrung dieser Sucht auf etwas anders nuancierte Weise machen. Und natürlich wird jeder in jedem Raum diese Sucht auf seine einmalige Weise erfahren. Wir alle können voneinander lernen, aber am vertrautesten sind uns unsere eigenen Süchte. Lassen Sie mich dazu noch einmal etwas aus meinem eigenen Leben erzählen, denn es ist dasjenige, das mir am besten bekannt ist.

In meinem tief in der Herztriade verwurzelten VIERer-Raum nehme ich oft mehrere Projekte, mehrere Verpflichtungen und mehr Verantwortung auf mich, als Gott für mich vorsieht. (Ich bin insofern süchtig, als ich andere Menschen mit all dem, was ich tue, beeindrucken möchte.) Das liegt zum Teil daran, dass ich anderen Menschen gern helfe, mich gern auf kreative Möglichkeiten einlasse und liebend gern wertvolle Dienste anbiete. Aber ich mute mir dabei zu viel zu, weil ich möchte, dass die anderen mich lieben und mich für etwas Besonderes halten. Als VIER reagiere ich auf meinen überladenen Kalender gewöhnlich mit Befürchtungen, wie ich das alles überhaupt schaffen könne, und mit Schuldgefühlen, dass ich mich selbst in diese Zwangslage gebracht habe. (Angst- und Schuldgefühle sind die Nebenprodukte meiner Sucht.) Unlängst war ich während meiner Gebetszeit angesichts meiner To-do-Liste derart gestresst, dass ich kaum zum Beten kam. Und es war meine Schuld, dass ich all das nicht bewältigte. Als ich zu beten versuchte, kamen mir die Worte Jesu: „Frieden hinterlasse ich euch, meinen Frieden gebe ich euch; nicht einen Frieden, wie die Welt ihn gibt, gebe ich euch. Euer Herz beunruhige sich nicht und verzage nicht." (Johannes 14,27) Diese Worte sprachen zu meiner Seele. Jesus bot mir einen Frieden an, der anders war als der Friede der Welt und anders als meine eigene Vorstellung vom Frieden. Ich hatte mir selbst vorgestellt, der Friede werde dann eintreten, wenn ich alle meine Aufgaben erledigt haben würde. Das hatte ich von meinen Eltern und meiner Kultur (und meinem falschen Selbst) gelernt. Jesus lud mich ein, lieber auf den wahren Frieden zu hören als auf den faulen Frieden, den mir meine Sucht vorgaukelte. Der Geist Jesu flüsterte meinem Geist zu: „Lass dich davon nicht verwirren. Hab keine Angst. Ich bin heute bei dir." Da war ich dann zumindest einige wenige Minuten lang imstande, mit der Heiligen Schrift auf meine Enneagramm-Versuchungen eine Antwort zu finden.

Ich werde immer versucht sein, auf andere Menschen Eindruck zu machen, und ich werde auch immer zu einem übersteigerten Verantwortungsgefühl versucht sein. Aber vielleicht kann ich diesen Versuchungen dasselbe entgegensetzen, was Jesus tat: „Es steht geschrieben (...)" An diesem Tag erinnerte ich mich daran, dass geschrieben steht, der Friede, den Jesus gebe, sei nicht der Friede, den die Welt gibt (oder den mir meine Sucht anbietet). Die Worte der Heiligen Schrift sind für uns alle eine starke Möglichkeit, den Zwängen unseres Raums im Enneagramm die Stirn zu bieten. Sie sickern in unsere Seele ein und verwandeln uns Schritt für Schritt.

Das Enneagramm leitet mich also zur spirituellen Verwandlung an, indem es mir hilft, mich selbst mit allen meinen Zwängen und Süchten deutlich zu erkennen und mich daran zu erinnern, dass das, woran ich glaube, wahrscheinlich nicht die Wahrheit ist. Dann führt mich der Heilige Geist zur Wahrheit der Heiligen Schrift und in die Freiheit der Liebe Gottes.

Zum Nachdenken und für die Diskussion

1. Wie würden Sie spirituelle Verwandlung definieren? Was hat Gott am häufigsten dazu verwendet, Sie zur Verwandlung einzuladen?

2. „Wenn wir an Sucht denken, verstehen wir das meistens als Missbrauch bestimmter Substanzen. Aber laut Gerald May können wir auch süchtig werden nach Geld, Macht oder Beziehungen oder Bildern von uns selbst oder Gott. Überdenken Sie in Ruhe die drei Triaden oder Ihren eigenen Raum und beantworten Sie die Frage: Welche Süchte könnten mich laut dem Enneagramm versuchen?

   Wie empfinden Sie die Möglichkeit (oder Wahrscheinlichkeit?), dass Sie von Ihrer eigenen Vorstellung vom Leben süchtig sind?

3. „David Benner fügt der Sucht eine weitere Dimension zu. Er sagt: ‚Süchte sind Strategien zur Vermeidung des Verletzt- und Gefährdetwerdens des Menschen.'" Inwiefern scheinen unsere Abhängigkeiten von unserer Sicht auf das Leben und auf Gott uns Schutz davor zu geben, verletzt zu werden und uns auf falsche Risiken einzulassen? Welche Verletzungen und Risiken fürchten Sie am meisten?

4. „Der Prophet Jeremia zitierte Gott mit den Worten: ‚Mein Volk hat doppeltes Unrecht verübt: Mich hat es verlassen, den Quell des lebendigen Wassers, um sich Zisternen zu graben, Zisternen mit Rissen, die das Wasser nicht halten.'" (Jeremia 2,13) Widmen Sie diesem Bild etwas Zeit. Warum konnte das Bild von der rissigen Zisterne, das Jeremia beschwor, in der damaligen Kultur so gut wirken?

   Welches Bild würde in unserer Gesellschaft so wirken? Inwiefern sind unsere übertriebenen Gaben „zerbrochene Zisternen"? Was meinte Ihrer Ansicht nach Jeremia mit „lebendigem Wasser"? Was ist das „lebendige Wasser", das Gott Ihnen in Ihrem gegenwärtigen Lebensabschnitt anbietet?

5. Was hilft Ihnen dabei, Ihre Begabungen entspannter einzusetzen?

6. „Das Enneagramm leitet mich also zur spirituellen Verwandlung an, indem es mir hilft, mich selbst mit allen meinen Zwängen und Süchten deutlich zu erkennen und mich daran zu erinnern, dass das, woran ich glaube, wahrscheinlich nicht die Wahrheit ist. Dann führt mich der Heilige Geist zur Wahrheit der Heiligen Schrift und in die Freiheit der Liebe Gottes." Wie hat die Heilige Schrift Ihnen auf Ihrem eigenen spirituellen Weg geholfen, die Wahrheit anzunehmen?

   Auf welche Weise hat etwas in der Bibel Sie bezüglich Ihrer Enneagramm-Sucht angesprochen?

Eine persönliche Meditation

Die Krankheit, Gottes Taten zu vergessen: Psalm 106,13–15

Doch sie vergaßen schnell seine Taten,
wollten auf seinen Ratschluss nicht warten.
Sie wurden in der Wüste begehrlich
und versuchten Gott in der Öde.
Er gab ihnen, was sie von ihm verlangten;
dann aber erfasste sie Ekel und Überdruss.

Diese Verse berichten von etwas Traurigem, das mit den Israeliten auf ihrem Zug durch die Wüste passierte. Als sie aus Ägypten ausgezogen waren, hatte Gott sie reichlich versorgt, aber sie „vergaßen schnell seine Taten, wollten auf seinen Ratschluss nicht warten. Sie wurden in der Wüste begehrlich und versuchten Gott in der Öde. Er gab ihnen, was sie von ihm verlangten; dann aber erfasste sie Ekel und Überdruss."

1. Welche Begriffe würden Sie zur Beschreibung Ihrer eigenen Erfahrung von Wüste und Wildnis verwenden: *Enttäuschung, Verzweiflung, Angst, Wut, Selbstmitleid* – oder was sonst noch?
2. Ausgehend von dem, was Sie von Ihrer Enneagramm-Triade oder Ihrem Enneagramm-Raum wissen: Wonach würden Sie am ehesten „gieren", wenn Sie in schwierigen Umständen wären? Was sind Ihre drängendsten und hartnäckigsten Wünsche?
3. Können Sie sich an eine Zeit in Ihrem Leben entsinnen, in der Sie das bekommen haben, was Sie wollten, aber das nicht viel brachte? Denken Sie nach, ob Ihnen eine Zeit einfällt, die an diese schmerzliche Schilderung des Psalmisten erinnert: „Gott gab ihnen, was sie von ihm verlangten, dann aber erfasste sie Ekel und Überdruss."
4. Inwiefern hilft Ihnen die Beschreibung Ihres Raums im Enneagramm zum Verständnis der Gefahr, die Ihre unangemessenen Begierden Ihnen bereiten? Welche Gnade würden Sie gern von Gott erbitten, die Ihnen helfen könnte, ihnen nicht zu erliegen?

11 Das Enneagramm und die Verwandlung

Unmittelbar auf den Spuren meiner Faszination über die Frage von Alice „Wer um alles in der Welt bin ich?“ kommen die Fragen: Wer möchte ich sein? Wie kann ich ein liebevollerer Mensch werden? Wie kann sich ein Wandel in meinem Leben vollziehen? Bei meinem eigenen Weg ins Enneagramm hinein bin ich zu der Überzeugung gekommen, dass ich nicht die bin, für die ich mich halte. Ich tue die richtigen Dinge aus falschen Gründen. Ich bin zwanghaft ichbezogen, obwohl ich eigentlich großzügig liebevoll sein möchte. Ich kenne mich selbst nicht so gut, wie ich gedacht hatte. Ich lebe wie Alice im Wunderland hinter den Spiegeln, in denen alles umgekehrt aussieht.

Das Enneagramm war für mich ungemein hilfreich als Spiegel, der es mir ermöglichte, vieles so zu sehen, wie es in Wirklichkeit ist. Ich sehe jetzt zum Beispiel, dass ich zu der Zeit, als ich liebte, wahrscheinlich recht verurteilend gewesen bin. Und wenn ich meinte, dass ich meine Begabungen dafür einsetzte, anderen zu dienen, habe ich sie wahrscheinlich in Wirklichkeit dazu benutzt, mich selbst in den Vordergrund zu stellen. Als ich glaubte, ich würde mich selbst ganz gut kennen, habe ich wahrscheinlich nur auf den Menschen geschaut, der ich hätte sein mögen. Und wenn ich denke, dass ich mehr sein sollte als ich bin, ist es in Wirklichkeit so, dass ich ja vollständig bin, als Ebenbild Gottes geschaffen und fähig, die anderen so zu lieben, wie Gott mich liebt.

Aber wenn man in den Spiegel des Enneagramms blickt, ist das nicht das Ende der Reise. Mir kommt da die Warnung des neutestamentlichen Jakobus: „Wer das Wort nur hört, aber nicht danach handelt, ist wie ein Mensch, der sein eigenes Gesicht im Spiegel betrachtet: Er betrachtet sich, geht weg, und schon hat er vergessen, wie er aussah." (Jakobus 1,23–24) Jakobus meinte damit natürlich das Hören auf die Worte der Heiligen Schrift, aber seine Warnung passt auch gut auf uns, wenn wir uns das Enneagramm ansehen. Ich möchte nichts von dem vergessen, was ich gelernt habe. Ich möchte mich nicht vom Enneagramm verabschieden, ohne einige der Veränderungen erfahren zu haben, die sich aus der neuen Art der Wahrnehmung ergeben haben, die es mir geschenkt hat.

So muss ich mir also die Frage stellen: Wie vollzieht sich die Veränderung? Wie kann ich auf eine Weise reifen, die mir hilft, intensiver aus meinem wahren Selbst heraus zu leben und weniger aus meiner falschen, nachlässigen Daseinsweise? Wie kann ich in meinem inneren Wesen eine Verwandlung erfahren?

Gott lädt uns zur Verwandlung auf eine Weise ein, die liebevoll und einmalig persönlich ist. Aber christliche Lehrer sind im Lauf der Geschichte auf mindestens drei menschliche Erfahrungen gekommen, die oft zur Verwandlung führen: Leiden, Schweigen und Hingabe. Betrachten wir jetzt alle drei im Licht des Enneagramms.

Leiden

Das Leiden ist etwas, das die meisten von uns zu vermeiden versuchen. Aber überraschenderweise kann das Leiden auch ein Mittel dazu sein, reifer zu werden. Ich will hier eine kleine Geschichte darüber erzählen, wie das Leiden wirkt.

Als unsere Tochter ungefähr vier Jahre alt war, hätte sie durchschlafen sollen. Aber wir bekamen regelmäßig den durchdringenden Schrei „MAMA!“ zu hören. Dann eilte ich immer rasch zu ihr hin, um sie zu trösten und wieder zum Einschlafen zu bringen. Das tat ich Nacht für Nacht, bis es mir reichte. Eines Nachts, in der sie unseren Schlaf wieder mit diesem vertrauten Geschrei unterbrach, ging mein Mann zu ihr hin. Dieser Wechsel gefiel unserer Tochter überhaupt nicht. Sie schrie: „Nein, ich will Mama!“ – „Aber jetzt ist halt Papa da.“ – „Dann schreie ich überhaupt nicht mehr!“

Das wirkte. Wir konnten wieder einschlafen.

Die Erfahrung, die wir als Erwachsene mit unseren Süchten machen, ist der ferne Schrei einer Vierjährigen, die durchschlafen soll. Aber das grobe Gewecktwerden von unserer schreienden Tochter erinnert mich an das, was sich in meinem eigenen Leben abspielt. Es ist unwahrscheinlich, dass ich mein süchtiges Verhalten ablege, solange es mir gelegen kommt. Erst wenn meine Handlungen nichts mehr bringen und die Folgen meiner Süchte mir Schmerz bereiten, fange ich damit an, mir über Veränderungen Gedanken zu machen. Aus diesem Grund ist das Leiden eines der Geschenke der Gnade, die Gott uns gibt, um uns zu helfen, uns von unseren Süchten abzuwenden.

Das Leiden kann die Form der Frustration, Enttäuschung und Entmutigung annehmen, sowie auch der Zeiten tiefen Leidens, die in jedem Leben vorkommen. Die mitternächtliche Verhandlung mit unserer Tochter spiegelt das, was geschieht, wenn wir etwas tun, wovon wir glauben, es werde für uns nützlich sein, aber dann nicht mehr funktioniert. Das Enneagramm lehrt uns, dass wir, wenn wir unter Stress sind, wahrscheinlich unsere Gaben übertreiben. Das funktioniert nicht. Vermutlich bedarf es dann des Leidens mit der Konsequenz, uns so weit zu bringen, dass wir von den mit unseren Gaben verbundenen Zwängen ablassen. Die Menschen in den verschiedenen Triaden machen diese Erfahrung vermutlich auf unterschiedliche Art und Weise.

Wenn sie um Hilfe gebeten werden, sagen Herzmenschen wahrscheinlich solange immer und immer wieder Ja, bis sie derart davon erschöpft sind, dass sie morgens gar nicht mehr aufstehen wollen. Hoffentlich bringt sie dann diese Bedrängnis so weit, dass sie sich sagen: *Das tue ich jetzt auf keinen Fall mehr!* Kopfmenschen werden jedes verfügbare Buch zu diesem Thema lesen, alle ihre Bekannten nach ihrer Meinung darüber befragen oder zum Vermeiden einer unangenehmen Schlussfolgerung eine mentale Gymnastik veranstalten. Wenn ihnen schließlich die Optionen darauf ausgehen, die Antwort schlechthin zu finden, fühlen sie sich schrecklich in die Enge getrieben. Vielleicht hilft ihnen dann an diesem Punkt ihre Frustration dazu, endlich damit aufzuhören, bei ihren Planungen auf Sicherheit aus zu sein. Wenn aber Bauchmenschen angesichts ihrer eigenen festen Ansichten über alles Mögliche Widerspruch um Widerspruch erleben, schlagen sie auf eine Weise zurück, die andere abstößt. Sehen sie dann, dass sie diejenigen, die sie lieben, verletzt haben, so beschließen sie wahrscheinlich, etwas einfühlsamer zu werden. Bei uns allen ist es so, dass wir nicht so sehr unsere Gaben bejahen und wertschätzen, sondern eher auf die Schmerzen achten, die uns unsere Süchte bereiten.

Der heilige Augustinus sagte: „Suche, was du suchst – aber suche es nicht dort, wo du es suchst!“[30] Richard Rohr sagt, wir Süchtigen verlangten nach mehr und immer noch mehr von dem, was nichts bringe. Wir machen ständig so weiter, bis etwas derart Schlimmes passiert, dass wir merken, dass das, was wir tun, nichts bewirkt. Bei meiner Tochter war es dieses Schreien mitten in der Nacht, das nichts mehr brachte. (Obwohl tagsüber Papa genauso gut war wie Mama.) Auf dieselbe Weise übertreiben wir unsere Begabung suchtartig, bis wir schließlich sagen: „Damit höre ich jetzt endgültig auf!“

Das tat ich mit meinen Besuchen der Häuser anderer Leute. Die Traurigkeit und Entmutigung, die mich befiel, als ich von Haus zu Haus ging, kannte ich nur zu gut. Das hatte ich auch schon früher empfunden. Als ich in diesen Verdruss versank, musste ich zugeben, dass das *mein* Problem war, nicht dasjenige der Erbauer dieser wunderschönen Häuser. Ich konnte einsehen, dass meine Versager-Haltung (eine gute Formulierung für „Sucht"), darin bestand, dass ich zu kurz kam. Ich war in dem Wahn, mir fehle etwas, das andere hatten. Und als ich diese Wahrheit vor Augen hatte, sagte ich mir: *Das tue ich nie mehr!* Das gelang nicht über Nacht. In Wirklichkeit lag ich in dieser Nacht wach und stellte mir diese wunderschönen Häuser vor. Aber dank meiner Kenntnis des Enneagramms konnte ich schließlich sehen, was ich da tat, und damit anfangen, meine Gefühle von Neid, Minderwertigkeit und Entmutigung loszulassen. Dank der Liebe Gottes mache ich die Erfahrung, verwandelt zu werden, Tag für Tag.

Nicht alle sind gleich

Das „Leiden", das ich an diesem Tag empfand, verwirrt mich. Wenn ich von all den Tragödien überall in der Welt höre, frage ich mich, ob ich mich überhaupt über irgendetwas beschweren dürfte. Es ist richtig, tiefes Mitleid mit anderen zu empfinden. Aber es ist ein Fehler, dieses Mitgefühl als Ausrede dafür zu verwenden, die Entmutigung und das Leiden in meiner eigenen Seele zu vermeiden. Gott verwendet unser eigenes Leiden dazu, uns zur Verwandlung zu führen. Das wird uns in der Bibel versprochen. Der Apostel Paulus sprach von einem „Stachel in seinem Fleisch", einem „Boten Satans, der mich mit Fäusten schlagen soll, damit ich mich nicht überhebe. Dreimal habe ich den Herrn angefleht, dass dieser Bote Satans von mir ablasse. Gott aber antwortete mir: Meine Gnade genügt dir; denn sie erweist ihre Kraft in der Schwachheit." Daher, so sagte Paulus weiter, „will ich mich meiner Schwachheit rühmen, damit die Kraft Christi auf mich herabkommt." (2 Korinther 12,7–11) Zuweilen denke ich, meine Enneagramm-Zwänge seien mein „Stachel in meinem

Fleisch". Ich habe schon bestimmt mehr als dreimal darum gebetet, sie möchten verschwinden. Aber Gott hat in seiner göttlichen Weisheit beschlossen, dass ich unter den Folgen dieser Zwänge leiden soll. Dieses Leiden hat mich auf eine Weise in die Gnade und Liebe hineingezogen, wie das Stärke und Erfolg nie hätten tun können.

Jakobus, ein anderer Schriftsteller des Neuen Testaments, schrieb an die Frühkirche: „Seid voll Freude, meine Brüder, wenn ihr in mancherlei Versuchung geratet. Ihr wisst, dass die Prüfung eures Glaubens Ausdauer bewirkt. Die Ausdauer aber soll zu einem vollendeten Werk führen; denn so werdet ihr vollendet und untadelig sein, es wird euch nichts fehlen." (Jakobus 1,2–4) Wir müssen daran erinnert werden, dass wir nicht versuchen sollten, dem Leiden allzu früh zu entkommen. Es ist eine Versuchung, auf das Enneagramm zu blicken und zu meinen, dass wir jetzt das Problem sehen und – schlimmer noch – die Lösung wissen. Das ist die Gefahr, das Enneagramm für das Selbst-Management zu verwenden. Aber beim Enneagramm geht es nicht darum, uns selbst gut zu positionieren, sondern es geht um die Gnade. Der Kirchenvater Evagrius sprach die Warnung aus: „Lasst nicht das Heilen einer Leidenschaft zur Leidenschaft werden." Wenn wir versuchen, das Enneagramm dazu zu verwenden, uns selbst genau definieren, laufen wir Gefahr, bei allem zwanghaft zu werden, wovon wir meinen, wir müssten unbedingt unser süchtiges Verhalten ändern. Stattdessen sollten wir still dasitzen, das Aufblitzen des wilden Tieres in uns wahrnehmen und Gott geduldig darum bitten, in uns zu wirken und uns in Liebe zu verwandeln.

Schweigen

Lange bevor ich das Enneagramm kennenlernte, hatte ich eine Begegnung mit dem Schweigen, die ziemlich unglücklich war. Ich war damals zehn oder elf Jahre alt, also noch kein Teenager.

Wir nannten sie bei uns die Zwei-Zahlen-Jahre. Ich erinnere mich noch daran, wie ich mit den Händen auf mein Kopfkissen hämmerte und schrie: „Gott, warum erhörst du mich nicht?“ Ich wollte Gott kennenlernen, mit ihm sprechen, eine Beziehung mit ihm haben. Aber Gott schwieg weiterhin. Gott war nicht da. Oder jedenfalls dachte ich das.

In meinen Erwachsenen-Jahren hämmere ich – metaphorisch gesprochen – gelegentlich immer noch auf mein Kopfkissen und frage Gott, warum er mir nicht zuhört. Aber jetzt habe ich ein besseres Gespür für die Antwort auf meine Frage. Gott hört mir zu. Gott ist direkt neben mir, genauso, wie er bei mir war, als ich noch ein Kind war. Das Problem ist, dass ich zu eifrig am Reden bin. Gewöhnlich rede ich über alles, was mit mir nicht stimmt, mit meiner Familie, mit meiner Welt. Ich plappere ständig: über Sorgen, Pläne, Weisheiten und Beschwerden.

Das tat ich gerade auch vor einigen Monaten, als ich mich in einer Situation befand, die völlig unlösbar erschien. (Natürlich war jemand anderer daran schuld.) Mitten in meinen negativen Selbstgesprächen vernahm ich ein leises Flüstern, vielleicht einen Schimmer meiner scheuen Seele. Dieses Flüstern ließ mich an eine Stelle im Buch Exodus denken, die ich immer geliebt habe. Die Ägypter waren hinter den fliehenden Israeliten her. Das wird ausführlich im Buch Exodus, Kapitel 14 geschildert. Da wird von negativem Reden berichtet – auf das waren die Israeliten wirklich verfallen. Aber mich sprachen damals die Worte von Mose an, mit denen er ihr Geschwätz zum Verstummen brachte: „Fürchtet euch nicht! Bleibt stehen und schaut zu, wie der Herr euch heute rettet (…) Der Herr kämpft für euch, ihr aber könnt ruhig abwarten.“ (Verse 13–14) Eugene Peterson hat in *The Message* Vers 14 wörtlich so übersetzt: „Gott wird die Schlacht für euch schlagen. Und ihr? Ihr braucht bloß den Mund zu halten!“ O ja! Das war genau das, was ich brauchte. Und das muss ich immer und immer wieder hören: Halte einfach den Mund!

Gott macht uns das Geschenk des Schweigens, zusammen mit dem Geschenk des Leides. So können wir verwandelt werden. Martin Laird äußert in seinem Buch *Into the Silent Land*, dass dann, wenn wir schweigen, wir uns „davon wegbewegen, Opfer dessen zu sein, was geschieht, und uns dorthin ausrichten, wo wir Zeugen dessen werden, was geschieht."[31]

Wenn wir in Ruhe und Stille Zeit verbringen, fangen wir an, ein klareres Verständnis unserer selbst und Gottes zu gewinnen. Wenn ich eigentlich schweigen will, fängt mein Geist oft an, über meine Pläne für den bevorstehenden Tag zu plaudern oder mich an Gespräche zu erinnern, die ich geführt habe oder mit anderen führen möchte. Zuweilen fantasiere ich geradezu darüber, wer ich gern wäre oder wie mein Leben aussehen sollte. Wenn ich dieses Geplapper schon nicht abschalten kann, bin ich immerhin in der Lage, ihm zuzuhören, und dabei kann ich zumindest merken, was für mich wirklich wichtig ist. Oft mag ich gar nicht, was ich da höre, weil es mein falsches Selbst ist, das da plappert. Wenn das vorkommt, kann ich zuweilen zur Liebe und Gnade Gottes zurückfinden.

Wenn wir „Zeugen" unserer selbst werden – also unseren ständig plappernden Geist wahrnehmen – verändert das die Art und Weise, wie wir unser Leben erfahren. Wir lernen, uns unsere Gedanken, Gefühle, Umstände und Beziehungen auf unbefangene Weise anzusehen, und das befähigt uns dazu, ihnen nicht zum Opfer zu fallen.

Das Enneagramm lädt uns dazu ein, Zeugen unserer selbst zu werden. Es führt uns mit seinem geheimnisvollen Symbol aus uns selbst heraus und hilft uns, mit mehr Objektivität unsere Motivation und unser Verhalten zu sehen. Wenn sich zum Beispiel eine ZWEI für einige Minuten davon freimachen kann, mit anderen Menschen beschäftigt zu sein, merkt sie vielleicht deren liebevolles Handeln und ihren Stolz darauf. Oder eine NEUN könnte merken, dass der Friede, den sie in Verhandlungen bringt, ein Geschenk ist – aber sie ihn eher dazu verwendet, Konflikte zu vermeiden, als das Abbild Gottes wiederzugeben. Oder die EINS könnte Zeuge für die Wut werden, die oft ihre Reaktion auf alles das begleitet, was sie als nicht gut und vollkommen wahrnimmt. Ganz gleich, in welchem Heimat-Raum wir sind, müssen wir, um Zeuge unserer selbst zu sein, still sein, den Mund halten und auf uns selbst und unseren Gott hören.

In der Schule des Schweigens bin ich eine schlechte Zuhörerin. Ich fühle mich genau wie die Jünger im Sturm auf dem See oft von Umständen umhergeworfen, die ich nicht im Griff habe. Ich rufe wie die Jünger aus: „Meister, kümmert es dich nicht, dass wir zugrunde gehen?“ Der Geist Jesu spricht oft in mein Leben: „Schweig, sei still!“ (vgl. Markus 4,35–41). In der Ruhe und Stille wundere ich mich oft darüber, dass der Wind und die Wellen mein Leben zur Ruhe bringen. Dann erinnere ich mich daran, dass Jesus mit mir im Boot ist. Aber wie schnell vergesse ich das immer wieder!

Sich Zeit zum Stillsein zu nehmen, ist in unserer Gesellschaft nicht angesagt. Im besten Fall wird es als Zeitverschwendung betrachtet, im schlimmsten als Faulheit. Ganz gleich, welcher Enneagramm-Nummer wir angehören, und ganz gleich, ob wir als Spitzenmanager, Pfarrer oder junge Mutter leben, wir müssen lernen, tagtäglich wenigstens einige Minuten lang still zu sein. Ich hatte ein Gespräch mit einer Mutter, die bis zum Hals mit Hausarbeit beschäftigt war. Ich fragte sie, ob sie sich täglich jeden Morgen fünf Minuten Zeit dafür nehmen könne, völlig still zu sein. Sie entgegnete mir auf der Stelle: „Würden Sie eine einzige Minute innehalten?“ Ähnliche Gespräche hatte ich mit einem Rechtsanwalt, einem Professor und Geschäftsleuten geführt. Es ist gut möglich, dass keiner von ihnen mir fünf Minuten lang zugehört hat. Aber ich will eine Minute lang innehalten. Eine Minute lang – um daran zu denken, dass Gott in unserem Boot ist und dass Jesus zu den Wellen unseres Lebens sagen würde: „Schweigt! Seid still!“ (Markus 4,39). Gott lädt uns dazu ein, in diesem Frieden zu ruhen, und sei es nur eine Minute lang.

Das Alleinsein in der Stille der Gegenwart Gottes ist für unsere geistliche Gesundheit genauso wichtig, wie es Schlaf und Nahrung für unsere körperliche Gesundheit ist. Ich glaube kaum, dass wir ohne dies eine Verwandlung erleben können. Aber in jedem Enneagramm-Raum gibt es Ausreden. Diejenigen in der Bauchtriade glauben, sie könnten sich keine Zeit zum Stillsein nehmen, weil sie sonst ihren Einfluss und ihre Kontrolle verlieren könnten. Diejenigen in der Herztriade können sich keine Zeit für das Stillsein nehmen, weil sie sich in der Verantwortung sehen, ständig alle möglichen Probleme zu lösen. Und die Angehörigen der Kopftriade können nicht still sein, weil das heißen würde, sie müssten zeitweise damit aufhören, zu planen und ihr Leben ständig in Ordnung zu halten.

Wie sieht das Schweigen aus?

Das Geschenk des Schweigens sieht für unterschiedliche Menschen unterschiedlich aus und ist auch in unterschiedlichen Lebensphasen jeweils anders. Als sehr junge Christin verbrachte ich täglich einige wenige Minuten in der Stille und beantwortete die Fragen im Fragebogen des Bibelstudiums. Das dauerte nicht sehr lang. Später hielt ich hilfreichere „Zeiten der Stille". Ich studierte die Bibel und arbeitete meine Listen von Gebetsanliegen ab. Das war viele Jahre lang ganz fruchtbar und ich bin für diese Zeiten des Mich-Versenkens in die Heilige Schrift auch heute noch dankbar. Im Lauf der Jahre habe ich meine Zeiten der Stille mit Tagebuchschreiben verbracht, dem „Ruhegebet", kontemplativer Meditation und der täglichen Gewissenserforschung. Das war alles sehr hilfreich. Die Vielfalt der Möglichkeiten, still zu sein, macht mir bewusst, dass sie alle kein Mittel sind, um Gott auf unsere Seite zu ziehen, sondern Einladungen, uns in die Gegenwart Gottes zu versetzen, der uns mehr liebt, als wir selbst uns lieben.

Heute habe ich das Gefühl, dass das Wichtigste beim Schweigen ist, dass man die Zeiten gezielt und regelmäßig pflegt. Dasselbe gilt für Exerzitien. Zeiten der Stille sind für meine Seele das, was Übungen für meine Muskeln sind. Wenn ich Fitness-Übungen mache, fühlen sich meine Muskeln beim Verlassen des Übungsraums gewöhnlich gar nicht anders an als sonst. Aber die kumulative Auswirkung ist bemerkenswert. Ganz ähnlich ist es, wenn ich regelmäßige Zeiten der Stille halte. Dabei straffe ich mein inneres Wesen, obwohl ich anfangs überhaupt keinen Unterschied wahrnehme. Diese Übung hilft mir, zu erkennen, wenn ich ungesund lebe und aus meinen Enneagramm-Antrieben heraus handle. Diese Zeiten der Stille helfen mir, tagsüber immer wieder daran zu denken, dass Gott mich einlädt, lieber seine Liebe zu erfahren, als auf Leistung aus zu sein.

Ähnlich, aber unterschiedlich

Martin Laird sagt darüber, wie es sich anfühlt, still oder kontemplativ zu sein: „Wir alle gehen auf dem unsichtbaren Pfad der Kontemplation auf unterschiedlichen Wegen, und jeder Weg ist dick überwuchert von Schlingpflanzen der Vorsehung.“[32] Im Lauf meiner sich immer weiter entwickelnden Schweigeerfahrung durch viele Jahre hindurch hilft mir das Enneagramm zu erkennen, was sich auf mich am besten auswirkt. Auch das ist wieder nicht präskriptiver Art (als würde es heißen, das sei die Art und Weise, wie wir leben *müssten*), sondern deskriptiv (also feststellend, was für uns tatsächlich Leben spendend ist). Werfen wir jetzt kurz einen Blick darauf, wie sich auf die verschiedenen Triaden Zeiten des Schweigens unterschiedlich auswirken.

Herzmenschen sind sich ihrer Außenwelt sehr bewusst.[33] Sie schätzen Beziehungen, möchten anderen Menschen helfen und die Probleme der Welt lösen. Sie haben die leise Angst, dass sie unzureichend sind, und so geben sie sich ständig Mühe, dies zu widerlegen, indem sie für andere Menschen immer mehr tun. Die Menschen in dieser Triade müssen lernen, auf die Wünsche ihres eigenen Herzens zu achten. Deshalb ist es für den Menschen in der Herztriade besonders wichtig, sich immer wieder einmal für kurze Zeit von anderen zurückzuziehen. Ein Herzmensch braucht tagtäglich Zeit dafür, sich allein hinzusetzen, seine tiefsten Herzenswünsche hochkommen zu lassen und in der Wahrheit zu ruhen, dass Gott diese Wünsche liebevoll erfüllt (vgl. Psalm 37,4).

Die Menschen in der Kopftriade erfahren das Schweigen etwas anders. Es sind Menschen, die sich auf ihre Innenwelt konzentrieren und besonders auch auf ihre Gedanken. Sie möchten alles verstehen können. Und sie leben mit der Angst, dass ihre persönliche Innenwelt aufgewirbelt und aus dem Gleichgewicht gebracht werden könnte. Wenn sie beten, verführt sie das Plappern ihres Geistes dazu, sich alles Mögliche vorzustellen und sie machen dann verzweifelte Versuche, alles das, was in ihrem Geist herumschwirrt, zu entwirren. Für Kopfmenschen kann es Leben spendend sein, wenn sie aus ihrem Gebet ein Gespräch mit Gott machen. Wenn sie ihre hochtrabenden Vorstellungen, Planungen und Ängste auch nur für einige wenige Minuten zum Verstummen bringen können, können sie vielleicht auf das horchen, was wirklich in ihren Seelen vorgeht, und mit Gott darüber sprechen. Mein Mann setzt sich oft hinter dem Haus ins Freie, was Kopfmenschen guttut. Zuweilen meine ich, dass er mit sich selbst redet. Aber er redet gar nicht mit sich selbst, sondern mit Gott, und er legt seine vielen Gedanken in Gottes gnädige, liebevolle Hände. Wenn Kopfmenschen das tun, sind sie dazu eingeladen, den Frieden zu erfahren, „der alles Verstehen übersteigt“ (Philipper 4,7).

Für Bauchmenschen ergibt sich eine besondere Herausforderung, wenn sie ins Schweigen gehen. Sie sind sich sowohl ihrer inneren als auch ihrer äußeren Welt bewusst. Sie schwelgen darin, stark zu sein und alles unter Kontrolle zu haben. Die Vorstellung, auf dieses starke innere Bedürfnis auch nur wenige Minuten lang verzichten zu müssen, kann für sie schrecklich sein. Sie sind oft hoch energetische Menschen und müssen sich gewaltig anstrengen, langsamer zu machen und in Gottes Gegenwart still zu sein. Gott lädt die Menschen in der Bauchtriade dazu ein, ruhig, still und allein zu bleiben und ihm nicht alle möglichen Vorschläge zu machen, wie er die Welt verändern sollte. Sie müssen einfach alles laufen lassen können und damit aufhören, sich Sorgen um ihre innere oder äußere Welt zu machen. Eine gute Freundin von mir ist in der Bauchtriade und hat mir schon oft gesagt – als sei das eine neue Entdeckung –, sie habe das Bedürfnis, einfach nur zu sitzen. Sie müsse sich immer wieder zumindest einige Minuten lang darauf besinnen, dass sie kein ständig aktiver, sondern ein wesentlicher Mensch sei. Gott sage zu ihr: „Lass ab und erkenne, dass ich Gott bin“ (Psalm 46,11).

Selbst wenn wir alle im Enneagramm eine Heimatbasis haben, teilen wir einige Aspekte aller Räume. Unsere Zeiten des Stillseins werden dann Gottes Einladungen in alle drei Triaden spiegeln. Zuweilen muss ich einfach sitzen und ganz bewusst alles loslassen, was ich eigentlich tun müsste. Und zu anderen Zeiten muss ich mit Gott besprechen, was ich tief in meiner Seele erfahre. Und zuweilen muss ich einfach nur sitzen und überhaupt nichts sagen und nichts tun. Diese Zeiten der Stille führen mich zur Erfahrung eines Schweigens, das es mir oft ermöglicht, das „sanfte Säuseln“ des Heiligen Geistes zu vernehmen (vgl. 1 Könige 19,12).

Wir merken, dass unsere Schweigezeiten unser Leben wirksam beeinflussen, wenn unsere Reaktionen auf Menschen und bestimmte Umstände offener und geduldiger werden. Dann sagen wir uns nicht mehr so oft: „Das hätte mir nicht passieren dürfen!“ oder „Das hätte er nicht tun sollen!“ Oder vielleicht auch: „Im Augenblick kann ich damit nicht richtig umgehen!“ Anstelle dieses reaktiven Kommentars beginnen wir die Früchte des Heiligen Geistes in unserem Leben zu sehen: Liebe, Freude,

Friede, Langmut, Freundlichkeit, Güte, Treue, Sanftmut und Selbstbeherrschung (vgl. Galater 5,22–23). Wir sehen sie nicht andauernd. Aber wenn wir sie sehen, fragen wir uns oft unwillkürlich: „Woher ist das jetzt gekommen?" Es kam vom Heiligen Geist, der uns in unseren Zeiten der Ruhe und Stille verwandelt hat.

Wenn wir die Disziplin des vorsätzlichen Schweigens zumindest einmal am Tag (sei es eine Minute, fünf Minuten oder zwanzig Minuten lang) praktizieren, werden wir merken, dass wir tagsüber immer wieder einmal zu spontanen und unerwarteten Zeiten ins Schweigen eintauchen können. Eine gute Freundin von mir macht in unserem örtlichen Gefängnis regelmäßig Besuche. Eines Nachmittags musste sie länger im Wartezimmer bleiben, bis sie die Erlaubnis zum Hineingehen bekam. Sie erzählte danach: „Das war großartig. Ich fand da die Gelegenheit, einfach dazusitzen und zu schweigen, bis ich mit dem Bibelunterricht anfangen konnte." Wunderbar! Gefängnisse sind nicht gerade als stille Räumlichkeiten bekannt. Aber für meine Freundin war an diesem Abend die Stille ein Gottesgeschenk.

Hingabe

Zum Geheiltwerden von unseren Enneagramm-Süchten gehören Leiden, Schweigen und schließlich Hingabe. Die Hingabe ist eine weitere geheimnisvolle Erfahrung. Anfangs findet man sie nicht gut. Unser Ego fürchtet sich vor unserer Hingabe an Gott. Augustinus sagte: „Die ganze Zeit wollte ich dastehen und zuhören, deiner Stimme zuhören. Aber das konnte ich nicht, weil eine andere Stimme, die Stimme meines Ichs, mich davon wegzerrte."[34]

Unser Ego versucht uns von der Hingabe fernzuhalten. Aber unser Ego sagt uns nicht die Wahrheit. Dem Ego kommt die Hingabe wie eine Kapitulation oder ein Aufgeben vor. Mein Ego flüstert mir ein, ich sei besser als alle anderen oder nicht gut genug, oder einfach, dass ich vermutlich gar nicht der Mensch sein könne, für den ich mich halte. Die Hingabe oder aufzuhören, nach Erfolgen zu gieren, ermöglichen es mir, mein Mich-Klammern an diese Lügen zu lockern. Die Hingabe lädt uns zu einer tieferen Liebe ein, als wir sie je gekannt haben. David Benner sagt: „Aus der Sicht des Egos ist die Hingabe das Kreischen des Schweins auf seinem Weg zum Schlachter. Aber unter einem anderen Blickwinkel können wir sie uns als Geburtsschrei vorstellen."[35] Jesus sagte, wir müssten „von neuem geboren werden" (Johannes 3,3). Diese Neugeburt scheint offensichtlich schmerzhaft zu sein.

Das Willkommensgebet

Das „Willkommensgebet" (*Welcoming Prayer*) ist eine Übung der Organisation *Contemplative Outreach* (contemplativeoutreach.org). Es hat zwar nicht spezifisch mit dem Enneagramm zu tun, ist aber für unseren Enneagramm-Weg ganz hilfreich. Es heißt darin zum Beispiel: „Ich lasse meinen Wunsch nach Zuneigung, Bestätigung und Beifall los. Ich lasse meinen Wunsch nach Überleben und Sicherheit los. Ich lasse meinen Wunsch nach Macht und Kontrolle los."

Wenn wir den Ansturm unserer Süchte erleben, die Frustration unserer Zwänge oder einfach nur die nicht genau erklärbaren Ängste unseres Alltagslebens, können wir dieses Gebet sprechen. Denjenigen unter uns, die der Herztriade angehören, kommt vielleicht zuerst das Loslassen von Zuneigung, Bestätigung und Beifall in den Sinn.

Zuweilen ist alles, was wir beten können, dies: „O Herr, ich möchte, dass ich meinen Wunsch nach Zuneigung, Sicherheit oder Kontrolle loslassen kann. Ich weiß nicht einmal, was dabei das Problem ist." Beten Sie einfach nur dieses Gebet. Lassen Sie sich nicht auf die Versuchung ein, darüber zu fantasieren, wie

Sie Zuneigung, Sicherheit oder Kontrolle bekommen könnten – oder wie Sie es fertigbringen könnten, dies nicht mehr so dringend zu brauchen. Diese Art von Anstrengung kann eine neue Form von Ego-Trip sein. („Ich kann selbst damit zurechtkommen.“) In Wahrheit ist es so, dass ich in der Anspannung des Augenblicks nur nach der Gnade Gottes schreien kann. Wenn wir unsere Hoffnung und unser Streben Gott vorlegen, liefern wir uns seiner Liebe aus und lassen von unserem eigenen Bemühen ab, dies zu erreichen.

Das ist die Auslieferung Marias, als sie erfuhr, dass sie Gottes Sohn zur Welt bringen würde: „Mir geschehe, wie du es gesagt hast“ (Lukas 1,38) und ein Echo der Hingabe Jesu: „Vater, in deine Hände lege ich meinen Geist“ (Lukas 23,46).

Mose wies die Israeliten an, still zu sein und zuzusehen, wie Gott sie erlösen würde. „Erlösung“ kann vielleicht ein anderer Ausdruck für „Kapitulation“ sein. Wenn wir kapitulieren, erlöst uns Gott.

Die Gabe des Kapitulierens besteht darin, dass wir es nicht länger für notwendig halten, uns abzuschirmen. Wir müssen nicht mehr alles tun, was wir tun möchten. Wir brauchen nicht mehr alles zu tun, von dem wir denken, dass wir es tun müssten. Wir müssen uns nicht mehr selbst verteidigen. Dieser Weg dauert ein Leben lang. Aber wir ergeben uns Jemandem, der jeden unserer Schritte auf unserem Weg begleiten wird.

Zum Nachdenken und für die Diskussion

1. Welche Konsequenzen hat es, wenn Sie Ihre eigenen Gaben übertreiben?

   Wann haben Sie schon unter solchen Konsequenzen „gelitten“? Wie hat sich das angefühlt?

2. „Der Apostel Paulus sprach von einem „Stachel in seinem Fleisch“, einem „Boten Satans, der mich mit Fäusten schlagen soll, damit ich mich nicht überhebe. Dreimal habe ich den Herrn angefleht, dass dieser Bote Satans von mir ablasse. Gott aber antwortete mir: Meine Gnade genügt dir; denn sie erweist ihre Kraft in der Schwachheit.“ – Gibt es Elemente in Ihrem Leben, die Sie als „Stachel“ oder „Schwachheit“ empfinden?

   Was könnte das mit Ihrem Enneagramm-Raum zu tun haben?

   Wie haben Sie schon einmal erfahren (oder gehofft), dass Ihnen Gottes Gnade genügt?

3. „Martin Laird äußert in seinem Buch *Into the Silent Land*, dass dann, wenn wir schweigen, wir uns „davon wegbewegen, Opfer dessen zu sein, was geschieht, und uns dorthin ausrichten, wo wir Zeugen dessen werden, was geschieht.“ Was ist in unserem Leben der Unterschied zwischen dem Zeuge-Sein und dem Opfer-Sein?

   Wie haben Sie diesen Unterschied erfahren?

   Inwiefern kann die Kenntnis des Enneagramms uns helfen, in eine Zeugen-Position zu kommen?

4. „Das Alleinsein in der Stille der Gegenwart Gottes ist für unsere geistliche Gesundheit genauso wichtig, wie es Schlaf und Nahrung für unsere körperliche Gesundheit ist. Ich glaube kaum, dass wir ohne dies eine Verwandlung erleben können. Aber in jedem Enneagramm-Raum gibt es Ausreden.“ – Welche Erfahrungen haben Sie damit gemacht, im Schweigen zu verweilen?

5. „Zum Geheiltwerden von unseren Enneagramm-Süchten gehören Leiden, Schweigen und schließlich Hingabe. Die Hingabe ist ganz sicher eine weitere geheimnisvolle Erfahrung. Anfangs findet man sie nicht gut. Unser Ego fürchtet sich vor unserer Hingabe an Gott."

   Warum ist wohl die Hingabe für unser Ego oder unser falsches Selbst etwas, wovor es sich fürchtet?

6. „Ich lasse meinen Wunsch nach Zuneigung, Bestätigung und Beifall los. Ich lasse meinen Wunsch nach Überleben und Sicherheit los. Ich lasse meinen Wunsch nach Macht und Kontrolle los."– Wie empfinden Sie dieses Gebet?

   Verbringen Sie etwas Zeit damit, in der Stille so zu beten.

Eine persönliche Meditation

Mit Christus gekreuzigt sein: Galater 2,19–21

Ich bin mit Christus gekreuzigt worden; nicht mehr ich lebe, sondern Christus lebt in mir. Soweit ich aber jetzt noch in dieser Welt lebe, lebe ich im Glauben an den Sohn Gottes, der mich geliebt und sich für mich hingegeben hat. Ich missachte die Gnade Gottes in keiner Weise; denn käme die Gerechtigkeit durch das Gesetz, so wäre Christus vergeblich gestorben.

1. Nehmen Sie sich einige Minuten Zeit, still und für die Liebe Gottes offen zu werden. Atmen Sie mehrmals tief durch und denken Sie daran, dass der Geist Gottes Atem ist und Ihrem Inneren immer wieder neues Leben einhaucht.

2. „Ich bin mit Christus gekreuzigt worden. Nicht mehr ich lebe", bin also nicht der Mittelpunkt. Das ist eine Wahrheit, mit der wir uns immer wieder beschäftigen müssen, um sie erfahren zu können. Inwiefern hilft Ihnen Ihre Kenntnis des Enneagramms dazu, sie richtig wahrzunehmen?

3. „Christus lebt in mir. Soweit ich aber jetzt noch in dieser Welt lebe, lebe ich im Glauben an den Sohn Gottes." Wie würden Sie beim Nachdenken über das, was Sie vom Enneagramm über sich selbst gelernt haben, diesen Vers formulieren, um sich selbst damit zu beschreiben?

4. „Ich lebe im Glauben an den Sohn Gottes, der mich geliebt und sich für mich hingegeben hat." Was bedeutet Ihrer Ansicht nach die Aussage von Paulus, das Leben, das wir ihn leben sähen, sei nicht das „seinige"? Wie erfahren Sie das in Ihrem eigenen Leben?

5. Welchen Unterschied macht es, wenn jetzt für Sie das Ego nicht mehr die zentrale Rolle spielt und Gott Sie liebt? Versuchen Sie, dies mit einem kurzen Gebet zum Ausdruck zu bringen.

12 Die weitere Reise

Das Enneagramm ist ein Spiegel für die Seele. Wenn ich zuweilen in den Spiegel blicke, muss ich ehrlicherweise sagen, dass alles, was ich sehe, das entmutigende Bild meines falschen Selbsts mit seinen ichbezogenen Zwängen und seinem süchtigen Haften an allen möglichen Illusionen ist. Zuweilen sehe ich im Spiegel des Enneagramms auch mein wahres Selbst, dieses begabte, freie Ich, das unwillkürlich zu selbstloser Liebe fähig ist. Gewöhnlich sehe ich eine verworrene Mischung von beidem. Aber ich sehe auch die Gnade. Die Gnade lenkt mich von der Illusion weg und verweist mich auf die Wahrheit, dass Gott mich liebt.

In der Woche nach unserer Verlobung schrieb mir Bobs Mutter: „Liebe Alice, ich habe schon von dem Moment an, als Bob ein Baby war, für dich gebetet. Das war, als hätte ich dich dunkel in einem Spiegel gesehen, und jetzt sehe ich dich von Angesicht zu Angesicht." Natürlich bezog sie sich dabei auf die Worte von Paulus in 1 Korinther 13,12, wo Paulus unseren geistlichen Weg mit dem Blicken in einen Spiegel vergleicht. Zunächst war dieses Spiegelbild noch recht unklar. Während der Zeit, als Bob noch ein Baby war, konnte seine Mutter zunächst nur eine vage Vorstellung von der Frau haben, die Bob später heiraten würde. Ich bin mir sicher: Als sie mir zum ersten Mal begegnete, sah ich ziemlich anders aus als sie es erwartet hatte. Auf ähnliche Weise ist das so, wenn ich mich selbst im Spiegel des Enneagramms betrachte: Da sehe ich nicht immer alles ganz klar, sondern ich entdecke nur einige Hinweise auf den Menschen, der ich werde, aber zu meiner Überraschung liebt mich Gott mehr, als ich mir jemals vorstellen kann.

Über das Wissen hinaus verwandelt werden

Jetzt ist es an der Zeit, über das Wissen hinauszublicken, dass das Enneagramm uns im Spiegel der Selbstwahrnehmung und des Reiferwerdens erschließt. Die Informationen über dieses erstaunliche Paradigma genügen mir nicht. Ich brauche weitergehende Wahrnehmungs- und Verwandlungserfahrungen. Nach dieser Quelle suche ich in der Heiligen Schrift. Im weiteren Verlauf meines Enneagramm-Wegs lasse ich meine Bibel offen vor mir liegen. Die Selbstwahrnehmung, zu der mir das Enneagramm verhilft, ermöglicht es mir auch, die Heilige Schrift auf persönlichere, nachdenklichere Weise zu lesen. Das heißt, dass ich das erfahre, was der Verfasser des Hebräerbriefs an die Frühkirche geschrieben hat: „Lebendig ist das Wort Gottes, kraftvoll und stärker als jedes zweischneidige Schwert; es dringt durch bis zur Scheidung von Seele und Geist (…), es richtet über die Regungen und Gedanken des Herzens." (Hebräer 4,12) Das Enneagramm hat mir einen Vorsprung dabei gegeben, die Gedanken und Absichten meines Herzens zu erkennen. Das hat mir geholfen, mittels der Worte der Bibel in einen fortlaufenden Verwandlungsprozess einzutreten. Der Psalmist sagt: „Dein Wort ist meinem Fuß eine Leuchte, ein Licht für meine Pfade." (Psalm 119,105) Das brauche ich: Nicht bloß eine Landkarte, sondern auch jemanden, der mir den Weg beleuchtet.

Diese Art von Verwandlungserfahrung bewirkt nicht viel. Wir sehen jeweils nur so viel, dass es reicht, um in jeder Lebensphase gut damit umgehen zu können. Selbst Jesus sagte seinen Jüngern nicht alles auf einmal, was sie hätten wissen müssen. „Noch vieles habe ich euch zu sagen, aber ihr könnt es jetzt nicht tragen. Wenn aber jener kommt, der Geist der Wahrheit, wird er euch in die ganze Wahrheit führen.“ (Johannes 16,12–13) Indem der Heilige Geist uns die Wahrheit erschließt, sind wir auf einem fortlaufenden Weg der Verwandlung. Die Kenntnis des Enneagramms steigert unsere Selbstwahrnehmung und hilft uns, auf unserem Weg weiterzugehen.

Aber die Arten, wie wir uns auf das Wort Gottes einlassen, sind unterschiedlich, je nach unseren Bedürfnissen und Gaben, unserem Temperament und – so wage ich zu sagen – unserem Enneagramm-Raum. Viele Menschen erlernen biblische Wahrheiten auf dem Weg über Sonntagspredigten. Andere lesen Andachtsbücher. Viele von uns beschäftigen sich allein oder in Gruppen mit Bibelstudien, wobei wir Verse oder in der Bibel berichtete Ereignisse analysieren und dazu unsere Fähigkeiten zum Analysieren und Nachdenken einsetzen, um den eigentlichen Sinn des jeweiligen Abschnitts zu erkennen. Predigten, Andacht und Analysen – alles das ist wichtig, aber ich möchte zwei weitere Wege dafür vorschlagen, die Heilige Schrift zu lesen, weil sie sich recht gut dafür eignen, uns in die Wahrnehmungsweise einzuführen, die uns das Enneagramm erschließt.

Lectio Divina

Ein Zugang ist die „Lectio Divina“ (wörtlich: „göttliche Lesung“, im Sinn von „sich lesend mit Gott bzw. Texten über ihn zu beschäftigen“). Thelma Hall schreibt in ihrem Buch *Too Deep for Words* („Für Worte zu tief“), wenn sie sich auf diese Weise mit der Heiligen Schrift beschäftige, lese sie immer wieder einige Verse und verweile dann einige Zeit damit, deren Wahrheiten auf ihr Leben wirken zu lassen. Sie sagt: „Ich wähle mir einen –

vorzugsweise kurzen – Text aus, lese ihn langsam und höre ihn mir innerlich mit ganzer Aufmerksamkeit an (...) Dabei geht es mir darum, mir diese Worte persönlich anzueignen, sie wahr-zu-nehmen, weil Gott sie mir hier und jetzt zuspricht.“ Zudem sagt sie, dass bei dieser Weise des Lesens „das, was wir hören, vielleicht mehr aussagt, als die Wörter an sich herüberbringen. Der Geist, der sie verlebendigt, ist selbst der Sinn, den er mehr durch die Wörter als mittels ihrer zum Ausdruck bringt.“[36]

In ihrer klassischen Form wird die Lectio Divina mit sechs lateinischen Begriffen beschrieben: *silentium, lectio, meditatio, oratio, contemplatio und incarnatio.* Ich möchte hier eine kurze Beschreibung dieser Erfahrung bringen, aber als besonders hervorragende, ausführliche Beschreibung empfehle ich *Opening to God* von David Benner.[37]

Wir beginnen hier mit *silentium*, bei dem es sich um einige Minuten des Schweigens handelt, während derer wir unsere unmittelbaren Tagessorgen ganz zum Verstummen bringen und uns öffnen für das, was Gott uns auf dem Weg über unser Lesen mitteilen will. Die *lectio* ist der Akt des Lesens. Es ist empfehlenswert, die einzelnen Abschnitte mindestens zweimal zu lesen, vielleicht sogar einmal davon laut. Daran schließt sich die *meditatio* an. Dabei denken wir über das Gelesene nach und lassen auf uns wirken, was diese Sätze uns sagen. Mit der *oratio* formulieren wir daraufhin eine Antwort an Gott und schildern ihm die Gefühle, die uns während unseres Nachdenkens über die Abschnitte gekommen sind. Darauf folgt die *contemplatio*, bei der wir auf Gott horchen. Das findet statt, wenn der Heilige Geist das Wort in unseren Herzen lebendig werden lässt. Welchen Gedanken oder welches Gefühl oder welche Aussicht eröffnet mir diese Stelle für mein Leben hier und jetzt? Wir verharren im Schweigen. Der Heilige Geist flüstert uns etwas ein. Und schließlich kommt noch die *incarnatio*, bei der uns aufgeht, ob und wie Gott uns vielleicht auffordert, die Wahrheiten dieser Abschnitte auf unser Innenleben und unsere Tätigkeiten anzuwenden.

Manche Menschen führen ein Tagebuch über ihre Gedanken und Reaktionen. Andere malen Bilder ihrer Erfahrung. Wieder andere singen. Man kann auch auf seine Kenntnis des Enneagramms zurückgreifen und feststellen, wie einen sogar das Aussehen des eigenen Heimat-Raums die Empfänglichkeit für die Heilige Schrift beeinflusst. Das Ziel ist hier, still zu werden, zu horchen und zu hören, wie der Heilige Geist uns in die Wahrheit einführt, ganz so, wie Jesus uns das versprochen hat.

In die Geschichte eintreten

Eine andere Weise, sich auf die Heilige Schrift einzulassen, wurzelt in der ignatianischen Spiritualität, die Ignatius von Loyola gelehrt hat, der Gründer der Jesuiten im 16. Jahrhundert. Die Psychologin und geistliche Leiterin Irene Alexander beschreibt, wie uns anhand dieser Lesemethode eine Verwandlung widerfahren kann. Sie regt dazu an, uns in biblische Geschichten zu vertiefen und sie auf emotionale Weise zu lesen, also „uns vorzustellen und mitzuempfinden, welche Gefühle den betreffenden Mensch wohl beschäftigen und sodann auf den Teil unser selbst zu achten, der sich in diesem Gefühl wiederfindet." Indem wir imaginieren, was der Mensch in dieser Geschichte erfährt, „befähigt diese Konzentration unser Herz, Gottes Geist in uns wahrzunehmen und uns in eine Geschichte hineinzuführen, die auf die Herausforderung zutrifft, die wir erfahren."[38]

Wenn wir uns auf diese Weise auf die Heilige Schrift einlassen, passt das sehr gut zu unserem Studium des Enneagramms. Genau wie wir unser Alltagsleben von unserer eigenen Enneagramm-Nummer her betrachten, so werden wir auch die Bibel von einem bestimmten Blickwinkel aus lesen. Die Kenntnis des Enneagramms und insbesondere die Kenntnis unserer eigenen Triade oder unseres eigenen Raums wird uns helfen, uns auf persönlichere Weise auf die Heilige Schrift einzulassen. Zuweilen erkenne ich in den Lebensbeschreibungen von Menschen, über die ich etwas lese, meine eigenen Antriebe. Und zuweilen helfen mir die Gaben meiner Triade, die Probleme besser zu verstehen, die sie womöglich haben. Die Kenntnis des Enneagramms hat meine Selbstwahrnehmung vertieft, und diese Wahrnehmung hat mich dazu befähigt, die Heilige Schrift auf lebendigere, lebensnähere Weise zu verstehen. Ich kann jetzt auf Arten „hören", wie ich das zuvor noch nicht konnte.

Die *Lectio Divina* und die ignatianische Spiritualität können auf diejenigen, die eher an eine kognitive, lineare Leseweise der Heiligen Schrift gewöhnt sind, etwas abschreckend wirken. Diese Zugänge sind sehr persönlich und spiegeln eine Vertrautheit mit Gott, die tatsächlich tiefer ist als alle Worte. Aber wir brauchen dabei nicht zu befürchten, dass wir die Wahrheit verfehlen könnten. Wir haben ja das Versprechen Jesu an seine Jünger: „Der Beistand aber, der Heilige Geist, den der Vater in meinem Namen senden wird, der wird euch alles lehren und euch an alles erinnern, was ich euch gesagt habe." (Johannes 14,26) Und wir haben die Zusage von Paulus an die Kirche von Philippi: „Wenn ihr anders über etwas denkt, wird Gott euch das offenbaren." (Philipper 3,15)

Wir kommen durchaus nicht von der Wahrheit ab, wenn wir die Heilige Schrift auf diese persönliche Weise oder auch auf analytische, historische Weise lesen, denn der Heilige Geist wird unserem Herzen und Geist die Wahrheit ganz auf die Weise einflüstern, die wir hören und verstehen können. Von daher gesehen habe ich mich zu dem riskanten Versuch entschlossen, Ihnen eine meiner jüngsten Erfahrungen mit einer Stelle aus dem Matthäus-Evangelium vorzustellen. Dieses Unternehmen dauerte lange Zeit und beschäftigte mich viele Monate immer wieder. Meine Erfahrung damit spiegelt sowohl die *Lectio Divina* als auch die ignatianische Spiritualität. Sie werden deutlich erkennen, wie ich von der Herztriade her und durch meine VIERer-Stellung beeinflusst wurde, als ich mich auf diese Stelle über mehrere Monate hinweg eingelassen hatte.

Petrus geht über das Wasser: Eine persönliche Reflexion

Ich habe mir diese Stelle genauer angesehen, nachdem mehrere ganz verschiedene Menschen mich binnen weniger Tage auf die Geschichte von Petrus, der über das Wasser gegangen war, aufmerksam gemacht hatten. Diese Stelle war mir ja vertraut. Aber wenn ich in ganz unterschiedlichen Zusammenhängen mehrmals ein und dasselbe erwähnt höre, versuche ich, mir das genauer anzusehen. Es könnte ja eine Einladung von Gott sein. In diesem Fall war es das auch.

Als ich die Stelle nachschaute, las ich Folgendes:

Gleich darauf forderte Jesus die Jünger auf, ins Boot zu steigen und an das andere Ufer vorauszufahren. Inzwischen wollte er die Leute nach Hause schicken. Nachdem er sie weggeschickt hatte, stieg er auf einen Berg, um in der Einsamkeit zu beten. Spät am Abend war er immer noch allein auf dem Berg. Das Boot aber war schon viele Stadien vom Land entfernt und wurde von den Wellen hin und her geworfen; denn sie hatten Gegenwind. In der vierten Nachtwache kam Jesus zu ihnen; er ging auf dem See. Als ihn die Jünger über den See kommen sahen, erschraken sie, weil sie meinten, es sei ein Gespenst, und sie schrien vor Angst. Doch Jesus begann mit ihnen zu reden und sagte: Habt Vertrauen, ich bin es; fürchtet euch nicht! Darauf erwiderte ihm Petrus: Herr, wenn du es bist, so befiehl, dass ich auf dem Wasser zu dir komme. Jesus sagte: Komm! Da stieg Petrus aus dem Boot und ging über das Wasser auf Jesus zu. Als er aber sah, wie heftig der Wind war, bekam er Angst und begann unterzugehen. Er schrie: Herr, rette mich! Jesus streckte sofort die Hand aus, ergriff ihn und sagte zu ihm: Du Kleingläubiger, warum hast du gezweifelt? Und als sie ins Boot gestiegen waren, legte sich der Wind. (Matthäus 14,22–32)

Als erstes stellte ich mir die Frage, was Petrus in dieser Nacht auf seinem Boot wohl gedacht und empfunden hatte. Dass Petrus auf den See hinaus ruderte, in den Sturm hinein, war die Idee von Jesus gewesen. Jesus „forderte die Jünger auf, ins Boot zu steigen", heißt es. Dann stieg er auf einen Berghang, um dort zu beten. Das ergibt für mich keinen Sinn. Wenn ich in Schwierigkeiten bin, möchte ich, dass Jesus zur Stelle ist und mir hilft, statt irgendwo anders seine Ruhe zu genießen. Auch wenn Jesus auf den Berg gegangen sein mochte, um für die Jünger zu beten, war es doch seine Idee gewesen, sie sollten aufs Wasser hinausfahren, und dann mussten sie gegen die Wellen ankämpfen. Das kam mir alles ganz verkehrt herum vor, nämlich genau anders, als ich mir vorstellte, wie es sich abspielen sollte. Wenn ich Petrus gewesen wäre, hätte ich Jesus zugerufen: „Jesus, warum hast du uns hier herausgeschickt?!"

Kurze Zeit, nachdem ich mich mit dieser Stelle beschäftigt hatte, kam mein Mann von einer schwierigen Sitzung heim. Als wir den Hund im Park spazieren führten, schilderte er mir seine Enttäuschungen und ich „half" ihm mit vielerlei Vorschlägen. (Das ist meine Job-Beschreibung als Herzmensch.) Als wir so dahingingen und miteinander sprachen, wurde mir klar, dass das nichts half. Da kam mir plötzlich der Gedanke in den Kopf: *Das ist nicht dein Boot.* Hoppla! Vielleicht hatte Jesus es zugelassen, dass Bob in den Sturm hinausging, und da war nun ich und versuchte, ihn zu stillen. Ich verbrachte mehrere Tage damit, umherzugehen und zu mir selbst zu sagen: *Das ist nicht dein Boot!*

Beim Beten kam mir die Frage: „Was soll ich denn mit der Traurigkeit und Frustration tun, die ich empfinde, wenn ich mit ansehe, wie dieses Boot wüst im See herumschaukelt, wo das doch gar nicht mein Boot ist?" Als VIER konzentrierte ich mich auf den Sturm. Er überwältigte mich. Als Antwort auf meine Frage schien ich zu „hören": *Komm zu mir auf den Berg!* Ach ja, das war Gottes Aufforderung an mich: Ich sollte mich Jesus am Berghang anschließen. Wenn ich bei Jesus wäre, könnte ich für Bob beten, aber die besondere Einladung war die, dass ich selbst bei Jesus sein sollte. Ich sollte in seiner Gegenwart, seiner Weisheit und seiner Liebe Trost finden. Das hieß anders gesagt: Ich sollte mich nicht auf den Sturm konzentrieren, sondern auf Jesus.

Aber diese Geschichte geht weiter, sowohl die meinige als auch die im Evangelium. Kurz nachdem ich da auf den Berg eingeladen worden war, um bei Jesus zu sein, machten Bob und ich bei einer unserer Töchter und deren Familie einen Besuch. Alle Eltern wissen, dass es im Leben ihrer Kinder immer wieder zu heftigen Stürmen und Wellen kommt. Ich wusste, dass ich da auf ein ganzes Meer voller Boote treffen würde, die nicht die meinigen waren – sondern die Boote meiner Töchter, meiner Enkelkinder und sogar (um die ganze Wahrheit zu sagen) die Boote ihrer Hunde. Das würde dann wie das Abschlussexamen für die Verwandlungsklasse namens „Einführung in die Situation ‚Nicht mein Boot'" sein. Als wir zu ihrem Haus fuhren, hoffte ich, dass ich mein Examen bestehen würde.

Es wurde schwieriger, als ich gedacht hatte. Ich fand mich nicht nur dem grundlosen Gefühl der Herztriade ausgeliefert, für das Zurechtrücken von allem verantwortlich zu sein, sondern ich machte auch die Erfahrung meines VIERer-Wunsches, etwas Besonderes zu sein, indem ich auf kreative Weise meine Hilfe anbieten konnte, was andere Menschen nicht fertigbringen. Ich konnte deutlich die damit verbundene Melancholie empfinden, die sich oft aus der Wahrnehmung ergibt, dass ich alles das gar nicht schaffe, was zu erledigen mein falsches Selbst mir aufträgt. Ich beschloss, meine Sorgen meiner Tochter zu beichten und sagte ihr, dass ich versuchte, nicht in ihr Boot zu steigen, wenn ich nicht reingehörte. Aber um Himmels willen, ich bin doch ihre Mutter! Wolle sie denn ihre Mutter nicht im Boot haben? „Ja, schon", sagte sie. „Ich mag dich ganz gern im Boot haben, aber greif nicht nach den Rudern!" Die nächste Botschaft von Gott war: *Du musst nicht nach den Rudern greifen.* (Ich bin immer noch dabei, dieser Einladung nachzukommen.)

Inzwischen bin ich in diese Stelle noch besser hineingekommen. Als nächstes machte ich wie Petrus den Versuch, übers Wasser zu gehen. Wie um alles in der Welt würde sich das anfühlen? Für mich bedeutete das Gehen auf dem Wasser, nicht in die tiefen, düsteren Gefühle der Schwermut hinabzusinken, die immer vor meiner VIERer-Tür lauern. Zudem bedeutet das, nicht alles zu persönlich zu nehmen. Es bedeutet, nicht zu glauben, dass alle andern über Fähigkeiten und Eigenschaften verfügen, die mir abgehen. Es bedeutet, nicht den Zwängen meines falschen Selbsts nachzugeben. Dies auch nur ein paar Minuten lang durchzuhalten, scheint so unmöglich zu sein, wie übers Wasser zu gehen.

Nein, sage ich, *das kann ich nicht tun.* Gott erwidert: *Versuche es, nur einen Schritt.* So probiere ich es wie Petrus aus, immer nur einen Schritt auf einmal. Ich fange an zu sinken und vergesse, den Lügen nicht zu glauben. Jesus greift nach mir, um mich zu fassen, aber sogar seine Worte „O du ungläubiger Mensch, warum hast du gezweifelt?" kann ich nur schwer hören. In der Tonlage der Stimme meines falschen Selbsts klingen Jesu Worte ungefähr so: „Was hast du nur? Kannst du nicht einmal glauben?" In Wahrheit ist es so, dass mir die Worte mit der Liebe eines Vaters oder einer Mutter so zugesprochen wurden: „Ich weiß, dass es dir derzeit schwerfällt zu glauben. Eines Tages wirst du darauf zurückblicken und wissen, dass du nicht zu zweifeln brauchtest."

Schließlich tue ich das, was Petrus tat: Ich steige zu Jesus ins Boot. *Und der Wind legt sich.* Das ist der Punkt, an dem ich heute bin. Vier Monate nachdem ich mich mit dieser Stelle beschäftigt habe, lebe ich mit der Wahrheit, dass, wenn Jesus in meinem Boot ist, der Wind aufhört. Ich versuche tagtäglich, mir das vor Augen zu halten.

Die Art, auf die ich mich auf Matthäus 14 eingelassen habe, ist sicher anders, als es die Ihrige sein wird. Diese Überlegungen sind nicht von derselben Art, wie man sie bei einem typischen Bibelstudium oder bei der Vorbereitung einer Predigt anstellt. Mir geht es darum, ein Zusammenspiel der vielfältigen Wege zu finden, die Heilige Schrift zu erfahren. Dieser persönliche Zugang zum Bibellesen öffnet mich dafür, auf den Heiligen Geist zu hören, wie er mir hilft, zu Zeiten, in denen ich auf ihn hören sollte, eine ganz spezifische, subtile und geheimnisvolle Wahrheit auf mein eigenes Leben anzuwenden.

Zum Nachdenken und für die Diskussion

1. „Jesus sagte seinen Jüngern nicht alles, was sie wissen sollten, auf einmal. ‚Noch vieles habe ich euch zu sagen, aber ihr könnt es jetzt nicht tragen. Wenn aber jener kommt, der Geist der Wahrheit, wird er euch in die ganze Wahrheit führen.'" (Johannes 16,12–13) Inwiefern machen Sie die Erfahrung, dass der Geist der Wahrheit Sie in mehr Wahrheit einführt?

2. Wann haben Sie sich eine Wahrheit angeeignet, von der Sie wissen, dass Sie diese zu einer früheren Zeit in Ihrem Leben nicht hätten erfassen können? Wirkt das für Sie wie eine Gnade oder wie eine Zeitverschwendung?

3. Mit welchen Worten lassen sich Ihre Erfahrungen des Lesens in der Bibel beschreiben? Finden Sie es interessant? Aufregend? Verwirrend? Schuldgefühle weckend? Lustig? Oder können Sie das noch mit anderen Worten ausdrücken?

   Welche Erfahrungen haben Sie schon damit gemacht, die Bibel in Form der *Lectio Divina* zu lesen oder auf ignatianische Weise? Was gefällt Ihnen an diesen Zugängen zur Heiligen Schrift? Welche Fragen haben Sie dazu?

4. Vielleicht können Sie sich entweder allein oder mit einer Gruppe die Zeit nehmen, sich auf die folgende Meditation über Markus 10,46–52 einzulassen. Wie fühlt es sich für Sie an, diesen Abschnitt auf eine so nachdenkliche Weise zu lesen?

Eine persönliche Meditation

Bartimäus begegnet Jesus: Markus 10,46–52

Jesus und seine Jünger kamen nach Jericho. Als er mit seinen Jüngern und einer großen Menschenmenge Jericho wieder verließ, saß an der Straße ein blinder Bettler, Bartimäus, der Sohn des Timäus. Sobald er hörte, dass es Jesus von Nazareth war, rief er laut: Sohn Davids, Jesus, hab Erbarmen mit mir! Viele wurden ärgerlich und befahlen ihm zu schweigen. Er aber schrie noch viel lauter: Sohn Davids, hab Erbarmen mit mir! Jesus blieb stehen und sagte: Ruft ihn her! Sie riefen den Blinden und sagten zu ihm: Hab nur Mut, steh auf, er ruft dich. Da warf er seinen Mantel weg, sprang auf und lief auf Jesus zu. Und Jesus fragte ihn: Was soll ich dir tun? Der Blinde antwortete: Rabbuni, ich möchte wieder sehen können. Da sagte Jesus zu ihm: Geh! Dein Glaube hat dir geholfen. Im gleichen Augenblick konnte er wieder sehen, und er folgte Jesus auf seinem Weg.

1. Lesen Sie den Abschnitt langsam und achten Sie darauf, wer Ihre Aufmerksamkeit am meisten weckt: Jesus, Bartimäus, die Jünger, die Menge oder die Menschen, die Bartimäus zuriefen, er solle schweigen? In welchen Personen der Handlung finden Sie sich selbst wieder?
2. Wenn Sie selbst der Blinde wären: Welche Gefühle hätten Sie wohl, wenn Sie am Rand der Straße sitzen würden, auf der Jesus vorbeikommt? Welche Antwort hätten Sie denen gegeben, die Sie tadelten? Wie würden Sie darauf reagieren, wenn Jesus Sie ansprechen und zum Aufstehen auffordern würde?
3. Wenn Sie einer von denen gewesen wären, die Bartimäus schalten: Was hätten Sie an Bartimäus getadelt, als Sie sahen, was er tat?
4. Stellen Sie sich einen stressigen Umstand oder eine schwierige Beziehung in Ihrem Leben vor. Wenn Jesus Sie fragen würde: „Was soll ich dir tun?“ – Was würden Sie darauf antworten?
5. Welche blinden Flecken in Ihrem eigenen Leben sind Ihnen beim Studium des Enneagramms besonders aufgefallen? Verfassen Sie ein Gebet, in dem Sie Gott bitten, Sie von Ihrer Blindheit zu heilen und Ihnen zu helfen, besser sehen zu lernen.

Epilog

Die Antwort an Alice

Bekam Alice jemals eine Antwort auf ihre Frage? Das weiß ich nicht sicher, aber ich weiß, dass ich mir selbst immer noch diese Frage stelle: „Wer um alles in der Welt bin ich denn?" Die endgültige Antwort darauf weiß allein Gott. Aber dank des Enneagramms weiß ich inzwischen ein bisschen mehr darüber als damals, als ich anfing, sie zu stellen.

Zudem verändere ich mich dank des Enneagramms. Alice im Wunderland stellte sich die Frage, ob sie sich in der Nacht verändert habe. Sie sagte: „Lasst mich nachdenken. War ich heute Morgen beim Aufstehen genau dieselbe wie gestern? Ich meine fast, ich könnte mich daran erinnern, dass ich mich jetzt ein bisschen anders fühle." Auch ich meine mich daran zu erinnern, dass ich mich heute ein bisschen anders fühle als gestern. Dank Gottes verwandelnder Gnade kann ich sogar kaum wahrnehmbare Veränderungen feiern. Und dank des Enneagramms kann ich diese Erfahrung zur Sprache bringen. Und ich weiß auch, dass ich dann, wenn ich in den Spiegel blicke und Dinge sehe, die ich an mir nicht mag, meine Unvollkommenheiten annehmen und dabei die Gewissheit haben kann, dass Gott mich auch damit liebt.

Ich bin für den Spiegel des Enneagramms dankbar. Er spiegelt mir die Wahrheit. Er hilft mir Wege zu sehen, wie ich mich verändern möchte. Er führt mich zur Gnade. Meine Reise in das Enneagramm hat mich nicht ins Wunderland geführt, aber in die Arme eines liebevollen Gottes.

Danksagungen

Ich habe aus der mündlichen Tradition des Enneagramms die Sichtweisen vieler Autoren und Lehrer zusammengeführt und bin für deren Einfluss auf mein Leben und mein Verständnis des Enneagramms für immer dankbar.

Insbesondere denke ich an Richard Rohr und Suzanne Zuercher, deren Bücher ich immer wieder gelesen, verschlungen und verdaut habe. Ihre Worte wurden integraler Bestandteil meiner eigenen Sicht des Enneagramms. Die Schriften und Lehren von Jerry Wagner sowie auch Don Riso und Russ Hudson haben mich zutiefst beeinflusst. Während meiner Niederschrift dieses Textes über das Enneagramm habe ich ihre Beiträge immer wieder schätzen gelernt. Aber ich habe sehr viel mehr von ihnen aufgesogen, als ich im Register am Schluss dieses Buchs dankbar anführen kann. Ich bin allen diesen Autoren und Lehrmeistern ungemein dankbar, mit denen ich mich im Kreis der mündlichen (und schriftlichen) Tradition bewegen konnte.

Etliches Material für dieses Buch fand sich erstmals im *Conversations Journal* 12, Nr. 2 (Herbst/Winter 2014), S. 22–26.

Zudem bin ich auch meiner Kollegin Jessie Vicha zu tiefem Dank verpflichtet. Jessie und ich haben die Reise ins Enneagramm gemeinsam begonnen und auch zahlreiche und weite Reisen zu gemeinsamen Workshops unternommen.

Dankbar bin ich auch denjenigen, die sich auf meine Bitten um Feedback eingelassen haben, sowie auf persönliche Interviews über ihre Erfahrungen mit dem Enneagramm: Sandy Alcorn, Miriam Blank, Steve Dome, Lana Gentile, Jeanie Griffin, Susan Groah, Anita Lustrea, Gau Minkus, Tania Mitton, Suzanne Nies, Barbara Perry, Mary Rimer, Linda Richardson, Mary Kay Richardson, Ewan Russell, Donna Scott, Alice Siehoff, Win und John Stanford, Marilyn Stewart, Don Vicha, Christina Walker. Und ein Dankeschön auch an meine Familie, insbesondere an Bob, Dorie und Elisa. Ich habe euch jahrelang interviewt, vielleicht sogar, ohne dass ihr das gemerkt habt. Danke euch allen für alles, was ihr mir auf so vielfältige Weise geschenkt habt.

Anhang 1 Das Enneagramm in der geistlichen Begleitung

Bevor wir unsere Studie über das Enneagramm verlassen, möchte ich noch einen Blick auf dessen Wert für die geistliche Begleitung werfen. Sowohl beim Enneagramm als auch bei der geistlichen Begleitung geht es darum, uns zu einer tieferen Selbstwahrnehmung anzuleiten, die uns dann ihrerseits tiefer in die Gnade einführt.

Zunächst kurz etwas über die geistliche Begleitung. Die geistliche Begleitung ist eine Beziehung zwischen zwei Menschen, die gemeinsam danach Ausschau halten, wie Gott einen von ihnen durchs Leben führen möchte. Diese Tradition geht auf die Wüstenmütter und -väter zurück und ist uns in der katholischen Tradition erhalten geblieben. In den letzten Jahren haben auch protestantische Kirchen entdeckt, was für eine wertvolle Anleitung zum geistlichen Leben das sein kann.

In der geistlichen Begleitung ist eine Person die/der Anleitende und die andere Person diejenige, die angeleitet wird. Diese Bezeichnungen sind etwas irreführend, aber sie helfen uns, den Unterschied zwischen geistlicher Begleitung und anderen Formen des Austauschs mit Beratern, Freunden und kirchlichen Glaubensgefährten zu verstehen. Der Begleiter ist dabei derjenige, der darin geschult ist, gut zuzuhören und Fragen zu stellen, die den zu Begleitenden dazu anregen, seine Wünsche, Zwänge und Beziehungen auf eine Weise wahrzunehmen, wie sie ihm bislang vielleicht noch nicht aufgegangen war. Der Begleitende „lenkt“ den zu Begleitenden nicht direkt auf die Themen hin, über die sie miteinander sprechen, sondern regt ihn dazu an, auf den Heiligen Geist zu horchen, der uns die Wahrheit und Liebe offenbart. Der/die Leitende schafft einen Raum der Stille, in dem der/die zu Begleitende horchen kann.

Heilung für die verwundete Seele

Manche sagen, wer jemanden geistlich begleite, sei eine Art Hebamme der Seele. Andere vergleichen den/die Begleitende/n als „Arzt einer verwundeten Seele.“ Der Autor Tilden Edwards sagt zu diesem Vergleich:

„Was tut denn ein Arzt, wenn jemand mit einer blutenden Wunde zu ihm kommt? Drei Dinge: Er reinigt die Wunde, fügt zusammen und verschafft ihr Ruhe. Das ist alles. Der Arzt *heilt* nicht, sondern er sorgt für eine *Umgebung*, die den natürlichen Heilungsprozess fördert, so dass dieser einsetzen kann.“[39]

Der geistliche Begleiter schafft also wie der Arzt eine Umgebung, die die Heilung fördert. Aber bei der geistlichen Begleitung geht es um die Heilung der Seele. Diese ist zunächst gar nicht wahrnehmbar und es braucht viel Zeit, bis sie einsetzt. Der Grund dafür, dass die geistliche Begleitung ein Heilungsprozess ist, ist der, dass der Begleiter *zuhört*. Jemandem zuzuhören bedeutet, diesen Menschen zu lieben. Liebe aber heilt.

Ich bin geistliche Leiterin, aber wenn ich zu meinem geistlichen Leiter gehe, auch eine Angeleitete. Das Bild vom Arzt der Seele hilft mir, wenn ich mich darauf vorbereite, selbst geistliche Begleitung anzunehmen. Es erinnert mich daran, dass ich meine Symptome genau beschreiben möchte, aber ich möchte ganz offen für die Beobachtungen sein, die mein Begleiter womöglich äußert. Wenn ich mit rauer Kehle zu meinem Arzt gehe, erkläre ich ihm nicht, dass ich eine bakterielle Infektion habe und er mir bitteschön ein Antibiotikum geben solle. Oder ich komme auch nicht mit der Vermutung daher, dass ich eine Virusinfektion habe, lediglich zwei Aspirin-Tabletten einnehmen müsse und dann zu Bett gehen könne, sondern ich möchte, dass er meine Symptome erkennt, herausfindet, was seiner Meinung nach mit meinem Körper los ist, auf die Weisheit seiner medizinischen Ausbildung zurückgreift und mir schließlich sagt, was seiner Ansicht nach nicht stimmt.

Meine Aufgabe als Begleitende besteht darin, so aufrichtig und klar, wie ich das nur kann, aufzuzeigen, was in meinem eigenen Leben und in meiner Beziehung zu Gott vor sich geht, sowohl in mir selbst als auch in meiner Beziehung zu anderen. Es hilft nicht, einfach bloß zu sagen: „Mit mir ist es eine Katastrophe“, oder: „Alles ist wunderbar, danke.“ Ich brauche *für meine* Begleitungsgespräche über das geistliche Leben schon etwas mehr Gesprächsstoff. Die Selbstwahrnehmung, die mir meine Vertrautheit mit dem Enneagramm einbringt, schenkt mir mehr Klarheit für den Versuch, meinem geistlichen Begleiter zu beschreiben, was in meinem Leben vor sich geht.

Vorzüge des Enneagramms für die zu Begleitenden

Diese Selbstwahrnehmung hängt bei mir oft damit zusammen, dass ich im Raum VIER bin, sowie mit dem, was ich über die Herztriade weiß. Ich möchte dahinterkommen, warum es mir so zusetzt, wenn ich in einer Beziehung zu jemandem merke, dass ich ihn oder sie ziemlich enttäuscht habe. (Das wäre dann meine letzte Sitzung gewesen.) Oder ich möchte mir gern genauer ansehen, warum ich so gestresst bin, während ich all die kreativen Unternehmungen anpacke, die mir so viel Freude machen. (Das wäre dann die vorletzte Sitzung gewesen.) Und oft muss ich mir genauer ansehen, inwiefern meine eigene Schüchternheit und meine Selbstzweifel mich beeinflussen. (Das wären dann eine ganze Menge Sitzungen.) Alle diese Fragen und Themen überlagern meine Beziehung zu Gott. Was soll ich tun, wenn mich das Gefühl überkommt, dass ich Gott, der mich doch liebt, enttäuscht habe? Wie finde ich genauer heraus, was meiner Überzeugung nach Gott von mir will, dass ich tun soll? Warum plagen mich sogar dann Selbstzweifel, wenn ich von etwas nicht mal glaube, Gott wolle es, dass ich das tue? Diese Fragen wurzeln oft in blinden Flecken in meinem Leben. Ich weiß gar nicht, warum ich das tue, was ich tue oder warum ich denke, was ich denke, geschweige denn, warum ich fühle, was ich fühle. Das Enneagramm hilft mir, intelligente Vermutungen anzustellen, welche Fragen ich stellen sollte.

Aber das Enneagramm bietet mir auch noch mehr. Es hilft mir mit seinen Flügeln und Pfeilen zu sehen, wohin ich eigentlich gehen möchte. Ich kann mit meinem geistlichen Begleiter besprechen, wie ich mich auf die Erfahrung der Gelassenheit einlassen könnte, diese Gabe der EINS. Das ist für mich immer noch eine geheimnisvolle Gabe. Ich brauche jemanden, der oder die mir spiegelt, wie es sich anfühlt, diese merkwürdige Erfahrung zu machen, zu glauben, dass mit mir alles in Ordnung ist und auch mein Leben in Ordnung ist. Zuweilen kann ich mich zusammen mit meinem geistlichen Begleiter darüber freuen, wenn ich merke, dass ich nicht meinem Pfeil-Raum der Trübsal verfalle, oder wenn ich mich auf die Gaben meiner Flügel-Räume einlasse. Es tut gut, jemanden zu haben, der diese Augenblicke mit mir zusammen genießt.

Im Lauf der Jahre habe ich gemerkt, dass sogar dann, wenn der geistliche Begleiter, zu dem ich gehe, nicht die Sprache des Enneagramms verwendet, es dennoch für mich ungemein hilfreich ist, mich selbst zu erkennen und diese Selbstwahrnehmung in Worte fassen zu können. Zudem liefert mir das Enneagramm die Fragen, die ich stellen muss, um mein Inneres tiefer erkunden zu können, und das ganz unabhängig davon, welches Thema ich gerade in das geistliche Gespräch mitbringe.

Fragen, die das Enneagramm stellt

Für den Fall, dass die geistliche Begleitung für Sie etwas Neues ist oder Sie immer noch dabei sind, sich die Sprache des Enneagramms anzueignen, möchte ich Ihnen einige Fragen stellen, die sich aus der Sicht jedes Raums des Enneagramms ergeben könnten. Diese Fragen sind spezifischer Natur und man sollte sie auf Situationen des wirklichen Lebens anwenden, und diese Fragen aus dem realen Leben sind natürlich das eigentliche Gesprächsthema, ganz gleich, ob sie auf einen der Räume des Enneagramms zutreffen oder nicht.

Die folgende Liste mit Fragen ist dazu gedacht, denjenigen in jedem der neun Räume einen solchen Blick auf ihr Leben zu eröffnen, dass sie ihn ihrem geistlichen Begleiter eventuell schildern können. Sie werden natürlich nicht gleich mit allen diesen Fragen in einer einzigen Gesprächssitzung daherkommen können. Es handelt sich dabei nur um gedankliche Einstiege. Wenn ich mich auf ein geistliches Gespräch vorbereite, nehme ich mir etwas Zeit dafür, über mein Leben in letzter Zeit nachzudenken und darauf zu achten, welche Umstände und Beziehungen sich derzeit am stärksten auf mich auswirken. Das berichte ich dann in meinem Gespräch. Dabei hilft mir oft meine Kenntnis des Enneagramms, die Themen, die ich in dieser Aussprache über mein geistliches Leben aufs Tapet bringe, etwas klarer darzustellen.

EINSer werden sich wahrscheinlich nach Bereichen umsehen, in denen sie gut sind und in denen sie ihre Begabung zur Liebe und Güte dazu einsetzen können, das Leben anderer Menschen zu bereichern. Die Aussprache darüber in der geistlichen Begleitung ist eine gute Gelegenheit, das zu feiern.

EINSer könnten in ihrem Leben womöglich auch Bereiche eines ungesunden Perfektionismus feststellen sowie auch Gelegenheiten, bei denen sie von anderen erwarten, dass sie perfekt sind. Und sie werden vermutlich auch über die Zeiten sprechen wollen, in denen sie wütend sind. Was steckt darin alles? In welchen Bereichen Ihres Lebens werden Sie am stärksten melancholisch (was der Pfeil Richtung VIER ist)? Wann sind Sie vergnügt (der Pfeil Richtung SIEBEN)? Inwiefern beeinflussen die Charaktermerkmale Ihrer Flügel-Räume (ZWEI und NEUN) Sie zum Besseren oder Schlechteren?

Wenn EINSer über die Gabe der heiteren Gelassenheit nachdenken, könnten sie sich fragen: *Welche Gefühle kommen mir angesichts der Möglichkeit, das Leben lieber in Ruhe anzunehmen, als immer gleich darauf zu reagieren? Und welchen Unterschied würde das bei mir ausmachen?*

ZWEIer werden vermutlich Beziehungen und Tätigkeiten genießen, bei denen sie erleben, dass sie für andere Menschen wirklich hilfreich sind. Wie empfinden Sie das? Schildern Sie Ihrem geistlichen Begleiter die Freude, die Sie dabei empfinden, andere Menschen zu lieben.

In der sicheren Umgebung der geistlichen Begleitung können ZWEIer eventuell auf den Stolz über ihr Leben zu sprechen kommen. Inwiefern merken Sie, dass Ihr Stolz Ihnen die Bemühungen zunichtemacht, die Sie für die Liebe zu den Ihnen Nahestehenden aufwenden? Sind sie bereit, anderen auch Ihre Bedürfnisse zu schildern?

Wenn ZWEIer sich die Pfeile und Flügel ansehen, möchten sie vielleicht ganz gern über Beziehungen nachdenken, in denen sie merken, dass die anderen sich zurückziehen. Wann neigen Sie dazu, manipulierend und beim Helfen zu energisch zu werden (der Pfeil Richtung ACHT)? Was tun Sie in Ihrem Leben, das kreativ und für Sie Leben spendend ist (der Pfeil Richtung VIER)? Und wie wirkt sich der Perfektionismus Ihres EINSer-

Flügels auf Sie aus? Wir steht es um das Erfolgs-Bedürfnis Ihres DREIer-Flügels? Welche Eigenschaften Ihrer Flügel fördern Ihre Gabe zur Liebe und welche lenken Sie von Ihren Gaben ab?

ZWEIer werden vermutlich irgendwann auch auf die Demut zu sprechen kommen wollen. Was ist Demut? Gefällt Ihnen die Vorstellung, demütig zu sein, oder wehren Sie sich gegen sie? Wo kommt derzeit bei Ihnen Demut ins Spiel?

DREIer lieben es, effizient zu sein. Feiern Sie Erfolge mit Ihrem geistlichen Begleiter. Was *können Sie* diese Woche feiern?

Was geht in Ihnen vor, wenn Sie das Gefühl haben, auf irgendeinem Gebiet versagt zu haben? Wann verspüren Sie am ehesten die Versuchung zum Schwindeln, die laut dem Enneagramm Ihr Zwang ist? Wie fühlen Sie sich damit? Was spielt sich in Ihrer Seele ab, wenn Sie in Ihrem Hang zum Erfolg ins Übertreiben verfallen? Sehen Sie sich die Pfeile und Flügel an und notieren Sie sich Zeiten in Ihrem Leben, in denen Sie versucht waren, auszusteigen und nur noch herumzuhängen (das ist Ihr NEUNer-Pfeil). Wann passiert das am ehesten? Und auf der positiven Seite: Wie empfinden Sie es, wenn Sie die Loyalität und den Mut des SECHSer-Raums erleben? Auf welche Weise beeinflussen die Charaktermerkmale Ihrer Flügel ZWEI und VIER Ihr Leben?

Wie fühlen Sie sich, wenn Sie die Wahrheit sagen, entweder sich selbst oder anderen? Empfinden Sie die Wahrheit als eine Gnade für sich?

VIERern wurde die Gabe der Kreativität zuteil. Auf welche Weise bringen Sie Ihre Kreativität zum Ausdruck? Feiern Sie sie und lassen Sie Ihren geistlichen Begleiter an der Freude teilhaben, Ihre Gabe zum Ausdruck zu bringen.

In welchen Beziehungen verspüren Sie Neid? Ist das für Sie ein blinder Fleck oder etwas, dessen Sie sich oft bewusst sind? Auf welche Weise wirkt die typische Melancholie der VIER auf Sie ein? In welchen Bereichen Ihres Lebens haben Sie das Gefühl, dass Ihnen etwas fehlt, das andere haben? Auf welche Weise sind Sie versucht, dem Drang, ständig helfen zu müssen, Ihres Pfeils in den ZWEIer-Raum nachzugeben? Und wie würde es sich für Sie anfühlen, die Einladung Ihres Pfeils aus dem EINSer-Raum anzunehmen, alles so anzunehmen, wie es ist und mit dem, was ist, zu leben, statt dagegen zu agieren? Auf welche Weise beeinflussen Sie die Merkmale Ihrer DREIer- und FÜNFer-Flügel?

Wie reagieren Sie auf die Gnade des Gleichmuts, also die Fähigkeit, Ihre melancholischen Anwandlungen zu empfinden, ohne in ihnen stecken zu bleiben? Kommt Ihnen das wie eine Gnade oder wie eine Unmöglichkeit vor?

FÜNFer sind weise Menschen. Inwiefern betrachten Sie sich als weisen Menschen? In welchen Lebensbereichen fällt es Ihnen leicht, Ihre Weisheit zum Ausdruck zu bringen? Lassen Sie es auf jeden Fall Ihren geistlichen Begleiter wissen, wenn Sie sich dieser Gabe erfreuen und sie anderen schenken.

In welcher Form erleben Sie die Habgier, die die FÜNF versucht? Erfahren Sie sie hauptsächlich dank des Wissens und der Information, die Sie sammeln? Wie *können Sie* wissen, ob Sie über genügend Wissen oder Information verfügen? Wenn Sie anfangen, wie in Ihrem SIEBENer-Pfeil-Raum zu handeln, also Wonne zu übertreiben und Schmerz zu ignorieren – wie fühlt sich das für Sie an? Und im Gegensatz dazu: Wie fühlt es sich für Sie an, wenn Sie auf die guten Charaktermerkmale Ihres ACHTer-Pfeils zurückgreifen und mit Zuversicht in die Führungsrolle gehen? Identifizieren Sie sich mehr mit Ihrem SECHSer-Flügel oder eher mit Ihrem VIERer-Flügel?

Was halten Sie von der Idee, sich von Ihren Gaben zu lösen und Ihre Weisheit nur noch locker zu pflegen? Spricht Sie das an? Warum? Oder warum nicht?

Die Loyalen im **SECHSer**-Raum sind treue Menschen. Schildern Sie Ihrem geistlichen Begleiter, wie gern Sie in Ihren Beziehungen loyal und treu sind. Wie machen Sie das? Lassen Sie Ihren geistlichen Begleiter von Ihren Gaben der Loyalität wissen.

Sie wollen vermutlich auch auf Ihre Angst zu sprechen kommen wollen, also den Zwang der SECHS. Wovor fürchten Sie sich am meisten? Wie reagieren Sie gewöhnlich auf Ihre *Ängste? Wie könnte* Ihnen in diesem Bereich Ihres Lebens die geistliche Begleitung eine Hilfe sein? Inwiefern wirkt sich der Wunsch nach Effizienz und Erfolg auf Ihren DREIer-Pfeil-Raum aus? Wie fühlen Sie sich, wenn Sie ihn betreten? Und wie empfinden Sie es, wenn Sie mit dem Strom schwimmen, wie es Ihnen Ihr NEUNer-Pfeil-Raum empfiehlt? Wie fühlt sich das an? Welcher Flügel beeinflusst Sie unter Ihren derzeitigen Lebensumständen am meisten, der FÜNFer oder der SIEBENer?

Wann machen Sie in Ihrem Leben die Erfahrung, mutig zu sein? Inwiefern möchten Sie gern mutiger sein? Welchen Beweis gibt es dafür, dass Gott Ihnen die Gabe des Mutes verliehen hat?

SIEBENer sind voller Freude und Begeisterung. Was gefällt Ihnen daran, diese Art von Mensch zu sein? Inwiefern betrachten Sie die Freude als Gabe, die Sie anderen schenken? Feiern Sie dies mit Ihrem geistlichen Begleiter.

Was geht in Ihnen vor, wenn sich in Ihrem Leben Dinge ergeben, die eindeutig nicht freudig sind? Auf welche Weise versuchen Sie immer mehr Erfahrungen zu sammeln, die jegliches Unglücklichsein in Ihrem Leben verbergen könnten? Wohin führt Sie diese Art von Gier? Was könnte Ihnen helfen, mit den traurigen Dingen zurechtzukommen, die Sie im Lauf Ihres Lebens erfahren? Wann verfallen Sie am ehesten in das Kontrollverhalten und den Perfektionismus Ihres EINSer-Pfeil-Raums? Und auf welche Weise helfen Ihnen die Weisheit und Nachdenklichkeit Ihres FÜNFer-Pfeil-Raums? Was gefällt Ihnen – und was gefällt Ihnen nicht an Ihren Flügeln SECHS und ACHT?

Die den SIEBENern geschenkte Gnade ist die Nüchternheit. Was bedeutet für Sie Nüchternheit? *Können Sie* sich an eine nicht zu lange zurückliegende Zeit erinnern, in der Sie Nüchternheit erfahren haben? Gibt es in Ihrem Leben einen Bereich, in dem Sie ganz besonders gern Nüchternheit erfahren möchten?

ACHTer sind gewöhnlich Führer und starke Herausforderer. Was gefällt Ihnen daran, eine Führungsrolle einzunehmen? Inwiefern bringen Führungsrollen in Ihnen das Beste zum Vorschein? Wie haben Sie Ihre *Führungsstärke schon für Gutes eingesetzt?* Besprechen Sie diese Erfahrungen mit Ihrem geistlichen Begleiter.

Was passiert, wenn Menschen Ihnen widersprechen oder anderer Meinung sind als Sie? Wie fühlen Sie sich da und wie werden Sie wahrscheinlich darauf reagieren? Falls Ihnen Möglichkeiten, eine Führungspersönlichkeit zu sein, abgesprochen oder entzogen werden – was tun Sie dann, um zu versuchen, sie zurückzugewinnen? Wie empfinden Sie sich selbst, wenn Sie mehr und immer noch mehr Macht haben möchten? Inwiefern versuchen Sie die endlosen Beobachtungen Ihres FÜNFer-Pfeils dazu, Ihnen Fragen zu Ihren Beziehungen und Umständen zu stellen? Wann bieten sich Ihnen *Möglichkeiten,* Ihre Macht für die liebevollen, hilfreichen Fähigkeiten Ihres ZWEIer-Pfeil-Raums einzusetzen? Identifizieren Sie sich mehr mit den Charaktermerkmalen Ihres SIEBENer-Flügels oder denjenigen Ihres NEUNer-Flügels? Welchen von beiden *mögen Sie* lieber?

Die den ACHTern verliehene Gabe ist die Unschuld. Was fällt Ihnen ein, wenn Sie an Unschuld denken? Wie fühlt es sich für Sie an, wenn Sie sich ohne Erwartungen und Urteile auf eine Situation einlassen *können*? Machen Sie in dieser Lage die Erfahrung der Gnade?

NEUNer bringen unserer Welt Friedfertigkeit. Fragen Sie sich, in welcher Form Sie zum Frieden in Ihrer Familie beitragen. Und wie an Ihrem Arbeitsplatz? In Ihrer Kirchengemeinde? In Ihrer Nachbarschaft? Freuen Sie sich zusammen mit Ihrem geistlichen Begleiter über Ihre Fähigkeit dazu.

Was empfinden Sie angesichts von Konflikten? Versuchen Sie, sich eine Beziehung in Ihrem jetzigen Leben vorzustellen, in der Sie versuchen, Konflikte zu vermeiden. Was tun Sie in Ihrem verzweifelten Bemühen, den Frieden zu wahren? Wann sind Sie am ehesten dazu versucht, auszusteigen und die Hoffnung auf Ihre Fähigkeit aufzugeben, mit dieser Situation zurechtzukommen? Wie fühlt sich das für Sie an? In welcher Form verstecken Sie sich hinter der loyalen Einstellung Ihres SECHSer-Pfeil-Raums? Wie würde es sich für Sie anfühlen, wenn Sie sich aufraffen würden, den Zustand zu verbessern, so wie das die Menschen im DREIer-Pfeil-Raum tun würden? Inwiefern beeinflussen die Charakterzüge Ihrer Flügel ACHT und EINS Ihr Leben? Welche Verhaltensweisen kommen Ihnen so vor, dass sie wie „in Aktion treten" aussehen? Wie empfinden Sie die NEUNer-Gabe des Handeln-Könnens? Wann sind Sie schon einmal in Aktion getreten und haben das als Leben spendend erfahren?

Bei der geistlichen Begleitung auf das Enneagramm hören

Wenn Sie sich mit diesen Fragen beschäftigen (aber denken Sie daran, nicht mit allen auf einmal!), schauen Sie, was bezüglich Ihres Lebens und Ihres geistlichen Wegs genauer zu betrachten ansteht und worüber Sie mit einem geistlichen Begleiter oder engen Freund sprechen möchten. Lassen Sie sich sodann auf das Risiko ein, genau das zu tun.

Falls Sie keinen geistlichen Begleiter haben, aber gern einen finden möchten, ist es am besten, wenn Sie sich an jemanden wenden, der bereits einen solchen Begleiter hat. Schauen Sie, ob jemand, den Sie kennen, Ihnen diesbezüglich einige Anregungen geben kann. Falls nicht, gibt es vielleicht in Ihrer oder in einer anderen Kirchengemeinde Ihrer Gegend jemanden, der oder die für geistliche Begleitung zuständig ist. Zuweilen wird auch auf der Website der Kirchengemeinde jemand angegeben.

Alle geistlichen Begleiter haben ihre Eigenart. Ihre Weise der geistlichen Begleitung ist ein Spiegelbild ihrer eigenen geistlichen Tradition und Orientierung sowie auch ihres persönlichen Stils. Haben Sie einen oder zwei Namen gefunden, so rufen Sie die Betreffenden an oder schicken Sie ihnen eine E-Mail und fragen Sie sie, in welcher Form sie ihre geistliche Begleitung ausüben. Welchen Ansatz hat ihre Spiritualität? Wie oft und wo stehen sie zur Verfügung? Verlangen sie dafür etwas? Sprechen Sie mit jedem eventuellen Begleiter und schauen Sie, ob Sie geistlich und persönlich die gleiche Wellenlänge haben. Am besten vereinbaren Sie einen ersten Gesprächstermin, um herauszufinden, ob diese Beziehung für Sie passt. Falls nicht, sehen Sie sich weiter um.

Wie das Enneagramm dem geistlichen Begleiter guttut

Es gibt einen guten Grund dafür, dass die Wurzeln des Enneagramms bis auf die Wüstenmütter und -väter zurückreichen. Es bot diesen ein Paradigma, das ihnen half, denjenigen gut zuzuhören, die sie um ihren Rat baten. Das trifft auf heutige geistliche Begleiter noch genauso zu.

Der für einen geistlichen Begleiter bei weitem hilfreichste Aspekt des Enneagramms ist die Selbstwahrnehmung, zu der es anregt. Ich bin der Überzeugung, dass wir keine effizienten geistlichen Leiter sein können, wenn wir uns selbst nicht gut kennen und alles das annehmen, was an uns gut ist, und auch alles, was nicht so gut an uns ist. Wenn jemand zur geistlichen Begleitung bei mir ist, schrecken mich dessen Versuchungen und Kämpfe nicht ab. Ich weiß ja dank meines eigenen Enneagramm-Raums, dass auch ich zutiefst von der Verführung durch die Sichtweisen meines falschen Selbsts versucht bin und insbesondere auch von den Zwängen meines eigenen Enneagramm-Raums. Das Enneagramm fordert mich auf recht deutliche Weise dazu auf, mit allen, denen ich begegne, barmherzig umzugehen.

So bin ich für die Achtsamkeit dankbar, zu der mich das Enneagramm in meinem Leben anleitet. Zugleich bin ich auch für die Mittel dankbar, mit denen mir das Enneagramm etwas mehr Klarheit dafür verschafft hat, wenn ich in das Leben anderer Menschen hineinhöre. Ich will hier schildern, wie das geschieht.

Das wahre Selbst und das falsche Selbst

Das Enneagramm macht mich darauf aufmerksam, dass wir alle aus einem wahren und einem falschen Selbst heraus leben. Wir alle haben blinde Flecken. Wir sind darüber, wer wir wirklich sind, etwas verwirrt. Wenn ich bei der geistlichen Begleitung mit Menschen zusammensitze, höre ich sie oft sagen, dass sie einfach nicht verstehen, warum sie das tun, was sie tun, und warum sie das fühlen, was sie fühlen. Zuweilen überrascht das auch mich! Dann denke ich daran, dass wir alle eine innere Kritik-Instanz haben, ein falsches Selbst, das uns Lügen einflüstert, eine Stimme, die der Stimme der Liebe widerspricht. Von dort aus gesehen kann ich anfangen, Fragen zu stellen, die eventuell hilfreich dafür sind, gründlicher über die Maskerade des falschen Selbsts nachzudenken, sowie auch über die Begabungen des wahren Selbsts. Das Enneagramm hilft mir, die dazu nötigen Fragen zu finden.

Eine Perspektive finden

Das Enneagramm hilft mir zuweilen sogar, wenn ich den Heimat-Raum des Menschen, den ich begleite, gar nicht kenne. Auf Grund dessen, was sie mir sagen, erkenne ich oft Charaktermerkmale eines bestimmten Enneagramm-Raums. Aber genau wie mein Arzt wage ich es nicht, gleich Schlüsse zu ziehen. Ich muss das entspannt angehen, meine Fragen sorgfältig stellen und alles mir Mögliche tun, um dem betreffenden Menschen zu helfen, eine neue persönliche Wahrheit zu erkennen. Und anders als mein Arzt versuche ich nicht, eine Diagnose zu stellen. Das ist

Sache der zu Begleitenden, die dazu auf den Geist Gottes hören müssen. Aber die Kenntnis des Enneagramms hilft mir, auf die diagnostischen Fragen zu kommen, die ich an sie richten kann.

Die Triaden des Enneagramms

Wenn jemand zur geistlichen Begleitung bei mir ist, komme ich selten auf das Enneagramm zu sprechen, es sei denn, der oder die Betreffende ist mit der Sprache des Enneagramms vertraut. Aber während ich ihnen zuhöre, achte ich auf Charaktermerkmale, die auf eine bestimmte Triade hinweisen könnten. Die Triaden helfen mir, alles ganz einfach zu halten, sodass ich nicht wegen des Versuchs zerstreut bin, jemanden in einen bestimmten Raum einzuordnen.

Klingt dieser Mensch wie ein Herzmensch? Wenn ja, dann sind Beziehungen recht wichtig, oder zumindest sind für das Thema, das dieser Mensch anspricht, Beziehungen wichtig. Ich kann erraten, dass solche Menschen sich sehr darum sorgen, was andere Menschen von ihnen denken. Und höchstwahrscheinlich kämpfen sie dagegen an, sich zu schämen. Mit all dem im Kopf stelle ich behutsam Fragen, die ihnen helfen könnten, die Wahrheit über sich selbst zu sehen, die sie womöglich vermissen. So stelle ich dann etwa die Frage: Fühlen Sie sich dafür verantwortlich, das Problem dieses Menschen, den Sie lieben, zu lösen? Inwiefern beeinflusst die Ansicht anderer die Entscheidungen, die Sie in dieser Beziehung treffen? Könnte es sein, dass eine Art Schamgefühl bezüglich Ihrer selbst Sie in dieser Lage gefangen hält?

Oder wenn ein Mensch von der Position der Kopftriade her spricht, richte ich mich darauf ein, ganz gut und geduldig dem zuzuhören, was er mir *über* seine derzeitige Situation erzählt. Dann kann ich ihn vielleicht bitten, mir ein oder zwei Gefühle bezüglich dieser seiner Situation zu nennen. Ich könnte ihn vielleicht fragen, was er befürchtet. Rührt die Befürchtung daher, dass er eine neue, unbequeme Sichtweise einnehmen soll? Oder scheut er sich davor, der Meinung eines anderen Menschen, den er liebt, zu widersprechen? Zuweilen kann er die Angst benennen, und zuweilen hilft es auch einfach, wenn er weiß, dass sie da ist.

Wenn ich aus dem, was der zu Begleitende sagt, Feindseligkeit oder Wut heraushöre, könnte ich eventuell erraten, dass er der Bauchtriade angehört. Ich stecke die Menschen nicht in Schubladen, sondern ich stelle ihnen Fragen, die ich an jemanden in der Bauchtriade richten würde. So *könnte* ich sie zum Beispiel fragen, ob sie sich an eine andere Beziehung oder Situation erinnern könnten, die sie stark irritiert hat. Welche Ähnlichkeiten und Unterschiede entdeckten sie dabei im Hinblick auf das, was sich derzeit in ihrem Leben abspielt? Ich könnte auch die Frage stellen, auf welche Weise sie die Situation gern verändern möchten, und sogar noch die Frage, wie der Wunsch, alles im Griff zu haben, sie beeinflusst.

Wenn die Wahrheit heraus ist, kann ich den meisten Menschen alle diese Fragen stellen. Auf die eine oder andere Weise erleben wir alle ganz ähnliche Versuchungen. Aber die Triaden des Enneagramms geben mir einen Vorsprung im Wissen, welche Fragen die hilfreichsten sein könnten.

Das Zeugnis des Enneagramms

Gott fordert uns dazu auf, mehr Zeuge als Opfer unseres Lebens zu sein. Wir haben bereits aufgezeigt, wie das Enneagramm uns dazu verhilft, unser Leben auf eine Art und Weise zu betrachten, die sowohl unsere blinden Flecken als auch unsere Gaben ans Licht bringt. Als geistliche Begleiterin verstehe ich meine Rolle so, dass ich den Menschen, denen ich zuhöre, beistehe und ihnen helfe, das zu klären, was sie selbst offenbaren.

Wenn der Mensch, den ich begleite, mit dem Enneagramm vertraut ist und seinen Raum darin kennt, eröffnet dies ein ganzes Spektrum von Themen, mit denen wir uns genauer beschäftigen können. Ich bemühe mich, der Versuchung zu widerstehen, Vermutungen *über* den Begleitenden einfach deshalb anzustellen, weil ich weiß, welchem Enneagramm-Raum er oder sie angehört. Aber ich setze meine Kenntnis des Enneagramm-Raums des betreffenden Menschen dazu ein, ihm bestimmte Fragen zu stellen, wie etwa: Ist es das, was Sie erfahren? Gegen welche spezifische Versuchung Ihres Raums haben Sie anzukämpfen? Wie würde es sich für Sie anfühlen, wenn Sie die Gnade empfangen würden, die Ihnen in Ihrem Raum angeboten wird?

Bevor ich ins Enneagramm eintauche, frage ich gewöhnlich, ob es in Ordnung wäre, einige seiner Einsichten tiefer zu erkunden. Wenn es zur betreffenden Zeit nicht hilfreich ist, möchte ich mich nicht vom Enneagramm ablenken lassen. Aber gelegentlich stelle ich die Frage: „Stimmt es für Sie, dass Sie hier einen Enneagramm-Augenblick erleben?“ Gewöhnlich kommt dann ein „Ja“, aber wenn nicht, lasse ich den Dingen ihren Lauf.

Wie wir das Leben sehen

Beim Verwandeltwerden geht es nicht darum, ein immer besserer und noch besserer Mensch zu werden. Es geht vielmehr darum, wie wir uns selbst, unsere Beziehungen zu anderen Menschen und unsere Lebensumstände sehen. Tritt man in den Prozess der Verwandlung ein, so verändert sich der Blick auf das Leben ganz langsam. Oft merken wir gar nicht, dass er sich verändert. Das Privileg des geistlichen Begleiters ist es, diese Veränderung ganz nah, aber von außen her mitzuverfolgen. Das Enneagramm ist ein Werkzeug dafür, die Erfahrung des Verwandeltwerdens zu bereichern, und es ist für uns alle, die wir das Privileg genießen, Gottes Gnade am Werk zu sehen, ein großes Geschenk.

Anhang 2: Literaturtipps und empfehlenswerte Websites

Literaturtipps

Cron, Ian Morgan/Stabile, Suzanne: Wer du bist: Mit dem Enneagramm sich selbst und andere besser verstehen, Aßlar 2017

Riso, Don Richard/Hudson, Russ: Die Weisheit des Enneagramms. Entdecken Sie Ihren inneren Reichtum, München 2000

Rohr, Richard/Ebert, Andreas: Das Enneagramm. Die neun Gesichter der Seele, München 1989ff.

Zuercher, Suzanne: Mein Leben verstehen. Das Enneagramm als Wegbegleiter in der 2. Lebenshälfte, München 2013

Zuercher, Suzanne: Spirituelle Begleitung. Das Enneagramm in Seelsorge, Beratung und Therapie, München 2013

Websites

www.enneagramm.eu
(Ökumenischer Arbeitskreis Enneagramm)

www.enneagramm-lehrer.de
(Enneagramm-LehrerInnen in der mündlichen Tradition nach Helen Palmer)

www.enneagramm-forum.ch
(Enneagramm-Forum Schweiz)

www.enneagramm-wien.at
(Enneagramm-Angebote in Österreich)

Literarische Werke

Dickinson, Emily/Kübler, Gunhild: Sämtliche Gedichte. Zweisprachig, München 2015

Caroll, Lewis: Alice im Wunderland (Alice in Wonderland), diverse Ausgaben, auch zweisprachig

Caroll, Lewis: Alice hinter den Spiegeln (Through the Looking-Glass), diverse Ausgaben, auch zweisprachig

Anmerkungen

1 Riso, Don Richard/Hudson, Russ: *The Wisdom of the Enneagram*, New York 1999, S. 19

2 Rohr, Richard/Ebert, Andreas: *Das Enneagramm. Die neun Gesichter der Seele*, München 1989ff.

3 Zitiert nach Calvin, John: *Sovereign Hope*, Downers Grove 2002

4 Anm. d. Ü.: David G. Benner ist ein international bekannter kanadischer Tiefenpsychologe, Autor und Weisheitslehrer.

5 Benner, David G.: *Brokenness and Wholeness*, Blog vom 3.6.2016, www.drdavidgbenner.ca/broknenness-and-wholeness

6 Benner, David G.: *The Gift of Being Yourself*, Downers Grove 2015, S. 70

7 Hougen, Judith: *Transformed into Fire: An Invitation of Life in the True Self*, Grand Rapids 2002, S. 121

8 Zuercher, Suzanne: *Enneagram Spirituality*, Notre Dame 1992, S. 10

9 Rohr, Richard/Ebert, Andreas: *Das Enneagramm. Die neun Gesichter der Seele*, S. 54

10 Anm. d. Ü.: Don Richard Riso und Russ Hudson gründeten 1997 in den USA das *Enneagram Institute* zur Erforschung und Weiterentwicklung des Enneagramms.

11 Riso, Don Richard/Hudson, Russ: *The Wisdom of the Ennagram*, New York 1991, S. 191

12 Hudson, Russ: *Laughing and Weeping*, DVD, Albuquerque 2009

13 Anm. d. Ü.: Im englischen Text steht hier das Zitat aus der originellen Bibelübersetzung *The Message*: „If you're content to be simply yourself, you will become more than yourself" – „Wenn du dich damit begnügst, einfach du selbst zu sein, wirst du mehr werden als du selbst."

14 Riso, Don Richard: *Enneagram Transformations*, Boston 1993, S. 85

15 ebd.

16 ebd.

17 ebd.

18 Thomson, Clarence: *Parables and the Enneagram*, New York 1996, S. 7

19 Wagner, Jerome: *The Enneagram Spectrum of Personality Styles*, Portland 1996, S. 7

20 Ebd.

21 Brady, Loretta: *Beginning Your Enneagram Journey*, Allen 1994, S. 94

22 Boyd, Greg: *Repenting of Religion,* Grand Rapids 2004, S. 68
23 Palmer, Parker: *Let Your Life Speak,* San Francisco 2000, S. 7–8
24 May, Gerald: *Addiction and Grace,* San Francisco 1988, S. 83
25 Benner, David G.: *Human Being and Becoming,* Grand Rapids 2016, S. 15
26 Ebd.
27 Boyd, Greg: *Repenting of Religion,* S. 221
28 May, *Addiction and Grace,* S. 17
29 Ebd., S. 19
30 Zitiert nach Rohr, Richard: *What the Mystics Know,* New York 2015, S. 30
31 Laird, Martin: *Into the Silent Land,* Oxford 2011, S. 81
32 Laird, Martin: *A Sunlit Absence,* Oxford 2011, S. 55
33 Zuercher, Suzanne: *Using the Enneagram in Prayer,* Notre Dame 2008, S. 15
34 Zitiert nach Laird: *Sunlit Absence,* S. 41
35 Benner, David G.: *Soulful Spirituality,* Grand Rapids 2011, S. 157
36 Hall, Thelma: *Too Deep for Words,* Mahwah 1988, S. 36–37
37 Benner, David G.: *Opening to God,* Downers Grove 2010
38 Alexander, Irene: *Practicing the Presence of Jesus,* Eugene 2011, S. 12
39 Edwards, Tilden: *Spiritual Friend,* New York 1980, S. 125

DAS ENNEAGRAMM AUF EINEN BLICK

Enneagramm – Das Plakat

Die 9 Gesichter der Seele auf einen Blick

ISBN 426024087-618-6

Mit diesem übersichtlichen Plakat lässt sich das Enneagramm auf einen Blick erfassen. Anschaulich zeigt es die spezifischen Merkmale und das Entwicklungspotential jedes Typs.

Es bietet Einsteigern einen ersten Überblick und hilft Fortgeschrittenen, Inhalte zu vertiefen und zu wiederholen. Auch ideal in Kursen einsetzbar.

Das Plakat basiert auf dem Weltbestseller „Das Enneagramm – Die 9 Gesichter der Seele" von Richard Rohr und Andreas Ebert.

DAS ENNEAGRAMM TIEFER ERLEBEN

Andreas Ebert
Die Spiritualität des Enneagramms
ISBN 978-3-532-62362-6

Das Enneagramm hat in den letzten Jahrzehnten weltweit Millionen Menschen aufklärend und inspirierend beeinflusst. Dabei ist es ist weit mehr als ein typologisches Modell. Es bietet die Möglichkeit, sich selbst, den Mitmenschen und zugleich dem Göttlichen neu und vertieft zu begegnen. Andreas Ebert stellt erstmals dar, wie sich das Enneagramm noch weiter und tiefer deuten lässt. Es kann spirituelle und persönliche Illusionen aufdecken und ermutigt, die nächsten Schritte der Befreiung zu wagen.

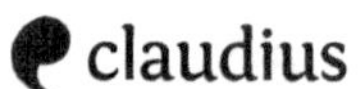